中国出版蓝皮书
CHINA PUBLISHING BLUE BOOK

2017—2018
中国出版业发展报告
ANNUAL REPORT OF PUBLISHING INDUSTRY IN CHINA

主编／范 军　副主编／李晓晔

图书在版编目（CIP）数据

2017-2018 中国出版业发展报告/范军主编. —北京：中国书籍出版社，2018.10
ISBN 978-7-5068-7006-1

Ⅰ.①2… Ⅱ.①范… Ⅲ.①出版工作-研究报告-中国-2017-2018 Ⅳ.①G239.2

中国版本图书馆 CIP 数据核字（2018）第 216851 号

2017—2018 中国出版业发展报告

范　军　主编

责任编辑	庞　元
责任印制	孙马飞　马　芝
封面设计	楠竹文化
出版发行	中国书籍出版社
地　　址	北京市丰台区三路居路 97 号（邮编：100073）
电　　话	（010）52257143（总编室）　　（010）52257140（发行部）
电子邮箱	eo@chinabp.com.cn
经　　销	全国新华书店
印　　刷	北京温林源印刷有限公司
开　　本	787 毫米×1092 毫米　1/16
印　　张	19
字　　数	350 千字
版　　次	2018 年 10 月第 1 版　2018 年 10 月第 1 次印刷
书　　号	ISBN 978-7-5068-7006-1
定　　价	98.00 元

版权所有　翻印必究

《2017—2018 中国出版业发展报告》课题组、撰稿人和统稿人名单

组　长：范　军

副组长：李晓晔

撰稿人（按文章顺序排列）：

　　李晓晔　杨　伟　段艳文　卓宏勇　毛文思　刘成芳
　　成永利　程　丽　周蔚华　黄　璜　张文红　张文彦
　　田　菲　香江波　王　扬　刘莹晨　张　姝　于秀丽
　　李家驹　刘美儿　梁伟基　罗海玲　王国强　黄昱凯
　　邓　杨　谢力清

统　稿：范　军

目 录

第一章 主报告

新时代 新出版 新作为
——2017—2018 中国出版业发展报告 ……………………………… (3)
一、2017 年中国出版业发展概况 …………………………………… (3)
二、中国出版业发展趋势分析 ……………………………………… (15)
三、推进中国出版业发展的建议 …………………………………… (23)

第二章 分报告

第一节 2017—2018 中国图书市场报告 ……………………………… (35)
一、2017 年中国图书零售市场基本情况 ………………………… (35)
二、2017—2018 影响和推动图书出版业的重要因素和事件 ……… (40)
三、2018 年及未来一段时间图书出版业发展趋势与展望 ………… (47)

第二节 2017—2018 中国期刊出版业发展报告 ……………………… (50)
一、2017 年期刊业发展状况与产业分析 ………………………… (50)
二、2017—2018 期刊业发展亮点 …………………………………… (53)
三、关于期刊业健康发展的思考和建议 …………………………… (58)

第三节　2017—2018中国报纸出版业发展报告 ……………………（62）
　　一、2017年报业发展状况分析 ………………………………（62）
　　二、新时代对报业提出的新任务新要求 ……………………（66）
　　三、2018年报业工作的重点任务 ……………………………（69）

第四节　2017—2018中国数字出版产业发展报告 …………………（73）
　　一、2017年中国数字出版产业发展的基本状况 ……………（73）
　　二、中国数字出版产业发展趋势展望 ………………………（79）
　　三、关于中国数字出版产业发展的思考 ……………………（83）

第五节　2017—2018中国印刷业发展报告 …………………………（88）
　　一、2017年中国印刷业发展的亮点 …………………………（88）
　　二、中国印刷业发展面临的挑战 ……………………………（92）
　　三、对促进中国印刷业平稳发展的建议 ……………………（95）

第六节　2017—2018中国出版物发行业发展报告 …………………（97）
　　一、2017年中国出版物发行业的基本情况 …………………（97）
　　二、2017年中国出版物发行业现状 …………………………（100）
　　三、当前出版物发行业发展建议 ……………………………（102）

第三章　专题研究报告

第一节　2017年出版上市企业发展报告 ……………………………（107）
　　一、2017年出版上市企业发展总体情况 ……………………（107）
　　二、出版上市企业发展状况分析 ……………………………（108）
　　三、2017年出版上市企业发展过程中存在的问题 …………（121）
　　四、对出版上市企业发展的建议 ……………………………（123）

第二节　2017年畅销书市场发展报告 ………………………………（125）
　　一、2017年少儿类畅销书市场情况 …………………………（125）
　　二、2017年文艺类畅销书市场情况 …………………………（129）

三、2017年社科类畅销书市场情况 …………………………（136）
第三节　2017—2018全民阅读发展报告 ……………………（142）
　　一、第十五次全国国民阅读调查情况总结 …………………（142）
　　二、2017年全民阅读的特点与发展趋势 ……………………（148）
　　三、推进全民阅读发展的对策建议 …………………………（155）
第四节　2017年出版标准化报告 ……………………………（157）
　　一、总体情况 …………………………………………………（157）
　　二、标准制修订工作 …………………………………………（157）
　　三、国际标准化工作 …………………………………………（161）
　　四、面临的问题和发展趋势分析 ……………………………（163）
　　五、思考与建议 ………………………………………………（165）
第五节　2017年出版+VR/AR报告 …………………………（167）
　　一、出版+VR/AR发展现状 …………………………………（167）
　　二、出版+VR/AR发展的瓶颈与问题 ………………………（171）
　　三、出版+VR/AR发展前景展望 ……………………………（173）
　　四、结　语 ……………………………………………………（175）
第六节　2017年出版"走出去"情况分析 …………………（177）
　　一、2017年出版"走出去"取得的成绩 ……………………（177）
　　二、出版"走出去"现阶段存在的问题 ……………………（182）
　　三、推动出版"走出去"的建议 ……………………………（184）
第七节　2017—2018出版物市场治理情况 …………………（187）
　　一、2017年出版物市场治理成效 ……………………………（187）
　　二、2017年出版物市场治理典型案例 ………………………（192）
　　三、2017年出版物市场治理特点 ……………………………（197）
　　四、2018年出版物市场治理重点 ……………………………（199）
第八节　2017年编辑学理论与实务研究综述 ………………（201）
　　一、编辑学研究 ………………………………………………（202）
　　二、编辑实务 …………………………………………………（203）
　　三、编辑史研究 ………………………………………………（206）
　　四、编辑职业及人才培养研究 ………………………………（207）

第四章　中国香港特别行政区、澳门特别行政区、台湾地区出版业发展报告

第一节　2017年中国香港特别行政区出版业发展报告 …………………… (213)
　　一、图书销售情况 …………………………………………………… (213)
　　二、综合出版方面 …………………………………………………… (215)
　　三、教育出版方面 …………………………………………………… (217)
第二节　2017年中国澳门特别行政区出版业发展报告 …………………… (222)
　　一、出版品统计 ……………………………………………………… (222)
　　二、出版单位类型及出版数量 ……………………………………… (225)
　　三、新成立出版单位情况 …………………………………………… (227)
　　四、报纸及期刊出版情况 …………………………………………… (229)
　　五、出版业界交流 …………………………………………………… (229)
　　六、书店业 …………………………………………………………… (229)
　　七、结　语 …………………………………………………………… (230)
第三节　2017年中国台湾地区出版业发展报告 …………………………… (231)
　　一、出版产业轮廓 …………………………………………………… (231)
　　二、新书出版数据分析 ……………………………………………… (233)
　　三、图书馆借阅数据分析 …………………………………………… (238)
　　四、结　语 …………………………………………………………… (239)

第五章　出版业大事记

第一节　2017年中国出版业大事记 ………………………………………… (243)
第二节　2017年中国香港特别行政区出版业大事记 ……………………… (269)
第三节　2017年中国澳门特别行政区出版业大事记 ……………………… (280)
第四节　2017年中国台湾地区出版业大事记 ……………………………… (283)

第一章 主报告

第一章 主报告

新时代　新出版　新作为

——2017—2018 中国出版业发展报告

　　2017 年，新闻出版业认真学习贯彻党的十九大精神，以习近平新时代中国特色社会主义思想为指导，努力实现社会效益与经济效益相统一，新闻出版产业规模、效益稳步提升，内容生产持续繁荣，公共文化服务能力全面提升，融合发展向纵深推进，民营书业稳步发展，出版"走出去"成效显著，实现了出版业新的繁荣。

一、2017 年中国出版业发展概况

（一）新闻出版产业规模、效益稳步提升

　　2017 年，全国出版、印刷和发行服务（不含数字出版）实现营业收入 18 119.2 亿元，较 2016 年同口径增长 4.5%；拥有资产总额 22 165.4 亿元，增长 3.0%；利润总额 1 344.3 亿元，增长 2.7%。另据中国新闻出版研究院调查汇总数据显示，2017 年数字出版实现营业收入 7 071.9 亿元，[①] 增长 23.6%。

　　2017 年出版行业资本运作活跃，中国科传、中国出版、新经典等 6 家出版传媒企业先后上市，出现了出版股上市的热潮。民营出版企业尤其受到资本市场的追捧，出版上市企业通过多种方式开展资本运作，推进文化与金融深度融合。以数字出版为主营业务的出版上市企业保持了迅速增长的态势，国家支持政策对于数字出版业务的保障进一步增强，数字出版的市场规模进一步扩大，技术研发进一步加快。出版上市企业的转型发展提速，主营业务朝着精品化方

---

　　① 该数据系中国新闻出版研究院数字出版研究所调查汇总数据，并非政府统计数据，故不计入全国总量。

向发展，产业链布局不断延伸走向纵深，并紧跟移动互联网阅读新模式的潮流，积极布局电商营销的新渠道。

（二）内容生产持续繁荣

1. 主题出版传播力进一步彰显

2017 年是中国人民解放军建军 90 周年、香港回归 20 周年、党的十九大召开。这是党和国家政治生活中非常重要的一年，主题出版也成为配合这些活动和时间节点的重要内容。特别是党的十九大召开，是全党全国政治生活中的大事，也是全世界瞩目的大事。2017 年，有 17 种主题图书年度累计印数均超过 100 万册，"2017 年主题出版重点出版物"的图书单品种平均印数 6.8 万册，是书籍单品种平均印数的 4.9 倍。

习近平重要著作及重点政治理论图书继续成为热点。《习近平谈治国理政（第二卷）》超过 500 万册。《习近平讲故事》出版 2 个月，全国热销就达 110 万册。该书不仅在国内持续畅销，还实现了英文、日文、俄文、越文 4 个语种的版权输出授权。《习近平的七年知青岁月》出版一周时间，征订发行就已达 100 万册。《习近平谈治国理政》热销继续，影响扩大。迄今为止，《习近平谈治国理政》已经出版了 24 个文种、29 个版本，累计发行 642 万册，发行到世界 160 多个国家和地区，海外发行突破 50 万册，取得近年来中国政治类图书在海外发行量的最高纪录。民族出版社出版了《习近平谈治国理政》蒙文、藏文、维吾尔文、哈萨克文（哈萨克文法兰特版）、朝鲜文共 5 个文种、6 个版本。《习近平谈治国理政》第二卷于 2017 年 11 月以中英文版出版，截至 2018 年 1 月，该书全球发行超过 1 000 万册。此外，《习近平关于社会主义文化建设论述摘编》《习近平新闻舆论思想要论》《习近平关于协调推进"四个全面"战略布局论述摘编》《习近平关于全面建成小康社会论述摘编》《习近平关于全面深化改革论述摘编》《习近平关于全面依法治国论述摘编》《习近平关于全面从严治党论述摘编》和纪实文学《梁家河》等也受到读者欢迎。

2017 年，迎接、宣传、贯彻党的十九大精神，是整个出版业全年工作的重中之重。年初，中宣部和国家新闻出版广电总局就确定了一批迎接党的十九大主题出版重点选题，党的十九大召开后，出版业认真学习贯彻党的十九大报告精神，出版了《党的十九大报告辅导读本》《领航——从一大到十九大》《十九大党章修正案学习问答》等一大批图书。截至11月上旬，党的十九大文件及学习辅导读物发行总量达到7 174万册。党的十九大报告《决胜全面建成小康社会 夺取新时代中国特色社会主义伟大胜利》累计印数超过2 400万册。

2. 文学和少儿类图书继续看涨，本土经典原创图书愈发畅销

2017年，一些出版社纷纷推出一批著名作家的新作，为文学百花园增添了亮色。如人民文学出版社推出毕飞宇的新作《医生》、格非的新作《听音》、严歌苓的新作《芳华》，以及曾入围茅盾文学奖的70后代表作家徐则臣最新的长篇小说《王城如海》，现代出版社推出梁晓声新作《中国人的人性与人生》，山东教育出版社推出张炜的长篇小说《狮子崖》等。

2017年，第十届全国优秀儿童文学奖揭晓，获奖的18部作品以及入围的作品比较全面地体现了中国儿童文学的创作现状，代表了儿童文学创作的高水平。如获奖的《一百个孩子的中国梦》《沭阳上学记》和入围初选作品《我的影子在奔跑》等都是儿童文学中的佼佼者。

3. 科技及科普类图书质量高、分量重

2017年，国内多家出版社推出了一批质量高、分量重的科技图书和科普图书，受到了读者欢迎。如江西人民出版社的《当自然赋予科技灵感》、中信出版社出版了知名科普作家悉达多·穆克吉的《基因传》、湖南科学技术出版社推出意大利理论物理学家卡洛·罗韦利的《现实不似你所见：量子引力之旅》、"中国大科学装置出版工程"（浙江教育出版社）、"中国科普大奖图书典藏书系"（湖北科学技术出版社）、"科学美国人"系列和"青少年科学素养文库·科学家原创系列"（外语教学与研究出版社）等。

4. 弘扬中华优秀传统文化类图书成热点

弘扬中华优秀传统文化类图书成为2017年的亮点。2017年，借电视节目《中国诗词大会》的影响，浙江少年儿童出版社推出《小学生必背古诗70首》（重印多达64次）、《小学生必背古诗词80首》（累计销售33万册）、精品诵读系列《中华国学经典》（少年版）12册等。中国大百科全书出版社推出"诗说中国丛书"；江西人民出版社推出《千古一人王阳明》等。

5. AR＋VR图书品种进一步丰富

2017年，AR＋VR图书虽然还不是全面铺开态势，但热度和探索势头不

减,仍然是研究者的热点以及众多出版社加紧布局的领域。比较突出的是 2017 年 3 月北京出版集团北京少年儿童出版社推出的"大开眼界·西游记(共 3 册)"和 VR 版图画书《大闹天宫》《三打白骨精》《三借芭蕉扇》,其中内附定制版高级儿童 VR 眼镜。相信更多出版单位会在这类图书中尝试,同时相关研究也将会更加深入。

(三)公共文化服务能力全面提升

1. 全民阅读再上新台阶

2017 年,全民阅读各项工作进展顺利,呈现以下特点。

全民阅读法规体系格局初现。2017 年是我国中央和地方阅读相关法规取得飞跃性发展的一年。2017 年 4 月,国务院法制办公布的《全民阅读促进条例(征求意见稿)》公开征求意见。6 月,国务院法制办办务会议审议并原则通过了《全民阅读促进条例(草案)》。相关法规还包括于 2017 年 3 月 1 日开始实施的《公共文化服务保障法》,这是《全民阅读促进条例》的上位法;还有与《全民阅读促进条例》密切相关的《公共图书馆法》,亦于 2017 年 11 月 4 日通过并公布。2017 年以来,我国共有 2 省 1 市实现阅读地方立法,分别是《黑龙江省人民代表大会常务委员会关于促进全民阅读的决定》(2017 年 4 月 7 日公布,23 日实施)、《吉林省全民阅读促进条例》(2017 年 9 月 29 日公布,12 月 1 日实施)和《常州市人大常委会关于促进全民阅读的决定》(2017 年 6 月 30 日公布、实施)。截至 2018 年 9 月,全国已有 6 省、3 市对全民阅读进行立法。

全民阅读各界力量加速融合。2017 年以来,阅读类文化综艺节目和知识付费类平台发展迅猛,它们共同将全民阅读作为自身标签,成为推动全民阅读为大众熟知的两支主力军,它们集中体现出全民阅读正在打开边界、不断融合的趋势——媒体、艺术界、文化界、读者、资本、广告主、技术商、出版界、图书馆界实现了线上线下的跨界合作、跨屏合作,促进了大众阅读。

阅读推广向专业化发展。这是全民阅读事业 2017 年以来的重要趋势,所谓阅读推广的专业化,是指阅读推广已逐渐形成推广理论、技能、伦理精神等知识体系,并且出现了专职工作者,正在成为一个职业。虽然我国阅读推广的专业化进程还处于初期阶段,但阅读推广的职业化特征发展迅速且日益显著,公共阅读推广培训逐步推开。2017年以来，江苏、北京、深圳、山东等地区的市、区级行政单位已多次开展公共阅读推广培训，培训对象或来自于社会公开招募，或来自于图书馆员、农家书屋、社区书屋管理员，或是通过阅读推广项目遴选而来。培训有短期讲座，有工作坊，也有课程式系列培训等。

2. 农家书屋建设十年成绩显著

2017年是农家书屋全面建设10周年。据统计，截至2017年10月，全国有农家书屋58.7万个，其中有7.7万家运用卫星、有线、网络等技术手段和"两微一端"开展了数字化建设。10年来向广大农村配送图书突破11亿册。农民人均图书拥有量从工程实施前的0.13册增长到现在的1.63册，增长了10余倍。

近年来，数字农家书屋建设获得更快发展，全国已形成数量可观、模式类型多样的数字农家书屋，如卫星数字农家书屋、有线电视数字书屋、手机数字书屋、"两微一端"数字农家书屋等。

截至2016年年底，中国航天数字传媒有限公司已在全国建成3万余家卫星数字书屋，是目前建设数量最多的数字农家书屋。北京中创公司、中文在线等多家技术公司也为部分农家书屋提供数字服务。歌华有线、重庆有线、新疆广电网络等数字书屋，借助有限电视网络，采用将书报刊影音资源传输到电视机上收看的方式，推动地方农家书屋数字化转型升级。贵州、湖北等省市采用引入图书馆数字图书资源的方式，为当地农民提供数字化阅读。

近年来，数字手机书屋开始出现并获得快速发展，主要是通过开发专门的移动阅读APP，或通过微信微博，利用移动互联传输技术，将数字内容资源传输到手机、iPad等手持移动终端上阅读，如甘肃省的"读者数字农家书屋"、吉林的微信公众号"书香吉林"、安徽省"皖新数字书屋"等。

（四）融合发展向纵深推进

1. 政策支持力度加大，目标任务更加明确

自《关于推动新闻出版业数字化转型升级的指导意见》发布以来，新闻出版业数字化转型升级工作已取得较为显著的阶段性成果。2017年3月17日，国家新闻出版广电总局、财政部再次发布《关于深化新闻出版业数字化转型升级工作的通知》，提出从以下五个方面继续深化数字化转型升级工作：优化软硬件装备，开展数据共享与应用，探索知识服务模式，持续开展创新，加快人才培养。

2017年9月，《新闻出版业"十三五"时期发展规划》正式对外公布，将深化转型、融合发展作为"十三五"时期新闻出版业发展的重要任务，推出了一批促进传统出版与新兴出版融合发展的工程和项目，包括：新闻出版业关键技术研发与应用工程、国家数字出版创新促进工程、国家知识资源数据库工程、国家出版发行大数据工程、数字出版产业化应用服务示范工程、出版融合发展示范引导工程等。在国家相关政策的支持和引导下，传统出版企业融合发展取得了新的成绩。如中国科技出版集团持续深入推进向"知识服务"的转型，一些项目进展顺利，双效喜人。人民卫生出版社在期刊出版内容与技术相结合方面进行新的探索，为读者带来更加直观的阅读体验。

2. 数字内容消费需求日益旺盛

2017年，互联网和移动互联网持续快速发展，互联网普及率进一步提升。据第41次《中国互联网络发展状况统计报告》显示，截至2017年12月，我国网民规模达7.72亿，互联网普及率为55.8%，较2016年底提升2.6个百分点；其中，我国手机网民规模突破7亿，达至7.53亿，我国网民使用手机上网的比例达97.5%，使用率再创新高。

从数字阅读方面来看，2017年数字阅读需求持续提升。数据显示，我国成年国民图书各种媒介的综合阅读率突破80%，达到80.3%，较上一年提升了0.4个百分点。数字化阅读方式成为拉动国民阅读的重要力量，2017年数字化阅读方式的接触率为73.0%，较2016年的68.2%上升了4.8个百分点；手机阅读接触率达到71.0%，较2016年的66.1%上升了4.9个百分点。手机成为人们每天接触时间最长的媒介，我国成年国民人均每天手机接触时长达到80.43分钟。微信阅读时长增长显著，有超过六成（63.4%）的成年国民进行过微信阅读。有声阅读成为国民阅读的新兴增长点，2017年我国成年国民的听书率达到22.8%，较2016年提高了5.8个百分点。[1]

另据《2017年度中国数字阅读白皮书》显示，2017年中国数字阅读市场

---

[1] 第十五次全国国民阅读调查成果发布．http://www.chinawriter.com.cn/n1/2018/0418/c403992-29934401.html.

规模达到152亿元,同比增长26.7%;2017年,中国数字阅读用户近4亿,同比增长13.37%。从数字阅读的内容构成上看,网络文学占比不断提升,从2015年的69%上升至2017年的85%,已成为数字阅读内容的绝对主流。从数字阅读的形态上来看,2017年有声阅读增幅明显,用户规模达到2.3亿,市场规模达40.6亿元,同比增长达39.7%。

3. 网络文学进一步呈产业化、规范化发展

在法规和政策方面,2017年6月,国家新闻出版广电总局印发《网络文学出版服务单位社会效益评估试行办法》,提出对原创网络文学网站和网络文学阅读平台的单位实施社会效益评估。北京市新闻出版广电局也出台了《网络文学阅评工作实施办法(试行)》对网络文学阅评工作作出具体规定。

在规模和效益方面,2017年,网络文学在依然保持良好发展态势,并进一步迈向产业化、规范化。据相关数据显示,2017年网络文学市场规模达到130.2亿元,比2016年增长44.2%。网络文学用户规模达到3.78亿,占网民总数的48.9%。2017年9月和11月,掌阅科技和阅文集团先后在A股和香港上市。

在内容方面,近年来网络文学题材、内容与风格渐趋多样化,现实题材作品增多,反映时代风貌和社会生活的题材都成为网络文学的热点,网络文学正在打破过去千篇一律的玄幻、仙侠模式。

在网络文学IP运营方面,2017年,文娱产业对于网络文学IP的需求量持续旺盛,网络文学IP运营模式渐趋成熟,很多作品创作从创意策划就直接服务于IP改编,且更加注重作品的孵化培育。同时,网络文学IP运营产业链上下游逐渐打通实现融合发展。

4. 教育出版转型融合渐趋深入

2017年,数字教育出版发展模式日趋多元,许多出版企业基于自身优势,积极探索数字教育发展路径,布局数字教育产品市场。特别是基础教育领域,各类内容的数字教育产品日益丰富。如北教传媒在2017年进一步提升、优化其《课堂直播》《轻巧夺冠优化训练》《哈佛英语》等核心教辅产品,完善线上增值服务。其中,将已畅销15年的品牌图书《轻巧夺冠优化训练》植入其"提分策"和"魔题库"智能平台,运用大数据技术,对学生学习情况进行智能分析,为师生提供智能化教学的解决方案。北教传媒正在打造在线教育平台

"北教辅学网"①。此外,出版单位也加强了人工智能在数字教育出版的探索和应用,尤其加大了对人工智能在幼教领域和学前领域的布局。

5. 出版企业领域积极布局数字阅读

随着数字阅读内容需求的不断增加,许多出版上市企业在数字阅读领域积极布局,并取得良好成效。2017年,掌阅科技打造的手机阅读软件"掌阅iReader" APP,其平均月活跃用户数达到1.04亿,用户规模还在不断扩大;发布了电子书阅读硬件产品 iReader Light;其内容品牌"掌阅文学",签约原创作者达1.5万名,引入网络原创小说作品3万余本,培育优质作品4万余本,业务已经扩展到了漫画、有声、IP孵化等多方面。新经典在微博、微信公众号、豆瓣等多个新媒体平台推广优质书籍,现有"1天1本书""极简史"和"新经典"等多个新媒体产品。皖新传媒打造"阅+"互联网生态圈,包含智慧书房、智慧书城、皖新书院等新媒体产品,研发"美丽科学"数字教科书,打造优质线上教育资源。中国出版数字资源总库集聚量近20万种,在线运营2.5万种,数字版权签约率达65%。城市传媒开发了阅读服务平台——"青岛全民阅读"智能服务平台,并于2017年9月正式上线。该平台主要发布青岛市文化生活、阅读推广等方面的信息,同时该平台还提供买书、借书、读书、听书等多种阅读体验。

6. 知识付费成果初显

2017年,互联网知识付费延续上一年的热潮,市场竞争日益激烈,各类知识付费产品层出不穷。据数据显示,截至2017年年底,我国知识付费产业规模约为49.1亿元,同比增长将近3倍。② 随着知识付费的发展,用户的需求更加明确,选择更加理性,这对知识付费产品的内容和服务能力提出更高的要求,也推动知识付费不断提高行业门槛,逐步建立产品评价体系。目前,知识付费形态与模式已基本成熟,知识付费平台的行业格局也初步形成。其中,处于知识付费领域第一梯队的喜马拉雅经过五年多的发展,已拥有4.7亿手机激活用户、上亿条音频内容,吸引了超过500万的UGC主播入驻,人均每日收听

---

① 北教传媒2017年营收3.42亿元,拟发力在线教育平台"北教辅学网". http://www.jingmeiti.com/archives/26739.

② 去年知识付费产业规模同比增近3倍 优质内容是关键. http://jingji.cyol.com/content/2018-05/17/content_ 17196811. htm.

时长超过128分钟，估值也在五年间增长了近1 000倍，入驻喜马拉雅开设知识付费专栏的知识大咖已超过3 000位。2017年，除了喜马拉雅、得到等知识付费平台外，传统出版单位也逐渐加入到知识付费领域，如《三联生活周刊》推出的知识付费产品《中读》，试图为用户打造介于"慢阅读"和"快阅读"之间的一种阅读状态，获得了良好的市场反响。

7. 数字出版人才建设加快推进

2017年，数字出版人才队伍建设有力推进。2017年8月，国家新闻出版广电总局下发《关于开展"数字出版千人培养计划"试点培训工作的通知》，正式启动"千人计划"项目。《通知》明确了培养对象及条件，对2017年相关工作做出了部署安排，将分年度、分类别、分层次为书报刊新闻出版企业培养高端复合型战略人才和精通专业技能的骨干人才。2017年以来，出版单位在人才建设方面也实施了多项举措，大力推进体制机制创新，以满足融合发展需求。与此同时，2017年数字出版人才考核评定机制进一步健全。2017年北京市修订再版了《数字编辑考试指导用书》，并完成了无纸化考试命题工作。2017年全国出版专业高级职称评审工作明确将数字副编审、数字编审列入其中，标志着从全国层面上，数字出版的正副高职称评审通道得到建立。

（五）民营书业稳步发展

2017年，民营书业发展具有以下特点：更加积极主动的参与社会主义先进文化建设，更加注重转型升级，民营实体书店蓬勃发展，更加主动拥抱互联网，数字化营销成民营书企发行重要渠道，更加注重科技引领作用，新兴业态成为发展新动能，民营书企上市与资本运作掀起新热潮。

2017年，支持实体书店发展的政策力度进一步加大，24个省区市出台了地方实体书店扶持发展实施意见，为实体书店发展创造了良好的政策环境。实体书店转型升级发展的路径、目标和经营模式进一步明确，实体书店迎来了井喷式发展。

2017年，民营书业企业在主题出版、出版走出去等方面积极发力，取得了显著成效。如新经典的反腐小说《人民的名义》年销售过百万，北京时代华语图书公司策划的中国主题图书在美国反响热烈。一些民营书业企业在东南亚国家开设书店,销售中国图书。网络文学在国外的影响力越来越大。

2017年民营实体书店得到长足发展,西西弗书店新开书店51家,总量突破100家,达到111家,2018年计划达到200家。大众书局、先锋书店等其他民营书店也在纷纷开设新店。

在数字化转型方面,民营书企的数字化营销也越做越大。北京开卷图书零售市场数据显示,继2016年网上书店销售额首次超过实体书店之后,2017年网上书店势头依然不减,实现了25.82%的增长。除了移动社交电商平台以及在线教育平台等天然自带线上营销属性外,一些传统民营书企业纷纷加入数字化营销队伍。线上营销不仅带动了线上收益,还促进了实体店的销售。

当前,新兴业态为民营书业发展注入新动能。我国听书网站发展迅速,据统计,在200多家听书网站以及近200款带有听书功能的APP应用中,民营企业占据主要部分。同时,民营企业也在互联网知识服务中占据了先机,出现了得到、知乎、分答、钛传媒等一批影响较大的互联网知识服务网站。

2017年,民营书业企业资本运营十分活跃,新经典、志鸿教育相继挂牌上市,掌阅科技、阅文集团分别登陆A股和港股。2017年上海读客图书获得1.28亿元A轮融资,估值20亿元。北京磨铁图书完成3亿元左右的C轮融资,估值接近45亿元。民营非上市公司的资本实力在进一步增强。

(六)出版"走出去"成效显著

2017年,版权输出数量稳步增长,版权贸易比例进一步向好,出版物实物出口数量和金额逐年增长,出版"走出去"成效显著。

1. 主题图书和讴歌新时代内容的图书成为亮点

内容结构方面,一批深入阐释习近平新时代中国特色社会主义思想的主题图书版权输出至多个国家,如2017年《习近平谈治国理政》第一卷已出版23个语种,26个版本,共发行650万册,发行到世界160多个国家和地区,海外发行量突破50万册。《之江新语》《习近平讲故事》被施普林格自然集团、泰勒弗朗西斯等世界知名出版机构引进出版英文版。《摆脱贫困》英文版、法文版在第24届图博会全球首发,习近平治国理政新理念新思想新战略丛书、《以习近平同志为核心的党中央治国理政新理念新思想新战略》英文版正在翻译出版过程中；一批讴歌党、讴歌祖国、讴歌人民、讴歌英雄、讴歌新时代的现实题材精品力作成功输出版权，如《人民的名义》自2017年1月出版发行以来，已向12个国家和地区输出版权；少儿图书方面，江苏凤凰少年儿童出版社与美国灯芯草出版社合作出版的《青铜葵花》（美国版）成功入选《纽约时报》2017年度童书榜、《华尔街日报》2017年度童书榜和《出版者周刊》最佳图书榜，是中国童书首次连续入选美国三大图书榜，进一步提升了中国童书的国际影响力，也是中国出版"走出去"高质量发展的生动体现。

2. 国际书展的国际影响力显著提升

经过多年发展，北京国际图书博览会已稳居世界第二大书展，国际影响力显著提升，充分发挥了联接中外、沟通世界的对外宣传展示功能。2017年第二十四届图博会总面积9.27万平方米，参展国家和地区89个，新增3个；海内外参展商2 500多家，其中海外展商1 460家，新增102家，占比58%。展览展示精品图书30多万种，参展参观人数30多万人次。举办近千场出版文化活动，达成中外版权贸易协议5 262项，其中，达成版权输出与合作出版协议3 244项，输出引进比为1.61∶1，连续7年实现顺差。中国主题类、少儿类、文学类、文化教育类、经济类、哲学类图书排在输出前列。

同时，2017年组织国内出版单位参加国际书展数量增多，活动质量不断提升，2017年组织参加国际书展达40多个，除法兰克福书展、伦敦书展、美国书展、意大利博洛尼亚儿童书展、巴黎图书沙龙、莫斯科国际书展等国际性书展参展外，还组团参加了第26届古巴哈瓦那国际书展、第45届曼谷国际书展、第14届希腊萨洛尼卡国际书展、第9届沙迦童书展、第30届伊朗德黑兰国际书展、第10届厄瓜多尔基多国际书展、第36届伊斯坦布尔国际书展等；还举办了波兰华沙中国主题图书巡回展、"品读北京——北京出版集团2017澳大利亚精品图书展"、东南亚中国图书巡回展等图书巡回展览展销活动。

3. 出版"走出去"工程持续推进

目前，国家对出版"走出去"的资助项目甚多，涉及内容生产、翻译出版、渠道建设、本土化运作等出版产业链，这些政府主导的资助项目，不仅对出版"走出去"项目提供了经费支持，同时对于出版"走出去"的实施效果及影响提出了更高的要求。

2017年建设中国图书"走出去"基础书目库，首批入库图书200种通过集中推介，引起世界各国出版机构浓厚兴趣。建设优秀原创期刊"走出去"项目库，征集140多种优秀原创期刊，在评审后择优纳入项目库，并在翻译出版推广等方面给予定额资助。2017年经典中国国际出版工程资助翻译出版图书87种，丝路书香工程重点翻译资助项目面向周边国家和"一带一路"沿线国家翻译出版272种图书，中国当代作品翻译工程（第五期）资助翻译出版中国优秀原创文艺图书15种。中外图书互译项目与希腊商签新的互译协议，中俄、中阿（盟）等项目共翻译出版109种图书。

4. "走出去"本土化运作不断深入

据统计，目前我国新闻出版企业在海外设立各类分支机构400余家，与70多个国家的出版机构建立了合作伙伴关系。与此同时，近年来，国内出版企业除了通过建立海外分支机构外，进一步创新合作，通过与海外出版企业开展国际合作出版项目、建立国际出版编辑部等方式，推动本土化运作不断深入。2017年，多家国内出版企业与国外出版机构联合组建国际编辑部，通过在海外进行本土策划、翻译并出版适合当地市场和读者需求的中国图书，并借助合作伙伴的推广力量和渠道，推动中国优质图书在海外的出版与传播，增加当地读者对于中国的了解，让中国声音"走出去"，让海外读者了解真实的中国。

5. "走出去"渠道平台更加多元化

升级创新中国出版物国际营销渠道拓展工程，创新设计中国书架等新渠道新平台，中国图书海外销售渠道已覆盖全球、多点开花。由五洲传播出版社、中国图书进出口（集团）总公司实施的"中国书架"项目在埃及、阿联酋主流书店落户4家；亚马逊"中国书店"在线品种68.5万种，海外发货37.71万册；百家海外华文书店销售中国图书56.8万册，销售金额1 490万元；新知华文书局海外落地8家，尼山书屋海外落地27家；易阅通等外文版中国图书信息汇总整合和推送平台建设进程加快，更多中国图书进入国际主流数字营销平台。

6. 多平台联动效用逐步显现

通过中华图书特殊贡献奖建立了丰富的、多语种的外国专家资源，培养了一支推动中华文化走向世界的海外重要力量，推动了一批代表国家水准、传承中华文明、反映时代风貌、适于国际传播的图书进入沿线主流社会。截至2017年，中华图书特殊贡献奖已举办了十届，共表彰了40个国家的88位海外作家、翻译家和出版家。目前，外国人写作中国计划第一期已确定资助38种图书创作出版，印度汉学家狄伯杰《中印情缘》等图书也已出版，第二期项目已完成征集评审等工作。

二、中国出版业发展趋势分析

当前，新闻出版业发展依然存在着不平衡不充分的矛盾，出版业未来发展必须深入学习贯彻党的十九大精神，以习近平新时代中国特色社会主义思想为指导，在新的历史方位中找到自己新的定位，明确发展目标，深化新闻出版改革，健全确保把社会效益放在首位、实现社会效益和经济效益相统一的体制机制，多出精品力作，以满足人民群众对精神文化生活的新的需求。

（一）健全把社会效益放在首位、实现两个效益相统一的体制机制

"十三五"时期，新闻出版产业体系和市场体系将进一步完善，产业整体实力、综合效益和市场竞争力大幅提升，对国民经济增长的贡献率逐步提升，在推动文化产业成为国民经济支柱产业方面的作用更加凸显，为此，出版改革将在以下方面全面推开。

行政审批制度改革将进一步深化。下一步的改革重点将围绕推进"互联网+政务服务"，着力转变政府职能，提高政府效能，简政放权、放管结合、优化服务进行。同时，在坚持新闻出版主管主办制度前提下，稳步推动党政部门与其所办新闻出版企业脱钩。

继续推进新闻出版供给侧结构性改革。从提高供给质量出发，大力优化新闻出版产业结构、产品结构、消费结构等，着力解决报刊发展中的同质化、低效率等问题。

深化国有新闻出版企业改革在以下几个方面取得重点突破：一是继续大力推动已转制的新华书店、图书出版社、电子音像出版社、非时政类报刊社等新闻出版企业进行公司制、股份制改造，建立健全现代企业制度和法人治理结构。二是完善新闻出版企业内部运行管理机制，建立健全双效统一的评价考核

机制，完善新闻出版企业总编（主编）职责管理办法。三是开展国有控股上市传媒企业股权激励试点，探索建立国有传媒企业股权激励机制。四是抓紧在网络出版开展特殊管理股制度试点。

在引导民营企业发展方面，要继续推进非公有制文化企业参与对外专项出版试点工作，在坚持出版权特许经营的前提下，开展出版与制作分开试点。

此外，还要进一步深化公益性新闻出版机构改革。一是与国家事业单位分类改革相衔接，深化新闻出版事业单位劳动人事、收入分配、社会保障、经费保障等制度改革。二是以党报党刊所属非时政类报刊、实力雄厚的行业报刊为龙头整合报刊资源，对长期经营困难的新闻出版单位实行关停并转。三是稳步推进不具有独立法人资格的报刊编辑部改革。四是完善新闻出版单位事业与企业分开、采编与经营分开工作机制，允许公益性新闻出版单位中经营性部分转制为企业进行公司制、股份制运作，增强自身活力。

（二）完善现代新闻出版公共服务体系

"十三五"时期，将进一步构建和完善现代新闻出版公共服务体系，促进公共文化服务提质增效。

一是全面提升公共服务效能。坚持政府主导、社会参与、重心下移、共建共享，补齐发展短板，强化资源整合，创新管理体制，完善运行机制，统筹推动新闻出版公共服务提质增效。坚持政府主导和充分利用市场资源并重，坚持基础设施建设和运行维护并重，坚持完善网络与丰富内容并重，坚持传统方式与新兴方式并重，推进基本公共服务标准化均等化，在确保基本公共服务的基础上，积极开发市场服务，满足群众基本文化需求和多样化文化需求。积极研究推动基层农村新闻出版资源共享、渠道互通、统筹分配，探索公共服务产品联合制作、"打包"传播、综合服务的有效方式。采取政府购买、项目补贴、以奖代补、定向资助、贷款贴息、保费补贴等方式，支持社会各类组织和机构参与新闻出版公共服务。鼓励符合政策的新闻出版公共服务项目采用政府和社会资本合作（PPP）模式开展项目建设，促进公共服务提供主体和提供方式多元化。推动设立全民阅读基金，建立健全政府主导、社会参与的全民阅读等公共服务公益资金筹措体系。着眼建立健全长效机制，加强对农家书屋工程资源的统筹管理和互联互通，完善出版物补充更新机制。进一步加强省、市、县新闻出版公共服务运行机构和人员队伍建设，逐步形成"县级及以上有机构管理、乡镇有网点支撑、村组有专人负责"的公共服务长效运行维护体系。

二是着力推进惠民工程建设。在全民阅读方面，出台《全民阅读促进条例》，建立全民阅读工作组织协调机制，全面实施全民阅读工程，开展"书香中国"系列活动，推动全民阅读走进家庭、社区、校园、农村、企业、机关等。开展数字阅读，打造基于移动互联网的国家级全民阅读公共服务平台，实现全民阅读线上线下协同推进。开展学龄前儿童基础阅读促进工作。建设一批复合型特色实体书店；加快实现全国所有乡镇实体书店网点、出版物代销代购店全覆盖。加快城乡阅报栏（屏）工程建设。继续推动送书下乡，推进"三农"出版物出版发行工作，鼓励党报党刊、"三农"类报刊在农村免费赠阅。继续扶持实体书店发展。建设国家盲文出版基地，实施盲文出版工程。

三是加大老少边穷地区扶持力度。全面落实党中央国务院对边疆民族地区长治久安、贫困地区脱贫攻坚等各项工作部署，进一步加大扶持力度，提高自我发展能力。继续加强少数民族新闻出版工作，丰富产品类型，提高内容质量水平。继续实施少数民族新闻出版东风工程，扩大实施范围，拓展实施项目。推动国家民文出版基地建设。大力推进阅读推广志愿服务，发展各类阅读群众组织。努力保障特殊和困难群体基本文化权益，重点支持贫困地区公共阅读设施建设，保障特殊群体的基本阅读权益。

（三）图书出版单位社会效益评价考核将全面推开

在政策引导方面，中宣部和国家新闻出版广电总局已经制定了《图书出版单位社会效益评价考核试点办法》，目前已在上海、福建、云南和部分在京出版社开展试点工作，试点完成后将向全国推开。2017年6月26日，国家新闻出版广电总局又公布了《网络文学出版服务单位社会效益评估试行办法》，明确提出对从事网络文学原创业务、提供网络文学阅读平台的网络文学出版服务单位进行社会效益评估考核。

从《网络文学出版服务单位社会效益评估试行办法》看，网络文学出版服务单位社会效益是指本单位的网络文学出版活动对社会产生的良好影响或有益效果，主要包括评估内容、评估程序、评估结果使用等内容。评估坚持客观、公正、公平原则，采取定性评价与定量考核、单位自评与管理部门考核相结合的工作方法,通过量化指标体系对其社会效益进行考核评价。社会效益评估分为出版质量、传播能力、内容创新、制度建设、社会和文化影响五项,将从网络文学价值引领和思想格调、文学价值和文化传承、编校质量、排行榜设置、编辑责任制度、党建和思想政治工作及社会评价、文化影响等方面进行具体计分。社会效益评估实行"一票否决",如果出版的作品出现严重政治差错、社会影响恶劣,在平台首页或重点栏目推介导向有严重问题的作品,违反政治纪律和政治规矩等,评估结果为不合格。

图书出版单位社会效益评价考核虽然还在试点阶段,但是已经有一批出版单位在积极探索对出版单位社会效益考核评价路径,已经形成了许多有益于出版业健康发展、繁荣兴盛的实践经验。从各地开展的出版单位社会效益考核评估情况看,大致可以分为两类,一类是由新闻出版管理部门开展的社会效益考核,如上海、浙江等地;一类是由出版集团组织的对所属出版单位进行考核,如江苏凤凰出版集团、河南中原出版集团等。

从出版单位的实践看,当前出版单位社会效益考核评价指标设置有如下一些特点。在指标设置方面,上海的考核指标包括图书出版结构、学术图书、再版率、走出去、获奖等多项指标。安徽的考核指标则包括了从坚持正确导向、文化产品创作生产、公共文化服务和社会责任、科技创新和管理、干部人才队伍建设、文化"走出去"等6个方面明确社会效益考核内容,并将每一方面细化为4至5项具体指标。[①] 在指标的权重方面,各类考核主体在考核出版单位社会效益时,大都本着"实现社会效益和经济效益相统一"的原则,对出版单位社会效益和经济效益实施一体化考核,将"双效"指标纳入同一考核评价指标体系中,并设置相应考核权重。从指标设置情况看,将社会效益考核权重提高至50%以上,是指标设置的总体趋势。在导向指标方面,各地都把导向指标摆在突出位置、对导向考核给予重点关注。[②]

由于我国各地社会经济文化发展不平衡,各地出版水平也存在不同,同时,科技、少儿、古籍、教育等不同类型的出版单位也各有特点,因此,各地在社会效益考核指标制定时,要因地制宜,实事求是,使得考核真正成为推动

[①] 曹征海. 建立文化企业考核科学机制 [N]. 光明日报, 2015-05-23.
[②] 徐同亮. 地方出版单位社会效益考核评价现状探究 [J]. 中国编辑, 2018 (7).

出版单位确保把社会效益放在首位，实现社会效益和经济效益全面发展的强大动力。

（四）数字出版产业步入内容深耕时代

在国家政策的有力引导扶持下，数字出版行业整体呈现出健康向上良好的新气象，呈现以下发展趋势。

1. 内容为王的时代重新来临

随着用户知识服务需求和个性化需求的日益增强，传统出版模式难以提供适合碎片化时间内阅读的内容和个性化的知识服务，而基于大数据技术的新兴出版可以及时有效地收集用户行为数据，确定用户画像，以满足用户的个性化知识需求。为了满足读者日益升级的需求，原创内容、优质内容和个性化内容的生产将逐渐成为数字出版竞争的"红海"。谁能在内容生产方面占据有利地位，谁就将在竞争中把握胜机。因此，数字出版在经历了技术为王的时代之后，开始向内容为王回归，亦即向出版的本质回归。

2. 数据和技术将推动产业升级

大数据、人工智能等技术的创新应用，将大大提升产品的运营效能，提升数字品牌的核心竞争力。在数字出版产品的创新升级和品牌打造过程中，洞悉用户需求变得尤为重要，同时品牌也不应再是单一的，而是多层次、多维度的。面向不同用户，以不同的触达渠道和应用场景，以更加适合的方式，传递不同的品牌信息，以满足多元化用户需求，以达到千人千面，精准营销。绘制用户画像和海量数据处理技术在数字出版业务流程中的应用将愈发普遍，通过舆情监测洞悉发展新机遇，海量数据实时监测、分析，更加精准的捕捉用户需求，及时、高效地调整品牌运营策略，优化产品设计。在数据和技术驱动下，产业发展路径得以重塑与优化，品牌价值将以更加科学的方式被认知与衡量，促进数字出版产品调整生产、运营思维，不再仅仅是让用户接触到，而是感知到并予以认同和接纳，让产品与用户之间产生关联性，更精准有效地与用户完成个性化沟通。如何让产品和服务有效触达用户，真正满足用户需求，以内容和服务提升用户体验，成为当下数字出版企业在数字出版生产和营销中需要考虑的关键问题。

3. 围绕内容产品的技术融合将不断深化

在内容的数字化形态进一步丰富之后，内容产品的范畴得到了极大的扩展。图书阅读除了要和互联网上的各种娱乐形式争抢用户休闲时间以外，纸质书、电子书、有声书本身也在分割读者的阅读时间。当然，内容生产者可以围绕用户的阅读场景构建产品组合，国内领先的多家出版机构也早已经启动纸电同步、有声同步的产品推广方式。但是，图书出版者的业务形态和操作方式可能不止于此。知识付费类产品的出现，也标志着出版机构与作者之间的关系可能发生改变，内容策划的源头可能迁移到了知识付费平台的手中，或者知识付费平台本身就是另一种形式的出版商。事实上，伴随着内容产品的技术融合不断深化，内容产品的策划和分发方式都可能发生巨大的变化，而图书出版行业的外延也可能扩大。

4. 知识服务成为未来出版的升级版

国家知识资源数据库自 2006 年开始构建，作为一项国家的重点工程被列入国家的"十二五""十三五"改革纲要。这项工程建设的目的，是要把散布在各个领域的专业知识通过技术的手段进行知识的分类、标引、集成、管理形成一个分布式的知识数据库，成为一个社会各界提供专用的知识库。

2015 年，国家新闻出版广电总局启动专业数字内容资源知识服务模式试点工作，确定了首批 28 家出版单位作为试点单位，并由中国新闻出版研究院负责筹建"知识资源服务中心"，具体组织试点工作。2017 年年底，又确定 27 家新闻出版单位为第二批试点单位。

知识资源服务中心目前已经做了以下工作：一是知识服务的标准制定。在 22 项有关知识服务的标准中，已经有 7 项标准正式完成，其余标准正在制定中。二是 28 家专业出版社进行专业知识加工，已经形成了 100 多个相关的知识产品，还将有更多的出版单位加入这个知识体系当中。2018 年，国家知识资源服务工程已经纳入到出版行业大数据工程范围内，将启动知识加工领域的关键技术研发，包含知识提取、知识交易、人工智能等六个领域的工作。

"十三五"时期，国家知识资源数据库工程的主要任务是建立国家知识资源服务中心，研发关键技术，研制相关标准、规范，建设国家知识服务平台及其数据、营运、技术支撑中心；支持新闻出版企业建设专业领域的知识资源数据库、服务平台；创新信息内容服务模式，提供知识服务解决方案。

2017年，国家新闻出版广电总局发布《关于深化新闻出版业数字化转型升级工作的通知》，提出探索知识服务模式要开展以下工作：新闻出版企业要积极参与知识服务标准规范研制，构建各专业领域知识体系，建设知识资源数据库，开发多层次、多维度、多形态知识服务产品，搭建分领域知识服务平台；鼓励新闻出版企业之间开展合作，建设跨领域知识服务平台，跨领域调取知识资源，开发跨领域知识服务产品；要积极创新知识服务模式，面向不同终端、采取不同方式，实现精准的多形态知识服务供应，以知识服务兼容文献服务等其他服务模式，探索知识服务在专业、大众、教育出版的转型升级进程中的应用模式。加强国家级知识服务机构建设，推动国家知识服务平台及知识资源数据库库群建设。

（五）图书发行业融合发展向纵深推进

1. 实体书店网点数量喜忧参半，类型细分将成趋势

基于图书发行业"十三五"规划，行业主管机构将进一步深化发行领域体制改革，推动图书零售网点建设；加上来自于民间的商业扩展动力，在2018年，围绕"全国性商业布局"和"城市内区域覆盖"的跑马圈地运动还将继续。不过，这种快速扩张的背后也蕴藏着风险。一方面，持续新开店对书店现金流的压力加大；另一方面，快速扩展的业务规模，也对书店的管理能力、团队建设和人才储备提出了更高的要求。

无论是新华书店品牌下的新型门店，还是民营连锁的复制扩张，大多数新开门店的规模不大，以200—500平方米的为多，规模较大的也多在2 000平方米以内。"小型化""分散化""商圈化"是这一轮新开书店的重要特征。伴随着城市规模的不断扩大，消费者交通和时间成本的提升，超大书城以"多而全"的经营方式形成的"全城聚客"模式难以继续保持原有影响力，而真正深入城市各个区域的终端门店可能成为文化服务的毛细血管。在这一环境下，实体门店的类型细分将成为精细化运营的前提和基础，而书店本身也将越来越多地承担周边客群全面文化服务的功能。当然，书店经营可以使用的业务类型远远不止图书零售本身，而是将会充分个性化、场景化。而这其中，书店可以发挥的空间将会更大，也许还会有"共享书店"之外的更多新型模式出现。

2. 内容分发途径改变，书店不止于书，行业上下游关联可能被重塑

上游出版作为内容产品的策划和提供者，未来分发途径可能会不断多元化，数字内容可以通过互联网应用直接抵达用户，纸质图书发行成为其内容分发的形式之一。而下游零售书店更加回归商业零售的本源，围绕着周边客群的文化消费需求提供服务，而图书产品因毛利率偏低、存在渠道折扣价差等因素在书店内部的销售价值将会下降。于是，看起来以往深度绑定、分居行业上、下游的出版机构和零售书店，彼此之间的关联关系在这个科技推动变革的时代已然开始减弱。图书零售本身对两者仍旧重要，但是在各自的全局业务当中占比降低，单纯就图书零售来说，已经不足以作为两者之间的深度绑定媒介。但是，同样作为文化和内容的服务和传播机构，两者之间的合作也应该远远不止图书零售本身，因此，行业上下游之间的合作与关联也在期待在新技术进步和应用过程中得到重塑。

（六）印刷业融合发展迈向更高领域

国家新闻出版广电总局发布的《印刷业"十三五"时期发展规划》指出，实施"印刷跨界融合和新兴业态培育工程"，推进印刷业融合发展。未来，印刷业融合发展将向更高领域迈进。

1. 印刷业融合发展的主要表现

（1）与文化融合。

印刷业在文化传承和传播中具有重要作用，先天具有文化属性。当前，很多印刷企业开始走上"文化印刷"道路，利用自身资源和技术优势，开发文化产品、创新商业模式，成为与文化融合发展的典范。

（2）产业链的融合。

向产业链的上下游延伸，实现产业链融合，是当前很多印刷企业正在探索的重要途径。出版印刷产业链包括出版物策划、编辑、印制、发行、物流等，由出版物印刷向按需印刷、数据管理、发行物流、书籍设计等综合解决方案供应商转型，是"十三五"规划指明的重要方向。

（3）数字化融合。

印刷企业数字化包含着极其丰富的内容，包括：印刷方式的数字化——数字印刷；印刷工艺的数字化——数字化工作流程；印刷管理方式的数字化——ERP、MES等信息管理系统；印刷经营方式的数字化——印刷电商、网络印刷等；印刷业务模式的拓展——大数据、云计算的应用等。

印刷业与数字化的融合，促进了产业发展，使新型商业模式成为可能。数字化技术在出版领域的应用，使一本起印，先销售后印刷按需出版模式成为可能，有助于适应图书出版小批量、个性化的发展趋势，帮助出版业化解库存、断版书问题。

大数据、云计算等新一代信息技术的应用，使印刷电商变成现实。香港e-print、台湾健豪等知名企业，以及世纪开元、虎彩等国内企业，利用互联网平台拓展业务取得良好效果。

（4）新技术融合。

当前，随着媒体融合的推进，纳米技术、激光全息、VR（虚拟现实）、AR（增强现实）、RFID（无线射频）等新技术，正不断被出版、印刷业应用到生产实践中，促进了印刷企业的产品创新。

2. 打造智慧印厂，提升出版物印刷企业的创新服务能力

出版物智慧印厂建设重点在于充分满足读者、作者、出版企业等多元化需求的同时实现规模经济生产，通过互联网平台实现规模化个性定制。通过构建出版大数据平台，将读者、作者、出版商以及印刷厂各环节互联，延伸产业链，形成出版行业新价值构架。印刷厂外部通过互联网紧密链接客户，并满足客户个性化需求。内部将生产过程透明化，部门高度协同，紧密配合，生产效率最大化，生产浪费最小化。以大数据挖掘、分析为驱动，做到各环节信息互联、数据共享，推动生产方式向定制化、柔性化、绿色化、网络化方向发展。[①]

三、推进中国出版业发展的建议

党的十九大勾画了未来文化发展的蓝图。出版业要认真学习贯彻党的十九大精神，以习近平新时代中国特色社会主义思想为指导，落实好新闻出版"十

---

① 黄晓新主编．中国印刷业发展报告（2017版）[M]．中国书籍出版社，2017：202—207．

三五"发展规划确定的各项任务，推动新闻出版业在内容生产、公共服务、体制机制改革、出版走出去等方面取得新的进展，创造新的业绩。

（一）加强重大出版工程顶层设计，突出主题出版内容生产

随着我国经济的快速发展，人民群众的物质生活水平不断提升，精神文化需求也日益旺盛，对高层次的、精神产品的需求日益强烈，出版界要加强重大出版工程顶层设计，突出主题出版内容生产，全面反映中国精神、中国价值、中国力量以及人类思想文化创新的最新成果。

1. 加大主题出版内容的生产力度

党的十九大报告中明确提出"中国特色社会主义进入了新时代"，为我国发展指出了新的历史方位。出版界要以习近平新时代中国特色社会主义思想为指引，认真做好中国特色社会主义、中国梦、"五位一体"总体布局、"四个全面"战略布局、新发展理念、社会主义核心价值观、中华优秀传统文化等主题出版内容的生产。

2. 加强重大出版工程、重点出版项目的顶层设计

加强重大出版工程、重点出版项目的顶层设计，包括中长期规划与年度计划、重大工程与重点单品、学术引领与大众普及、整体战略与重要节点、中国话题与国际视野等不同层级、不同时点、不同领域的结合与匹配，形成既有整体统领又有丰富呈现的有机格局。

3. 制订、完善、落实相关政策

一是继续完整全面落实已有的各项文化经济优惠政策，包括税收优惠政策的连续性、对新设文化企业经济优惠政策的一致性、土地政策、出口退税政策的落地等；二是根据新情况新问题制订新政策，对于图书的定价、销售进行立法，以进一步规范市场环境，扼制不正当竞争。

4. 鼓励扶持原创文学出版，抑制低端重复出版

党的十九大报告提出要"提升文艺原创力，推动文艺创新"，文化原创力构成了我们文化自信的基础。文学出版作为出版业十分重要的出版板块，不仅对整个出版产业的健康发展有着十分重要的作用，更可为满足新时代广大人民群众对美好精神生活的需求产生积极的影响，要高度重视文学出版领域里原创

力不足、重复出版严重的现象,在政策与投入等方面扶持与鼓励原创文学佳作的出版,同时对低端重复出版现象采取有效的、可操作的措施予以抑制。①

(二) 立足新时代的发展新起点,持续推进转型融合向高质量发展

1. 把握新时代数字出版发展的新定位

《新闻出版广播影视"十三五"发展规划》明确提出"加快发展网络视听、移动多媒体、数字出版、动漫游戏等新兴产业"。其中,"数字出版"首次列入国家五年规划纲要,将数字出版首次列入国家五年规划纲要,这标志着我国出版业已经进入融合发展的新阶段。步入新时代,对数字出版发展提出了新的要求,数字出版要承担起新时代所赋予的新责任与新使命,确立新时代发展的新定位,进一步树立媒体融合理念,加强内容导向管理,确保意识形态安全,着力推进数字出版高质量的发展。

2. 进一步提升优质产品的市场供给能力

数字出版产业的高质量发展,要始终坚持把内容建设放在首位,把提升内容质量作为打造数字出版产品的核心。要加快建立数字出版内容评估机制,加强对数字出版内容的价值观引导。要通过实施内容带动战略,实现多媒体联动发展,着力提升内容的品质。出版单位要注重内容创新,推进内容与技术的有机结合,充分挖掘优势资源的潜在价值,运用新媒介、新形态、新模式,不断创新内容的表现方式,根据不同用户需求,不同媒介、不同场景,进行内容打造,不断丰富和优化产品结构;提升原创内容的生产能力,着力提升原创内容的文化品位和思想格调,丰富数字内容的文化内涵。

3. 加大版权保护和运营力度

数字出版产业要重视对优质原创内容的版权保护问题,只有版权得到有效保护,才能激励更多优质内容的产出,推动数字出版产业的良性发展。要树立版权资源是出版业的重要资源的理念,依托优质内容资源,进行全版权运营,在选题策划之初或者产品设计之初,就要对版权进行全方位部署,涵盖数字出版、纸质出版、动漫、影视、相关衍生品、实景娱乐开发等多个领域,立体

---

① 王坤宁、李明远. 全国政协委员潘凯雄建议:加大鼓励原创文学出版力度 [N]. 中国新闻出版广电报, 2018 - 03 - 09.

化、多元化、多层次打造优质知识产权，全面释放优质内容资源价值，吸收优质内容衍生版权的红利。

4. 增强运营服务能力，提高市场影响力与竞争力

运营能力的高低，直接影响到数字出版产品的市场影响力与竞争力。在互联网和移动互联网环境下，信息传播场景不断拓展，催生出信息传播的新需求。出版单位要树立以读者为导向、以服务为重点的理念，根据新场景下的数字出版的新需求，提供个性化内容与精准服务，以提升产品的影响力，打造产品竞争力。

5. 加大出版技术研发投入，提升技术应用创新水平

出版企业要想真正实现转型升级融合发展，离不开出版技术的研发与应用。强大的技术研发能力是公司实现业务创新的有力保障。出版企业应该重视产品研发及技术创新，加大对先进技术的研发投入，建立起优秀的技术研发团队，加强对关键技术的研究与攻破。根据市场需求，立足于产品特性，致力于提升用户体验，加强对人工智能、大数据、云计算、AR/VR、物联网等新兴技术的更深层次的研究及在出版领域的应用。以创新科技推动出版流程的智能化，削减出版流程中各个环节的成本，提高出版发行的效率，促进内容产品丰富化，满足读者多样化个性化需求，以实现新闻出版业的转型升级融合发展。

（三）采取有效措施，稳步推进新闻出版公共服务能力建设

1. 进一步加强全民阅读组织建设和队伍建设

一是培育阅读推广队伍。阅读推广人的规模、类型、专业化水平，在很大程度上塑造着一个地区的全民阅读服务水平，培育遍布城乡的阅读推广队伍，需要政府给予足够的政策优惠，帮助优秀阅读推广个体或者组织的成长，引领专业人才服务于阅读水平亟待提升的群体和地区。同时，还需要阅读推广专业培训体系的建立，建立行业准入制度，推进阅读推广职业道德规范建设，让优质阅读服务成为公共文化服务和阅读市场的标杆，进而推动全民阅读服务质量的整体提升。

二是推进专委会及协会发展。按照《全民阅读"十三五"时期发展规划》要求，尽快推进国家和地方各级全民阅读指导委员会、全民阅读促进协会的建

设。目前，指导委员会和促进协会在我国各地区尚未普及，加快其建设工作，有助于促进阅读推广的专业化、科学化，对各种项目活动更好地进行组织、实施和评估，建立良好的阅读产业生态系统。

三是建立科学评估制度。国家和各地的全民阅读服务评估机制有待建设完善，推进阅读设施、购买服务招标和项目立项的公开透明、公平公正，研制居民反馈机制，制订奖惩机制，严防打着阅读推广旗号的伪劣组织、行为渗入到阅读产业中来。加强阅读推广公益培训的研究，建立科学、系统的阅读推广体系，为阅读推广培训行业树立标杆，从而不断提高阅读推广人的素养能力，培育后备力量。

四是重视阅读科研工作。全民阅读的科研工作，目前存在不均衡状态，图书馆界、教育界的理论和实践研究已走向蓬勃，而新闻出版界、社会工作界的研究工作则落后于实践进展，建议相关部门加强全民阅读研究的课题立项，推动理论和实践的相结合，推动产业不断创新、壮大。

2. 加强社区书店及基层书店建设，完善全民阅读基础设施体系

当前，城市社区文化中心已经成为最贴近居民的文化场所，在基层文化活动中发挥着重要作用，建议政府出台相关政策，鼓励书店进驻社区文化中心，鼓励社区以房租折价购买书店的公共服务，请书店为社区居民提供免费的阅读空间，同时允许书店有一定的经营活动。书店进驻社区文化中心，不仅可以作为政府购买公共文化服务的一种方式，丰富人们的基础阅读设施，涵养书香社会，同时，也可以督促公益性的文化服务设施提高服务质量和服务效率。

另一方面，县以下多是农村，购买力较弱，书店数量较少，而且规模较小，生存很不容易。建议减轻书店负担，撬动社会资源，增加基层书店网点。同时，建议为县以下（含县）所有书店免除一切税收，鼓励更多的人在县以下开书店。[①]

3. 加强顶层设计，统筹规划，稳步推进数字农家书屋建设

数字农家书屋建设是我国基层公共文化服务数字化建设的重要组成部分，需要政府加强顶层设计，统筹规划。目前，在58.7万个农家书屋仅有13%的

---

① 王坤宁、李明远. 全国政协委员魏玉山建议健全全民阅读基础设施体系［N］. 中国新闻出版广电报，2018－03－15.

书屋开展了数字服务,与传统农家书屋的建设相比,数字农家书屋还缺少统一的建设规划,在政策、资金、资源整合、建设数量、建设标准、实施方式上还需要政府的支持与规划。建议政府加快研究制定数字农家书屋建设规划和建设标准,尽早实现农家书屋与科技的融合,建立科技含量高、便民、利民的新型数字农家书屋。未来,政府可以考虑整合建立统一的数字农家书屋阅读平台,统一采购数字内容资源,避免平台和内容资源的重复开发与采购,更有效地发挥财政资金的效用。①

(四)加快融合发展,助推实体书店转型升级

2017年,随着国家出台的一系列扶持政策相继落地,发行业将迎来战略发展的新机遇。一方面,随着近年来实体书店转型升级发展,发行业全渠道布局将是大势所趋。另一方面,融合发展将成为未来发行业尤其是实体书店发展的总基调。

1. 网点布局线下要点面结合、统筹兼顾;线上平台要赢得更大发展空间

实体书店要按照城乡人口规模、流动趋势和区域功能,建立以大城市为中心、中小城市相配套、乡镇网点为延伸、数字终端为补充的贯通城乡的实体书店服务体系,统筹兼顾城市、乡镇、社区、商圈、校园,形成合理布局、协调发展的良性格局。各大发行企业也加大了对线上平台的关注力度,实现空间上的互联和线上线下的互通。

2. 将智能书店打造成实体书店发力新零售的重要入口

智慧书城将全面普及,实现线上平台与线下书店的有机融合发展,将会使自助售书书店甚至无人售书书店成为可能。实体书店的边界会越来越模糊,将涌现出一大批特色文化因子与特色商业因子结合裂变的书店新物种,并通过运用大数据、人工智能等先进技术手段,对商品的生产、流通与销售过程进行升级改造,对线上服务、线下体验以及现代物流进行深度融合,创造书店零售新模式。

3. 不断丰富实体书店的功能、业态,实现双效有机统一

实体书店将围绕"书"与"店"的核心,为满足"读者"与"人"的需

---

① 陈含章. 我国数字农家书屋建设现状及模式探析 [J]. 出版发行研究, 2017 (9).

求不断探索升级；通过拥抱互联网、新零售、新科技，探索"书店＋互联网＋移动支付＋AI创新技术"，实现线上线下融合发展。实体书店科技感、时代感和体验感将持续增强，与新技术、新应用的结合更为紧密，与大文化、大教育的融合程度不断提高，与商业零售、生活消费的嵌入更趋交融，实现双效统一。

4. 将实体书店作为公共文化服务的重要载体

实体书店要突出向文化中心的转型升级，体现更多公益性质，发展成为创意产品的集聚空间，延伸出创意汇聚、思想交流、文化享受等多样活动，承担超越已往的文化功能，成为公共文化服务的重要载体，成为文化事业与文化产业的综合体。

（五）制定科学有效的发展战略，促进印刷业平稳发展

面对错综复杂的经济和产业形势，《印刷业"十三五"时期发展规划》为行业指明了"绿色化、数字化、智能化、融合化"的发展方向。要将规划的要求真正落到实处，还要进一步加强对印刷企业的具体引导和扶持，帮助企业正确认识行业形势，制定符合实际、科学有效的发展战略，寻求新的发展动能。

1. 加强对产业形势的分析和研判，帮助企业认清趋势、看清方向

我国印刷业产值总量过万亿，是新闻出版业和文化产业的重要组成部分，是国民经济重要的产业部门。但在长期的发展过程中，我国印刷业一直存在重视技术研发和设备升级，轻视产业研究的倾向。迄今为止，国内仍缺少专业化、上规模的印刷产业研究、分析机构，这不利于引导行业企业认清趋势，做出科学有效的战略决策。建议行业主管部门统筹协调系统内大专院校、科研机构的研究力量，针对当前行业发展中的热点、难点问题，专题立项、专业攻关，进行全面、系统的分析和研判，形成翔实、可信的研究报告，帮助和引导企业更好地认清趋势、看清方向，采取有效措施应对各种挑战。

2. 加强行业人才培养和评价体系建设，保证行业中高端人才供给

人才是行业发展的基石。面对当前印刷业中高端人才储备不足，低端人才招用困难的问题，建议由行业主管部门牵头，联合行业协会、大中专院校，以专题调研的形式，切实摸清行业中高端人才培养中面临的实际问题和实际困难，统筹协调业内外资源，加强对印刷业的对外宣传和推广，改变社会上对印

刷业的片面认识，提升印刷业的社会形象和社会地位，进而增强对各层次人才的吸引力。同时，要提高大专院校办好印刷专业的信心，帮助其解决发展过程中面临的实际问题，进一步完善印刷业中高端人才的评价体系，让人才能够得到充分的认可和尊重。

3. 优化行业监管体系，对创新发展给予鼓励和支持

近年来，我国印刷业正处于转型升级、创新发展的关键期，以印刷电商、合版印刷、按需印刷、智慧印厂为代表的新型商业模式和生产组织方式层出不穷，印刷业务的跨区域，甚至跨国界流动越来越多。由于订单聚合、获取方式的不同，印刷电商、合版印刷、按需印刷，在印刷合同签订、承印验证、登记、印刷品审核、备案等方面，与传统印刷企业均存在着很大的差异。如何在强化创新型企业守法合规意识的同时，优化行业监管法律法规，为创新提供空间，已经成为一项十分重要的课题。同时，建议行业主管部门争取设立专项基金，为印刷企业进行商业模式创新、建设智慧印厂等给予必要的扶持，以在全行业形成鼓励创新、支持创新的良好氛围。

（六）加强走出去项目效果评估，促进出版"走出去"提质增效

1. 加强对习近平新时代中国特色社会主义思想和党的十九大精神图书国际出版推广的扶持力度

一是围绕深入宣传阐释习近平新时代中国特色社会主义思想的核心要义、丰富内涵、科学体系、理论特色、实践要求、历史贡献，开发一批高质量的外向型理论读物和通俗读物。二是翻译出版推广一批全面宣介党的十九大精神的精品图书，宣介我国推动精神社会发展的重大举措，充分反映国际社会的积极评价，生动展示党和国家良好形象。三是翻译出版推广一批生动讲述社会主义核心价值观的故事、讲好中国共产党的故事、讲好中国特色社会主义新时代的故事、讲好中国人民奋斗圆梦故事的图书。四是围绕改革开放40周年、新中国成立70周年等重要时间节点，策划"走出去"重点内容选题。

2. 推动建设出版"走出去"实施效果评估指标体系

在出版"走出去"实施十余年的进程中，从通过出版物版权输出、实物出口等数量指标评价体系判断"走出去"效果应逐步向建立影响力指标评价体系

转变，从而更好地解决中国出版"走出去"过程中因市场调研不足而造成的社会影响和经济效益无法相统一的问题。推动建立一套科学、系统的中国出版"走出去"实施效果评价指标体系，不仅是"走出去"评审和资金投放的重要依据，也是出版企业"走出去"的行动指引。通过强化出版企业的目标观念，达到"走出去"项目实施，或图书海外出版后符合当地出版市场规律，切合对象国实际需求的目的，使中国内容、中国故事得到有效的传播；通过实施出版产品从选题策划、翻译出版、宣传推广等各环节综合性、动态性全流程管理，及时有效地传播中国声音。

3. 加强出版产品内容定制化，突出目标市场差异化

从政府宏观政策角度，进一步细化指导方针，推行一国一策策略，对出版"走出去"目标对象国家，尤其是周边国家和"一带一路"沿线国家，开展详细准确的市场调研，了解对象国家出版产业政策、相关法律法规，掌握当地出版产业基本情况，制定相应扶持政策。从企业微观战略角度，客观、准确地掌握对象国出版产业各环节特点及差异，研究当地读者阅读需求，定制适应当地的个性化产品。

参考文献

［1］国家新闻出版署. 2017 年新闻出版产业分析报告［N］. 中国新闻出版广电报，2018－07－31.

［2］国家新闻出版署. 2017 年新闻出版基本情况［N］. 中国新闻出版广电报，2018－08－06.

［3］国家新闻出版广电总局. 新闻出版广播影视"十三五"发展规划［EB/OL］. (2017－09－27). http://www.gapp.gov.cn/sapprft/contents/6588/350248.shtml.

［4］范军. 2015—2016 中国出版业发展报告［M］. 北京：中国书籍出版社，2016.

［5］范军. 2016—2017 中国出版业发展报告［M］. 北京：中国书籍出版社，2017.

［6］张立. 2017—2018 中国数字出版产业年度报告［M］. 北京：中国书籍出版社，2018.

［7］张立，等. 坚守与变革·遭遇大数据时代的传统出版业［M］. 北京：社会科学文献出版社，2018.

［8］黄晓新. 中国印刷业发展报告（2017 版）［M］. 北京：中国书籍出版社，2017.

[9] 本课题组. 我国社会主要矛盾变化背景下出版业的发展对策［J］. 出版发行研究, 2017（2）.

[10] 王坤宁, 李明远. 全国政协委员魏玉山建议健全全民阅读基础设施体系［N］. 中国新闻出版广电报, 2018-03-15.

[11] 曹征海. 建立文化企业考核科学机制［N］. 光明日报, 2015-05-23.

[12] 钱风强, 刘叶华. "十三五"时期我国图书走出去提质增效路径分析［J］. 中国出版, 2017（13）.

（课题组组长：范军；副组长：李晓晔；成员：香江波、毛文思、刘成芳、张文彦、田菲、刘莹晨、于秀丽、孙鲁燕、苏振才、王扬、邓杨、尚烨、段艳文、宋玉婷、王臻平；执笔人：李晓晔；统稿：范军）

第二章 分报告

第二章 分析结果

第一节　2017—2018中国图书市场报告

2017年是图书出版发行行业深入贯彻"十三五"规划、大力发展的一年。上游出版继续深化内涵式增长方式，出版亮点频频出现，全年阅读热点覆盖历史、传统文化、新科技趋势、主题出版等多个领域；同时，各类新的出版形式不断涌现，给全社会读者带来丰富的阅读体验。下游书店网点建设如火如荼，新型门店不断出现，新华书店在成立80周年之际也在积极创新经营模式、推进转型升级。新技术、新商业趋势正在带给这个行业日新月异的变化，知识付费、共享书店也在刷新着社会公众和行业自身对内容服务业的认知。而为数众多的书业企业在2017年登陆资本市场，也在昭示着未来可能生发的更大能量。

在这一年，我们感受到的不仅是图书零售增长、实体书店回暖，也不仅是政策红利加大、行业规划清晰，而是扑面而来的变化、各个领域的创新，以及引领行业向前的各种可能。

一、2017年中国图书零售市场基本情况

（一）纸质图书市场保持增长，新书品种数基本稳定

2017年，中国纸质图书零售年度市场总码洋规模达到803亿，年度增长率达到14.55%。相比于上一年度，国内图书零售在2017年不但延续了增长势头，增速也稍有放大。对比美国NPD集团和Nielsen BookScan监测的全球主要英语国家市场，我国的纸质书零售市场发展速度依旧非常突出。

表1 2017年全球主要英语国家纸质书增长率比较
（数据来源：NPD Group、Nielsen BookScan）

国别	2017年增长率	国别	2017年增长率
美国	1.9%	印度	2.7%
英国	2.6%	澳大利亚	1.6%
爱尔兰	1.3%	新西兰	10.3%
意大利	1.4%	巴西	8.1%
西班牙	-9.7%	南非	1.4%

在零售规模不断增长的同时，我们也发现这一年的新书品种数并没有明显增长。2017年，中国图书零售市场动销品种数189.4万，比2016年增长了8.19%；其中，新书品种数达到20.4万。至此，全国年度新书品种数已经连续6年保持在略高于20万种的水平，供给侧效应在图书出版行业持续显现，新书品种数占当年市场总体动销品种数的比例持续下降。

2018年前四个月，零售市场上的当年新书品种数达到6.25万种，相比往年同期又有所收缩；结合全年出版节奏规律，预计2018年新书品种数也不可能产生明显的增量扩展。

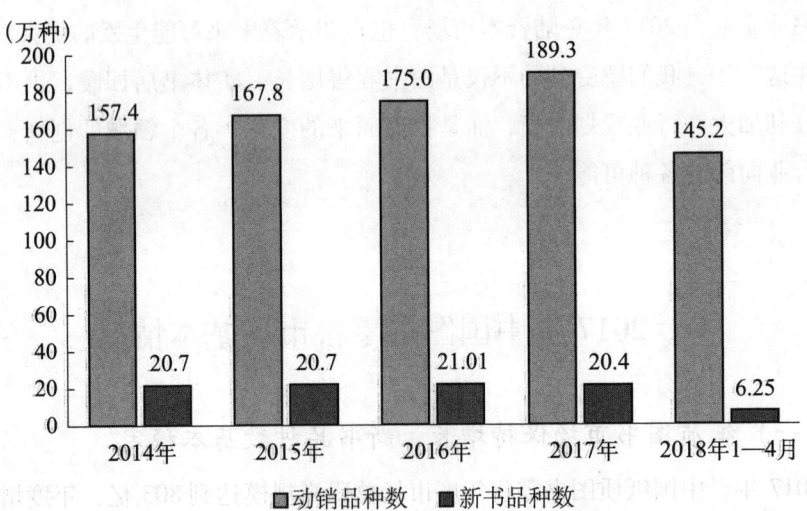

图1 近五年中国图书零售市场品种规模（开卷数据）

（二）实体店渠道销售回暖，二线城市、大书城群体表现突出

2017年，实体书店渠道图书零售实现了2.33%的增长速度，扭转了2016

年该渠道负增长的局面。结合近几年来实体书店渠道零售综合走势，会发现实体店图书零售仍旧处于一个大致平稳的振荡周期。在每年的上半年，市场数据波动明显，而到下半年暑期高峰整体销售水平非常接近，年底年初的零售指数波动最容易受到畅销品种的带动和影响。

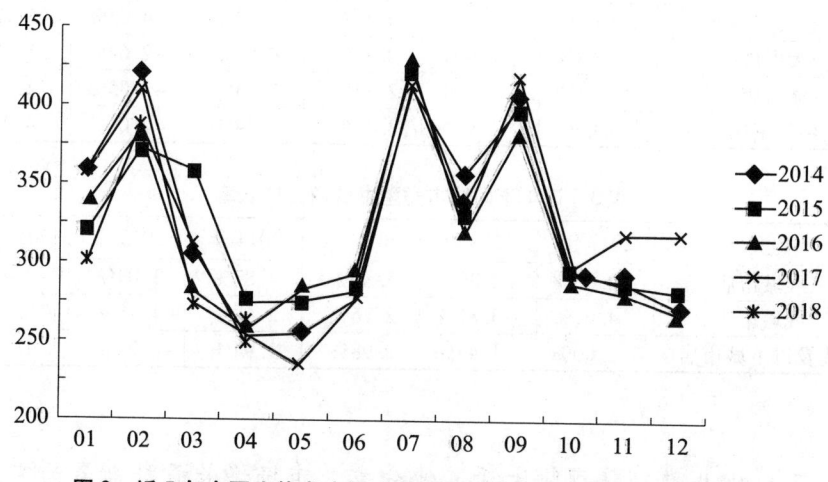

图 2　近 5 年全国实体书店渠道图书零售指数变化趋势（开卷数据）

与实体书店渠道相对应，网店渠道销售（合并大型电商自营零售业务、第三方电商平台、新媒体电商渠道三种类型）在 2017 年实现了 25.8% 的增速。可见，网上书店渠道的增长速度仍旧远远高于实体书店渠道，线上渠道依然是市场增长的主要推动力。

在实体书店渠道内部，2017 年非新华书店的增长表现（3.30%）略高于新华书店（2.08%），二线城市书店的增速（4.61%）好于一线城市书店（-0.66%）和三线及以下城市书店（-2.00%）。

如果结合更长时间轴的书店增长轨迹来看，2012 年是全国实体书店渠道首次出现负增长的年份，当时受影响最大的是一线城市市场，尤其是超大书城群体经营压力最大。也正是最早感受到压力的这一群体最早启动了书店内部的调整和变革，终于在 2014—2015 年迎来了新一轮明显增长；相比之下，二线城市、大书城和城市店群体店的压力来临要稍晚于一线城市书店，其调整和销售回暖也与一线城市书店存在一定的时间差；近期遍布全国的新开店热潮也以省会城市居多。加之一线城市从来都是各类新技术应用、零售工具最早的试验场所，一线城市书店和超大书城群体总会面临新的零售环境和竞争考验，因此内外因素共同作用,处于二线城市的书店、规模中上的大书城是当前零售市场当中增长力度最强的群体。

表2 近年不同类型书城同比增长率

类型	2017年	2016年	2015年	2014年	2013年	2012年
超大书城	-0.64%	-6.10%	0.63%	2.82%	-4.05%	-5.12%
大书城	7.68%	3.44%	0.53%	8.11%	-2.64%	1.66%
城市店	3.81%	-7.07%	-2.84%	1.35%	-2.35%	-2.11%
中等书店	-3.06%	0.67%	3.41%	1.34%	7.06%	4.97%

表3 近年不同城市类型书城同比增长率

类型	2017年	2016年	2015年	2014年	2013年	2012年
一线城市店	-0.66%	-2.39%	5.80%	7.87%	1.04%	-2.44%
二线城市店	4.61%	-3.81%	-2.76%	2.68%	-1.28%	0.62%
三线及以下城市店	-2.00%	-1.48%	0.98%	1.94%	-0.29%	1.23%

(三) 少儿类销售规模大于其他分类,市场增长贡献也最为突出

2017年,少儿图书占整体图书零售的码洋比重达到24.64%。少儿市场在过去近十多年来一直保持快速增长,也使得该类别自2016年开始超越社科类因而成为零售码洋规模最大的市场细分类——2017年社科类图书零售码洋占比为23.36%。

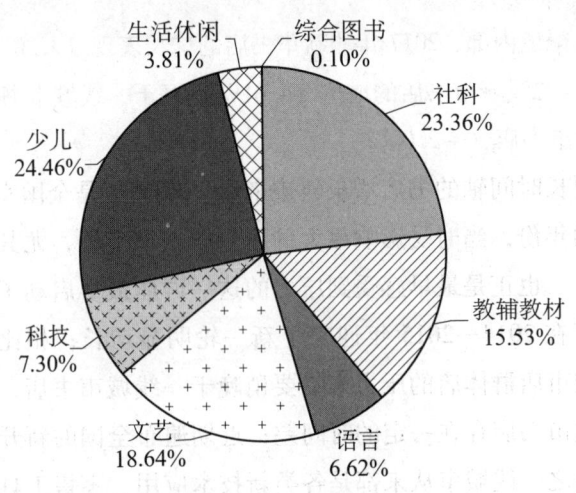

图3 2017年全国图书零售市场码洋结构分布(开卷数据)

如果从类别角度统计市场增长的来源，我们会发现2017年图书零售市场的增长超过1/3都是来自于少儿类图书，其增长贡献率达到37.55%——少儿板块对整体市场增长的贡献相比其他分类也是最大的。

（四）新书定价上升明显，市场增长的一半贡献来自于价格上涨

数据显示，2014—2017年，我国图书价格水平持续上升。市场动销品种的平均定价从50.55元增加至54.35元；新书定价则从63.11元增长至75.62元。

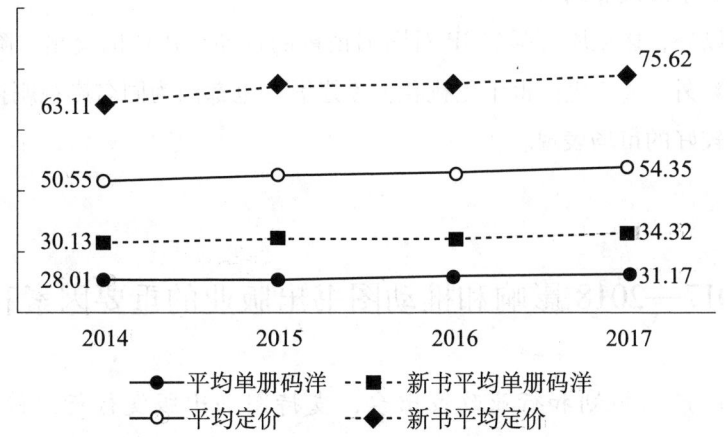

图4　图书零售价格水平及新书定价水平历史比较（开卷数据）

以2017年市场表现为例，图书销售册数上升与定价水平上升对整体市场码洋规模的增长均有贡献，增长贡献率分别达到52.6%和47.4%。可见"销售量推动增长"和"定价水平推动增长"共同构成了当前整体图书零售规模增长的主旋律。

（五）全年热点话题丰富，历史、传统文化、主题出版表现突出

2017年恰逢中国人民解放军建军90周年、香港回归20周年、"七七事变"爆发80周年，出版业适时筹备和出版相关主题出版物，取得了热烈的市场反响。同时，党的十九大主题出版物、"一带一路"主题出版物的发行规模和国内外影响力都实现了新的突破。也正是受到这些主题出版物的带动，国内广大零售书店在一般书销售的基础上形成了更加丰富的主题元素，有效支撑了面向

党政机关、各类企事业单位的团供业务。

从大众阅读来看，全年畅销话题也非常丰富。历史、传统文化以及主旋律作品成为了市场焦点。从年初的《未来简史》《人类简史》到《中国诗词大会》，历史主题和传统文化得到了阅读市场的热情追捧；此后，《人民的名义》《追问》《红星照耀中国》先后进入月度畅销书榜单前列，尤其是《人民的名义》连续多个月成为虚构类榜单的榜首书。8月，《习近平的七年知青岁月》正式出版发行，此后销量逐月攀升，长期成为非虚构类月度榜首书，也在图书市场上形成了阅读热潮。

除此以外，影视剧等强势IP对图书销售的带动作用依旧突出，除了《人民的名义》外，《三生三世十里桃花》《芳华》也都因为同名影视剧播放的带动形成了较好的市场表现。

二、2017—2018 影响和推动图书出版业的重要因素和事件

（一）产业规划和行业政策出台，支持图书出版发行行业稳步发展

2017年，出版物发行业"十三五"规划进一步明确，与文化产业相关的利好政策相继出台，行业立法和规范更加完善，全民阅读工作深入推进，为图书出版发行行业发展创造了良好的外围环境。

1. "十三五"各项规划出台，为行业发展指明方向

4月，国家新闻出版广电总局正式印发《出版物发行业"十三五"时期发展规划》，明确指出9项主要任务，其中包括：深化发行体制改革、完善城市发行网点布局、加强农村出版物发行网点建设、推动实体书店转型升级、推动线上与线下融合、提升流通体系标准化信息化智能化水平等。这一规划的发布，为出版发行业的发展明确了方向。

4月20日，文化部发布《文化部"十三五"时期文化产业发展规划》；5月7日，中共中央办公厅、国务院办公厅印发《国家"十三五"时期文化发展改革规划纲要》。文化发展改革规划与文化发展产业规划的发布，为文化相关产业的发展指明了方向，对图书出版行业在"十三五"时期的创新发展指导意义重大。

2. 全民阅读立法推进，社会文化资源环境进一步完善

2017年是中央发出《关于开展全民阅读活动的倡议书》的第11个年头，十年来，国家和社会各界对全民阅读的重视程度日益提高，全民阅读工作伴随着政策推进持续完善。2016年年底，国家新闻出版广电总局印发《全民阅读"十三五"时期发展规划》；2017年2月，下发《关于开展2017年全民阅读工作的通知》，明确了2017年全民阅读工作8个着力点；3月，在第十二届全国人大第五次会议上，"全民阅读"第四次被写入《政府工作报告》中，并由"倡导全民阅读"升级为"大力推动全民阅读"。

在2017年，国家层面的全民阅读立法工作也取得了重要进展。3月，国务院法制办公布《全民阅读促进条例（征求意见稿）》对外征求意见。地方立法工作中，继四川、江苏、辽宁、湖北、深圳之后，黑龙江省人大也发布了关于促进全民阅读的决定；湖北制定并实施《湖北省全民阅读促进办法》。

在文化领域，相关法律政策和社会资源环境也在持续完善。3月，《公共文化服务保障法》实施；11月，第十二届全国人大常委会第三十次会议通过《中华人民共和国公共图书馆法》。公共文化事业的立法完善和规范发展，无疑也将对整个图书出版行业发展形成利好。

3. 实体书店扶持政策深入，为加快实体网店建设保驾护航

2016年，国家新闻出版广电总局出台了《关于支持实体书店发展的指导意见》，随后，2016年下半年到2017年底，上海、江苏、内蒙古、山东、浙江、江西、安徽、北京、天津等省（区、市）相继发布支持实体书店发展的实施意见，根据各地实际情况出台相关措施推动各地书店发展。

在政策红利下，旧书店重装开业，新书店也如雨后春笋般涌现，形成了遍布全国的书店开业热潮，社会各界对实体书店的关注度显著提高。

（二）新华书店80周年，带动全社会范围内的行业关注与互动

2017年是新华书店成立80周年的纪念年份。5月18日，纪念新华书店成立80周年座谈会在京举行。从新华书店总店到各地新华书店，面向全系统、全社会开展了包括制作纪录片在内的形式多样的系列活动进行庆祝。

全社会对于新华书店的历史回顾也为整个图书出版行业的创新发展引得了

更多关注,形成了全行业与各地读者之间的积极互动。

(三)新开店热潮继续,各类运营主体推动实体门店扩张

在2016年,实体书店渠道就已经出现扎堆开店的现象。进入2017年,尤其是在"新华书店80周年"、实体书店销售回暖等行业环境下,全国性的开店热潮仍在继续并有加强势头。一方面,大型新华书店集团加大城市和农村地区的发行网点布局,重新规划大型书城、专业书店、社区书店、校园书店等类型结构;另一方面,新技术发展推动商业零售转型,图书商品作为一种优质业态组合也赢得了各类型商业组织的关注,带动更多机构参与书店行业。

近两年新开书店的来源比较广泛,既有行业上下游的投入,也有来自业外机构和资本的推动。比较典型的有以下几种方式:①新华书店走出原有卖场并进行子品牌孵化;②民营连锁全国性扩张;③大型网店线下开店;④社办书店升级;⑤商业地产及社会资本投入等。

首先,各地新华书店子品牌建设持续深化。通过在主品牌之下推出面向细分客群的子品牌,可以以全新面貌出现,旨在与更多年轻城市消费者建立服务连接,比如新华文轩"轩客会"、安徽新华"前言后记"、河南新华"尚书房"、上海新华"一城书集"等。这一阵营在2017年持续放大,4月,云南新华在安宁市开启了首家"乡愁书院";同月,南京凤凰国际书城在南京同时开办未来云书坊、凤凰米昔书坊、凤凰美乐亲子书吧等3家书店;5月,BOOL-INK书店在湖南图书城三层开业;8月,"文轩BOOKS"在成都九方购物中心亮相;9月,栈桥书店作为青岛新华书店新成员正式读者见面;12月,河北新华首家"新华·品阅生活"连锁示范店在河北定州投入试营业……这些出身新华"血统"却面貌完全不同的书店,大多定位于新型城市文化空间,把文化、阅读、体验、科技结合在了一起。

其次,民营知名连锁书店品牌纷纷联合商业机构或大型地产公司,进一步扩张网点规模,打造商圈书店、社区书店,以占据典型城市不同区域的流量入口。西西弗书店到2017年底已经拥有111家门店,其中51家都是在2017年新开业的;言几又及旗下"今日阅读"品牌到2018年5月已经拥有40多家店面,其中绝大多数开业时间位于2017年和2018年;钟书阁书店在2017年进驻成都、苏州、无锡,到2018年初已经在全国多个城市拥有超过10家门店。

同时，出版机构对于发行渠道的关注和投入在2017年也持续深入。中信出版集团旗下中信书店在2017年大幅开启了机场书店以外的门店扩展节奏，形成"机场店+商场店+写字楼店"的多元布局，截至2018年初已经在机场渠道之外拥有位于多个城市的20多家门店；8月，新经典文化全资收购Page One在大陆的书店，并于11月在北京前门大街新开北京坊店；中国建筑工业出版社于2017年10月在四川开启侘集本屋，成为建筑书店家族当中的新型复合书店；12月，广西出版传媒集团下属的漓江书院正式对外营业。

此外，电商以及部分互联网企业也对实体书店投入热情，这一趋势在2017年继续深化。京东商城2016年启动了"千城千店图书角"计划；当当网于2015年年底宣布千店计划，2016年在长沙开出第一家书店，后续在全国范围内推动加盟书店体系扩展，到2018年初在全国范围覆盖160家左右门店；樊登读书会通过线上服务、线下互动的方式，到2017年底已经拥有200多家加盟书店。

除了上述几种行业相关的经营者之外，也有越来越多的业外机构对实体书店加大关注，甚至有零售、地产等各类机构试水开设书店或者吸引大型书店入驻。2017年10月，广州购书中心跟随商业项目天河城北上天津开店；同月，位于北京798创意区的机遇空间Aiospace开始试营业，旨在用图书品类打造休闲社交空间；11月，北京SKP的自营书店SKP RENDEZ-VOUS开幕，集书店、无国界料理、生活好物、艺术展演与文化沙龙于一体，成为与国际顶尖奢侈品相邻最近的一家书店。

新型实体书店的出现，扩大了图书行业影响力，延展了书店的经营范围，其功能定位已经远远不止于图书——从"图书+文具"，到"图书+社交""图书+教育""图书+餐饮"等，书店逐渐被打造成为区域性综合文化体验中心。所有这些正在进行尝试和探讨的创意，也正在带给图书零售行业更多新的可能。

（四）技术创新与应用升级带动上下游发生众多改变

1. 融合发展方式推动上游出版技术升级和产品创新

在内容数字化的道路上，各种新技术方式不断给行业带来新的惊喜。文本、音频、视频的形式丰富推动了内容载体形式和传播通道的扩展，而这一变化给内容提供者和内容消费者都带来了巨大的影响。在英美市场，电子书的快速发展一度导致纸质图书零售规模连续下降数年，而在最近两年，听书又开始成为扰动图书消费市场的新的因素。英国《书商》杂志2017年10月发布的《数字化调查》报告显示，2016年英国有声书市场迅速增长，但仍是一座沉睡的"冰山"；随着Kobo等新平台进入英国，未来几年该市场将有巨大发展。

对国内出版业而言，近期广受关注的一个主题就是"融合发展"。自2014年中央审议通过《关于推动传统媒体和新兴媒体融合发展的指导意见》以来，出版业不断利用新技术和新业态创新内容和服务，产品形态由纸质书、电子书，发展到如今的有声书、互联网知识服务平台等。从传统出版商转向现代知识服务提供商是近年来出版社转型的重点方向，搭乘数字化快车，专业社的内容得以实现多重增值，知识服务体系和形式也更加多样。2017年，中华书局的"经典古籍库"内容扩充和加速落地，到2017年年底，《中华经典古籍库》可供上线资源达到1 800种，累计约10亿字；商务印书馆在2017年上线了《新华字典》APP，除了查词功能，还提供数字版纸版对照、央视播音员播读、汉字规范笔顺动画等增值服务；岳麓书社则选择开发名家演播版《四大名著》，拓宽了传统产品的内涵和外延，也很好地契合当下的听书及微视频潮流。

从2017年出版行业融合发展的进程来看，总局确定了20家出版融合发展重点实验室，此后围绕融合发展主题举办了首届出版融合技术编辑创新大赛、第二届期刊融合发展高峰论坛、第七届中国数字出版博览会等行业重要活动。总体说来，未来出版业必然会推动更多创新融合的技术应用，进一步提升优质内容的生产能力，努力运用技术手段推进供给优化，强化互联网运营能力。

2. "黑科技"与新零售升级，带动实体书店进一步智能化

在2017年前后，"新零售"无疑是整个消费领域的最热点话题。这个来自电商的提法，给实体零售行业带来了深度探讨和转型尝试。智慧书城、无人零售也成为广大实体书店年内热议的话题。据不完全统计，各省新华书店大多已经开始"智慧书城"探索，在卖场技术改造和基于互联网技术的服务升级方面不断推进，"微信会员"和"移动支付"成为越来越多图书卖场的标配，"自助购书+机器人"以及"无人书店"也开始成为业内先行者尝试的方向。

2017年8月，浙江省173家新华书店以及分别位于上海、徐州、深圳和泉

州的四家新华书店集体推出了"自助购书"服务。消费者可以通过手机终端查找书目的库存情况，自助完成结算、付款和打印电子发票等操作，除去选书的时间，不到一分钟就能完成整个购物流程。

9月，北京发行集团与大唐网络达成战略合作，计划一同改造部分现有实体书店，构建基于人工智能的7×24小时无人值守书店。10月16日，双方共同开发的"北新宝宝"超级店员在北京图书大厦亮相，这款智能售书机器人开启了人机语音互动、智能语音检索、自助收银数据三大服务体系；同时，由北京发行集团推出的"3D全息新书发布系统"也同步亮相，该系统可对书籍和产品进行全方位、多角度三维立体全息展示，实现360度立体化展示，为书店读者提供更优更智能服务。

2018年4月，志达书店成为全国首家天猫无人书店，这家地处上海复旦大学的老牌书店实现了刷脸进店、自助选书、无感支付与即拿即走的体验过程。志达书店希望通过这个项目焕发源自"黑科技"的活力，成为一家更年轻、更智能、更开放的书店。

3. 商业模式创新给行业带来新的业务可能，知识付费、共享书店是年度亮点

2016年是知识付费元年，这一新生事物在2017年继续深化，最早尝试的一批创业者们已经进一步明确赛道，并且以得到、喜马拉雅FM为代表的几家优秀产品代表已经尝到了甜头。同样立足内容和知识服务，图书出版行业与知识付费平台也将在新的模式下寻找新的竞合方式。

在书店端，"共享书店"成为一大亮点。2017年7月，安徽新华发行集团旗下合肥三孝口书店以"全球首家共享书店"身份正式亮相，读者只需用手机下载"智慧书房"APP并交纳押金后就可以借书。据介绍，共享书店APP上线不足半年用户数就已突破22万，借还总册数超过70万册；截至2017年12月20日，合肥三孝口共享书店日均客流量达6 671人次，比2016年同期的放大了两倍以上，多元产品销售收入同比增长19.95%，租赁收入同比增长63.51%。对于安徽新华而言，共享书店完全改变了书店与读者之间的零售关系和互动方式，给书店业务创造了其他的可能——快速聚拢用户，沉淀用户阅读大数据，形成以用户为核心、以共享为理念、以互联网金融为支撑的"阅+"平台生态圈。

(五) 纸价上涨、环保升级，带动图书硬成本增加

从 2016 下半年起，纸张价格就开始陆续上调。进入 2017 年，纸价再次疯狂上涨。据报道，一年时间，瓦楞纸从 2 200 元每吨飙升至 5 000 元；新闻纸价格由 2016 年每吨 4 000 元上涨到每吨 5 500 元；2016 年四季度到 2017 年底，原材料木浆价格上涨 66%，废纸价格上涨 137%。从出版社的成本压力来看，纸张价格在 2017 年上涨幅度接近 40%—50%，油墨、板材、耗材平均上涨 10% 左右。

其实，多种因素叠加导致纸价上涨。一是原材料价格上涨；其二，环保政策趋严，纸张生产企业产能和供应量下降，以及由于中小造纸企业关停导致的大型企业垄断市场、议价能力上升；第三，用于进口废纸量占据造纸使用的废纸总量一半以上，而在 2017 年 8 月环保部发布的新版《进口废物管理目录》中，多种废纸、纸板已被列入禁入名单。

按照行业一般规则，纸张价格约占图书直接成本的一半，甚至 2/3。迅速飙升的纸价，一定会对图书出版产生重大影响。2017 年的新书定价上涨，其中就有来自纸价上涨的直接带动。而从长期来看，图书定价有可能进一步上升，而出版机构还可能由此压缩选题、控制加印，通过出版过程中的精细化管理来减少纸价上涨带来的影响。

(六) 当年 IPO 企业达到 7 家，资本市场支持书企业务发展

在书业企业的资本运作方面，2017 年无疑是一个"大年"，年内在上交所、深交所、港交所上市的出版发行机构达到 7 家。

1 月，中国科技出版传媒股份有限公司成功登陆 A 股市场；4 月，民营出版公司新经典文化在上交所挂牌；8 月，读者出版集团与飞天出版传媒集团进行战略重组；8 月，中国出版传媒股份有限公司在上交所挂牌；9 月，掌阅科技也完成上交所挂牌；9 月，山东世纪天鸿在创业板挂牌上市；11 月，山东出版传媒股份有限公司上交所挂牌交易；11 月，阅文集团在港交所上市。

在这样一个科技创新和经营模式快速变化的阶段，这些书业企业得到了资本市场的支持，无疑将给它们带来极大的助力——更好地推动业务发展和技术

升级，加快图书出版和发行业务快速发展。

从这些上市企业的主营业务类型也可以看出当前出版业的部分趋势。中国科技出版传媒和中国出版传媒这两位出版集团"国家队"代表的上市，反映了"国字号"大型出版集团对未来市场的整体规划和投入；掌阅科技的上市代表着数字阅读走向成熟，借助资本往更远处迈进；阅文集团的上市对于进一步深化网文内容价值开发、运作IP泛娱乐开发有重要意义；而两家民营出版企业新经典文化和世纪天鸿的成功上市，则昭示着资本手段将为文学类出版以及教辅行业的发展迎来新契机。

三、2018年及未来一段时间图书出版业发展趋势与展望

（一）围绕内容产品的技术融合还将不断深化，行业外延可能扩大

在内容的数字化形态进一步丰富之后，内容产品的范畴得到了极大的扩展。图书阅读除了要和互联网上的各种娱乐形式争抢用户休闲时间以外，纸质书、电子书、有声书本身也在分割读者的阅读时间。当然，内容生产者可以围绕用户的阅读场景构建产品组合，国内领先的多家出版机构也早已经启动纸电同步、有声同步的产品推广方式。但是，图书出版者的业务形态和操作方式可能不止于此。知识付费类产品的出现，也标志着出版机构与作者之间的关系可能发生改变，内容策划的源头可能迁移到了知识付费平台的手中，或者知识付费平台本身就是另一种形式的出版商。

事实上，伴随着内容产品的技术融合不断深化，内容产品的策划和分发方式都可能发生巨大的变化，而图书出版行业的外延也可能扩大。

（二）设计美学、生活体验和精细运营将成为实体卖场升级的关键因素

在2016年和2017年的实体书店扩店热潮之后，国内市场已经形成了一大批颜值爆表、业态新型的门店，而传统新华卖场、老牌民营书店的卖场面貌也在悄然发生变化。书店在内部装饰、环境氛围、品类组合、复合体验方面的进

步,让店面客流回升看到了明显效果,面向年轻顾客人群的影响力和认可度也得以提升——这些改变也让书店从业者重新找回了自信。不过,在电商影响持续放大、线上打折售书常态化的背景下,单纯的图书销售很难让这些或依托自有资金或借助地产补贴或凭借风险投资而开起来的书店业绩打平,开展图书之外的业务经营对实体卖场来说也越来越重要。

2017年国内图书行业一度兴起"茑屋热",全行业观察和学习茑屋者为数众多,就是希望参考诚品之外的又一家海外同行的操作经验。"未来生活提案所"的定位让国内书业同仁眼前一亮,似乎提出了更多书店转型扩展的可能。那么,围绕着用户运营和卖场内的品类运营、空间运营的精细化运营组合将成为门店经营工作的重点。

(三) 实体书店网点数量喜忧参半,类型细分将成趋势

基于图书发行业"十三五"规划,行业主管机构将进一步深化发行领域体制改革,推动图书零售网点建设;加上来自于民间的商业扩展动力,在2018年,围绕"全国性商业布局"和"城市内区域覆盖"的跑马圈地运动还将继续。不过我们也可以看到,这种快速扩张的背后也蕴藏着风险。一方面,持续新开店对书店现金流的压力加大;另一方面,快速扩展的业务规模,也对书店的管理能力、团队建设和人才储备提出了更高的要求。

不管是新华书店品牌下的新型门店,还是民营连锁的复制扩张,大多数新开门店的规模不大,以200—500平方米的为多,规模较大的也多在2 000平方米以内。"小型化""分散化""商圈化"是这一轮新开书店的重要特征。伴随着城市规模的不断扩大,消费者交通和时间成本的提升,超大书城以"多而全"的经营方式形成的"全城聚客"模式难以继续保持原有影响力,而真正深入城市各个区域的终端门店可能成为文化服务的毛细血管。在这一环境下,实体门店的类型细分将成为精细化运营的前提和基础,而书店本身也将越来越多地承担周边客群全面文化服务的功能。当然,书店经营可以使用的业务类型远远不止图书零售本身,而是将会充分个性化、场景化。而这其中,书店可以发挥的空间将会更大,也许还会有"共享书店"之外的更多新型模式出现。

（四）内容分发途径改变，书店不止于书，行业上下游关联可能被重塑

综上所述，上游出版作为内容产品的策划和提供者，未来分发途径可能会不断多元化，数字内容可以通过互联网应用直接抵达用户，纸质图书发行成为其内容分发的形式之一。而下游零售书店更加回归商业零售的本源，围绕着周边客群的文化消费需求提供服务，而图书产品因毛利率偏低、存在渠道折扣价差等因素在书店内部的销售价值将会下降。

于是，看起来以往深度绑定、分居行业上、下游的出版机构和零售书店，彼此之间的关联关系在这个科技推动变革的时代已然开始减弱。图书零售本身对两者仍旧重要，但是在各自的全局业务当中占比降低，单纯就图书零售来说，已经不足以作为两者之间的深度绑定媒介。但是，同样作为文化和内容的服务和传播机构，两者之间的合作也应该远远不止图书零售本身，因此，行业上下游之间的合作与关联也在期待在新技术进步和应用过程中得到重塑。

特别说明：除特殊说明，本文所涉及零售市场数据均来源于北京开卷信息技术有限公司自1998年建立的"全国图书零售观测系统"。

（杨　伟　北京开卷信息技术有限公司）

第二节 2017—2018 中国期刊出版业发展报告

期刊是国家文化传播、文明传承的重要载体，是国家创新体系的重要组成部分，在推动科学和文化建设及提升国家软实力等方面发挥着重要作用。2017—2018我国期刊出版改革创新不断深化，期刊品种数量不断增长，出版利润止跌回升，期刊品牌日益彰显，国际影响力逐步增强，优秀的传统文化和新兴技术为我国期刊发展提供了强大动力。同时我国期刊业仍处于多重压力叠加、负重前行的关键期，期刊业从高速增长进入低速增长阶段，大部分期刊发行量呈现下滑趋势，全国期刊业在焦虑中寻找"破局"，阵痛、机遇、转型、突围成为2017—2018是我国期刊业发展的关键词。

一、2017年期刊业发展状况与产业分析

据国家新闻出版署2018年8月发布的《2017年新闻出版基本情况》《2017年新闻出版产业分析报告》显示如下。

（一）期刊出版基本情况

表1 期刊出版总量规模

单位：种，亿册，亿印张，亿元，%

总量指标	数值	较2016年增减
品种	10 130	+0.46
总印数	24.92	-7.59
总印张	136.66	-10.06

续表

总量指标	数值	较 2016 年增减（%）
定价总金额	223.89	-3.67
营业收入	196.54	+1.46
利润总额	27.36	+6.56

数据表明传统期刊业务仍下滑，但利润已止跌回升。作者认为有三个因素让期刊利润止跌回升。一是国家相关部门对期刊扶持政策实施，期刊政策红利转化为发展红利；二是由于期刊各种生产成本增加，近一年来期刊出版单位纷纷提价，使发行利润有所增长；三是部分期刊出版单位融合发展和延伸产业经营初见成效。

表2　全国期刊进出口情况

单位：万册，万美元，%

总量指标	数值	销售	数量较 2016 年增减	金额较 2016 年增减
进口	311.74	13 595.01	-7.87	-3.84
出口	335.19	504.37	+26.16	+13.65

2017年，全国期刊零售0.34亿册，销售11.93亿元，占出版物零售数量0.47%，零售金额1.34%。

2017年，全国期刊共有《求是》《时事报告（大学生版）》《时事〈时事报告〉（中学生版）》《读者》等11种期刊平均期印数超过100万册，较2016年增加1种。

表3　2017 年平均期印数排名前 10 位的期刊

排名	期刊名称	刊期	所在省份	2016 年排名	排名变化
1	时事报告（大学生版）	半年刊	中央在京	1	0
2	读者	半月刊	甘肃	2	0
3	求是	半月刊	中央在京	4	1
4	特别关注	月刊	湖北	3	-1
5	中共中央办公厅通讯	月刊	中央在京	6	1
6	小学生时代	月刊	浙江	5	-1
7	青年文摘	半月刊	中央在京	7	0
8	半月谈	半月刊	中央在京	10	2
9	家庭医生	半月刊	广东	9	0
10	时事（《时事报告》中学生版）	月刊	中央在京	8	-2

与2016年相比，前10位期刊保持稳定但名次有所变化；每种平均期印数181.1万册，增加2.5万册，增长1.4%。

2017年，全国期刊出版业直接就业人数为10.07万人（不包含数字出版、版权贸易与服务、行业服务与其他新闻出版业务单位就业人员），较2016年降低2.55%。

（二）期刊产品结构

期刊按照内容划分为哲学社会科学、文化教育、文学艺术、自然科学技术和综合5类。

2017年，全国出版哲学、社会科学类期刊12.0亿册，较2016年降低5.8%，占期刊总印数的48.0%，提高0.9个百分点；文化、教育类期刊5.9亿册，降低4.9%，占23.6%，提高0.7个百分点；文学、艺术类期刊2.1亿册，降低19.4%，占8.4%，减少1.2个百分点；自然科学、技术类期刊3.3亿册，降低9.7%，占13.4%，减少0.3个百分点；综合类期刊1.7亿册，降低8.5%，占6.7%，基本持平。文学艺术类期刊印数继续大幅下滑，哲学社会科学类与文化教育类期刊所占比重继续提高。

表4 期刊产品结构

单位：万册，%，百分点

类型	数量	增长速度	比重	比重变动
哲学、社会科学	119 654	-5.76	48.01	0.93
文化、教育	58 717	-4.90	23.56	0.66
文学、艺术	20 814	-19.35	8.35	-1.22
自然科学、技术	33 349	-9.67	13.38	-0.31
综合	16 679	-8.51	6.69	-0.07
合计	249 213	-7.59	100.00	0.00

（三）期刊阅读情况

据中国新闻出版研究院2018年4月18日发布第十五次《全国国民阅读调查报告》显示：2017年我国期刊的人均阅读量为3.81期（份），期刊阅读率为25.3%。与上年相比，期刊阅读量人均阅读量上升了0.37期（份），期刊阅读率下降了1.0个百分点。数据表明期刊阅读人数在下降，而期刊读者阅读数量在增长。另外要说明的是，该报告是基于我国18岁以上成年人作为调查人群，作为期刊主要读者的少年儿童未在调查之列。

（四）期刊海外发行情况

据中国国际图书贸易集团公司提供的数据显示：我国期刊海外发行前10名的为《文物》《考古》《中国语文》《收获》《文史哲》《考古学报》《中华人民共和国国务院公报》《考古与文物》《史学史研究》《语言教学与研究》；2017年我国期刊在海外发行的国家和地区排前十名的为日本、美国、中国香港、德国、中国台湾、加拿大、韩国、英国、澳大利亚、法国。

二、2017—2018期刊业发展亮点

（一）优化期刊出版资源配置，期刊集约发展初见成效

新闻出版业积极贯彻落实党中央要求，稳步推进报刊结构性改革。同时随着我国社会结构与居民消费结构的重大转变，细分读者市场已经成为推进期刊业供给侧改革的重要手段。众多期刊出版单位主动寻求"转身"和"变脸"，盘活出版资源。小众定位，细分读者市场：如《大经贸》更名为《创业圈》，《新能源汽车新闻》更名为《房车时代》，《农机导购》更名为《房车与露营》，《电信网技术》更名为《信息通信技术与政策》，《中学生视界》更名为《艺术启蒙》等；填补学科空白，推动新学科发展：如《电子科学技术》更名为《人工智能》，《贵州农村金融》更名为《大数据时代》，《工业经济论坛》更名为《智能网联汽车》，《旅游时代》更名为《智库时代》等。另外国家新闻出版行政管理部门立足国家发展大局，服务国家中心工作批准创办了《反腐败导刊》《工业信息安全》《奇妙博物馆》《城市与环境研究（英文版）》《清洁能源（英文版）》《数字中医药（英文版）》等。

中央各部门和全国各省、市、区也都积极推动报刊集群发展、集约经营，

纷纷成立报刊集团，推动专业和区域报刊集群建设。2017年1月，中国科技出版传媒股份有限公司在上交所挂牌上市，成为我国首个上市的科技期刊出版企业。2018年7月19日，辽宁报刊传媒集团（辽宁日报社）挂牌成立，整合了辽宁报业传媒集团（辽宁日报社）、辽宁党刊集团及其所属服务中心、中华先锋网编辑部、辽宁先锋服务中心、党员读物编辑发行中心、兰台世界杂志社，今日辽宁杂志社，新少年杂志社、好孩子画报社、理论界杂志社等多家单位。同时以中国光学期刊联盟、中国农业期刊联盟、中国航天期刊群、中国化学会期刊集群等为代表的专业期刊线上集聚、线下聚合，也积极推进我国期刊集群化、集约化发展，实现刊群集聚效应推动期刊知识服务转型升级。

（二）坚持服务大局，主阵地作用彰显

全国期刊出版单位深入宣传贯彻习近平新时代中国特色社会主义思想和党的十九大精神，围绕"纪念建军90周年""香港回归20周年""内蒙古自治区成立70周年""纪念抗日战争爆发80周年""党的十九大""马克思诞辰200周年"等重大活动，积极策划专题深入报道，在全社会形成唱响主旋律、传递正能量、提振精气神的浓厚文化氛围。如：《小康》2017年第24期策划专题《建军大业》，《中华魂》2017年第9期策划专题《满江红·纪念中国人民解放军建军90周年》，《畅谈》2017年第15期策划专题《建军90周年听党指挥启示录》；《今日中国》2017年第7期策划专题《香港回归祖国20周年："东方之珠"始终璀璨》，《新民周刊》2017年第26期策划专题《香港那一夜》，《留学》2017年第14期策划专题《紫荆二十花开》；《小康》2017年第15期策划专题《从追赶到超越：内蒙古自治区七十年之变、打造祖国北疆亮丽风景线》，《财经国家周刊》2017年第15期《内蒙古70年："三色"话发展》；《国家人文历史》2017年第13期策划专题《七七事变》，《档案天地》2017年7期策划专题《锄奸保卫线上的"抗日神探"》《陈颐鼎血战光华门：令日本亲王跪拜阵亡日军》；《紫光阁》2017年11期《习近平：新时代要有新气象更要有新作为》，《Vista看天下》2017年29期《进入新时代的关键时期 全球热议十九大》《解决难题，办成大事 习近平这五年》，《中国经济周刊》2017年41期《新时代 新思想 新征程》《开辟中国特色社会主义新境界》，《看世界》2017年21期《走进新时代》；《环球人物》2018年10期《信仰马克思》《你所不知道的马克思》，《党员文摘》2018 年 5 期《马克思走进青年人的心》等等，众多期刊主题宣传导向正确，主题鲜明，阐述准确，引导深入，具有较强的说服力、吸引力及感染力。

（三）期刊出版融合发展成果初显，期刊经营日趋多元

一批优秀数字出版企业，积极推动全国期刊融合创新。2017 年 7 月 11 日，我国第一个连续型网络出版物试点项目支撑系统——《中国学术期刊（网络版）》出版传播平台（CAJ-NP）在北京发布。该平台是第一个由国家批准正式出版的网络连续型出版物的支撑系统，是为全国学术期刊进行网络原创首发提供的规范出版平台，对促进我国学术期刊的数字化转型，实现了学术期刊创新传播，可以说开启了我国学术期刊网络出版的新时代；国家新闻出版广电总局融合发展（武汉）重点实验室研发的 RAYS 系统帮助传统期刊出版单位牢牢掌握用户数据，为用户提供精准的推送服务，提升单项知识资源和延展服务的收入和盈利能力，破解了我国期刊亟须解决的现实问题；超星"域出版学术平台"利用域出版这一新型出版概念，联合期刊出版和相关学科领域专家血河，对学术界的海量期刊进行基于内容的深度聚类，开展专题出版，创建每个细分学科的优质学术资源专题，打破了传统数据库资源堆积模式，实现学术资源的精准汇编，变现学术资源实用价值，并逐步使期刊媒体回归知识共同体。全国期刊出版单位发挥自身优势，主动顺势而为，在期刊媒体融合、知识服务等方面也取得了一定的成效，如读者传媒数字版《读者》月均发行 132 万册，"微读者"微信公众号粉丝新增 130 万，达到 350 万。"壹学者"依托中国人民大学书报资料中心 60 年积淀的品牌、学者、内容等优质资源，为广大学者和学术机构提供文献检索、学术社交、工具服务三类核心功能，满足多场景学术应用需求，形成微信端（ID：my1xuezhe）、Android 客户端、IOS 客户端、PC 端四大产品形态，构筑了囊括微信、微博、今日头条，以及众多学术期刊、学术新媒体在内的多层次、立体化传播体系"壹学者"平台，访问用户数已近 680 万人，微信服务号关注用户数量约 75 万，阅读用户量达 2 100 万人，现已成为学术传播交流新阵地。卓众出版在数字化出版平台的基础上，相继开发出诸多 PC 端：第一工程机械网、知谷农机网、卓众汽车网，移动端产品：汽车导购 APP、知谷 APP、扳扳 APP，机构自媒体产品：E 号研究院、老司机说车、玩

电 8、三朝社、琦技坊、汽派、匠客工程机械、越玩越野微信、享车派微信、汽车与驾驶维修微博、商用汽车微博、农业机械头条号等，形成了新媒体产品矩阵，目前新媒体业务已成为卓众出版的主营业务之一。《三联生活周刊》移动客户端的"中读"定位于新一代内容发布和付费知识阅读的社交平台，现已获得良好的市场反响。

另一方面我国期刊出版模式和经营方式日趋多元，"期刊＋智库服务""期刊＋会展经济""期刊＋电商平台""期刊＋旅游拓展""期刊＋教育培训"等一系列新的"期刊＋"，使传统期刊产业延伸、服务下移，不断满足读者新需求，增强了社会效益、经济效益及社会影响力，为我国期刊转型升级提供了新路径。

（四）继续融入全民阅读活动，推动"书香中国"建设

期刊是传播先进文化的重要载体，在培养阅读习惯，提高阅读水平方面作用巨大。2017年，全国期刊出版单位积极支持并参与全民阅读活动发挥了应有的作用。如在"书香中国"全民阅读活动中，国家新闻出版广电总局新闻报刊司组织实施了2017年"少儿报刊阅读季"活动，包括"中国梦·少年说"主题活动、"我的悦读童年"报刊阅读推广活动、"全国少年儿童喜爱的报刊"评审推荐工作、"我与报刊的童年故事"活动等。同时还组织报刊出版单位向老少边穷地区儿童、农村少年儿童、留守儿童、城市流动儿童较为集中的乡村小学、中小城市图书馆、农家书屋等进行捐赠。福建省举办2017年"少儿报刊阅读季"活动，以全省少年儿童图书馆为全省少儿报刊阅读基地，设立"少儿报刊阅读季"作家讲坛，在全省范围开展原创童诗、童谣征集大赛，以及国学夏令营等。2017年4月23日，江苏省举办"少儿报刊阅读季"活动，推出"中国梦·少年说"等主题活动和"我的悦读童年"等七大类100多项阅读推广活动；同时推出了江苏少儿报刊阅读推广联盟微信矩阵平台"微悦读"，聚合近600万粉丝。2018年4月28日，广西"少儿报刊阅读季"活动启动，从4月到10月底，在全区开展以"书香润童年 报刊伴成长"为主题的报刊阅读推广活动，包括报刊联展、阅读巡展、知识竞赛、有奖征文、公益阅读助学等。

由中国期刊协会、中国（武汉）期刊交易博览会组委会、北京蔚蓝公益基金会共同主办的"勉学书屋"公益项目向湖北红安、宜昌、襄阳、恩施革命老

区设立 34 所"勉学书屋",捐赠图书、期刊、电子出版物 480 万码洋,为革命老区扶贫攻坚,隔断贫困代际传播贡献精神食粮。

成都杂志铺联合众多全国期刊出版单位共同主办"杂志漂流进校园"活动,2015 年 4 月至 2018 年 7 月,进入 15 000 所全国中小学、幼儿园,"漂流"77 万本期刊,全国 350 万学生受益。

(五)优秀期刊"走出去",提升国际话语权和影响力

推动我国文化和科技"走出去""走进去"既是期刊业历史使命,也是新时代重要课题。中国科学技术协会等六部委实施的"中国科技期刊国际影响力提升计划",一方面引导一批学术质量高、重要学科的中国英文科技期刊 SCI 影响因子进入同学科 Q1 区或者 Q2 区,另一方面创办了一批具有中国前沿学科和优势学科,或能填补国内英文科技期刊学科空白的高水平英文科技期刊。2017 年我国英文刊出版达 431 种,其中被 SCI 和 SSCI 收录期刊数量达到 177 种,位于学科 Q1(前 25%)的期刊数量达到 40 种。2018 年 5 月,"中国科技期刊国际影响力提升计划"D 类项目入选项目公示,项目采取"以奖代补、定额资助"的形式,支持创办能够代表我国前沿学科、优势学科或填补国内学科空白的英文科技期刊,提升我国期刊国际影响力、竞争力及国际话语权,使一批英文科技期刊学术质量和国际影响力达到世界先进水平。

2017 年我国一批优秀学术期刊被国际著名数据库收录,如美国《科学引文索引》(SCI)收录我国中文科技期刊种数为 18 种(含港、澳、台地区);科睿唯安 Emerging Sources Citation Index(ESCI)收录我国期刊 101 种;《工程索引》(EI)收录我国期刊 216 种;爱思唯尔 Scopus 收录我国期刊 606 种。真实反映出我国科技实力在不断增强,并在工业、制造等领域发展迅速。2017 年,中国知网继续打造"国际中国学多语言文献数据集成平台""英文信息集成检索平台""全英文出版 & 双语出版全文集成平台"建设,使国内优秀的期刊借助中国知网平台,推动中国文化"走出去""走进去"。

外宣文化类期刊是海外读者了解当代中国的重要渠道,也是促进双向交流,搭建沟通我国与各国人民心灵的友谊桥梁,在"走出去"路上展现中国力量,传播好中国声音,生动、深刻地阐释中国理念,为促进中国文化与世界多元文化的和谐共生做了很多有益的尝试。中国外文出版发行事业局主管的期刊

实施外宣期刊本土化战略,以国内为基地,把策划编辑和印刷发行环节前移到对象国和地区。《北京周报》《人民画报》《今日中国》《人民中国》等国家级外宣期刊,包括中、英、法、俄、西、阿、日、韩、藏共 9 个语种 14 种文版,面向 180 多个国家和地区发行。北京《布达拉》(藏文)、山东《金桥》(韩文)、新疆《大陆桥》(俄文、塔文)、新疆《友邻》(哈文、英文)、黑龙江《伙伴》(俄文)、广西《荷花》(越文)、云南《吉祥》(缅文)、云南《湄公河》(泰文)、云南《占芭》(老挝文)、云南《高棉》(柬文)、内蒙古《索伦嘎》(斯拉夫蒙古文)等全国 11 家 13 个语种的边境外宣期刊积极服务国家周边外交大局,传播中国声音,讲述中国故事,受到对象国各方读者的欢迎和好评。《人民文学》外文版《路灯》共出版了 10 个语种。该刊创建了与优秀译者和汉学家的良好合作模式,用最快捷的方式把中国当代著名作家和批评家的作品翻译成不同文字,让不同国家读者能比较全面、整体地了解中国当代作家的优秀作品。孔子学院总部主办的《孔子学院》多语种期刊面向全球逾 140 个国家和地区发行,全球超 5 000 万汉语学习者成为《孔子学院》读者。

2017 年 10 月 11 日,在第 68 届法兰克福国际书展期间,中国展区设立了中国期刊专题展区,展出的期刊有《求是》《紫光阁》《解放军画报》《中国国家地理》《文明》《荣宝斋》《婴儿画报》《中国京剧》《中国激光》《细胞研究》《中国中医药》《中国社会科学》《中国经济学人》《哲学研究》等,可谓种类齐全,精彩纷呈,实现了中国期刊方阵"国际舞台"的破冰之旅。

三、关于期刊业健康发展的思考和建议

(一)继续深化新闻出版体制改革,激发期刊出版单位活力和创造力

"十三五"时期,新闻出版业将深入推进改革创新、繁荣发展,着力推动转型升级、提质增效,全面提升新闻出版舆论引导能力和事业产业发展能力。对于期刊业而言,一是要继续深化改革,加快期刊结构调整,推动期刊业供给侧改革,激发期刊出版单位活力和创造力;二是要牢固树立重视人才的理念,完善期刊法人治理结构,坚持用人机制的改革创新,建立科学、开放、灵活、

高效的用人机制，为期刊转型升级和融合发展提供良好的制度环境，激发期刊出版单位活力和创造力，为想干事、能干事、干成事的期刊出版人才提供广阔天地；三是要支持期刊出版单位与高校、科研机构、社团组织联合开展新时期复合型人才培养，为我国期刊转型升级和融合创新发展汇聚新力量。

（二）继续加大扶持力度，推动期刊业转型升级

2017—2018年，国家和地方相关部门出台了一系列利好政策，通过政府引导，坚持政策扶持、项目带动、平台支撑的运行机制，提高期刊在数字时代的生产力、传播力和影响力，加速扶持传统期刊业转型升级，为期刊业砥砺前行提供了强有力保障。

2018年6月5日，财政部、税务总局下发《关于延续宣传文化增值税优惠政策的通知》继续延续并将优惠政策拓展到期刊出版和流通环节。新的免税政策将激励全国期刊出版单位将更多资金用于期刊质量提升和推进媒体融合发展实践中，期刊发行企业也会将更多资金用于人力资源管理和建设、发行终端拓展及完善等方面。

期待相关部门设立"中国期刊出版基金"扶持期刊发展，培育一批传播优秀传统文化、践行社会主义核心价值观及服务创新型国家建设的精品期刊。

（三）加大优质期刊出版资源供给，服务国家发展大局，满足人民群众美好生活的精神需求

随着我国经济的快速发展，读者对精神文化产品的需求逐渐由一般性的知识需求转向深层次的精神品质需求，这就要求期刊出版单位必须以国家发展需求为导向，以读者需求为依据，加大优质期刊出版资源供给，服务国家发展大局，以满足人民群众美好生活的精神需求。同时，鼓励具有优势出版资源的出版单位积极创办新期刊。此外，伴随着"双一流"建设，大量的优质科研成果也在不断涌现。学术期刊不仅是传播创新知识、积累先进文化的载体，更是理论创新、文明传承的摇篮。如果某个领域的国内学术期刊质量与数量落后于该领域的科研发展水平，则不仅起不到促进科研发展的目的，还可能导致国内优秀的科研成果外流。所以相关部门应鼓励"双一流"大学积极创办"一流学

科"学术期刊和科普期刊,将优质的科研成果服务于社会建设,为创新型国家战略提供创新知识支撑。

(四)增强期刊版权意识,实现期刊业健康发展

期刊媒体融合发展,显著的特征就是多元传播,将优质内容转化成相关内容产品,将品牌转化成产业延伸的文创产品。所以期刊出版单位必须增强版权意识,要充分认识到版权是生存之基和发展之源,要联合版权方,统筹考虑与版权方互惠双赢,积极挖掘版权衍生价值,同时介入现代的版权运营,提高期刊版权管理、运用、维护能力和水平,加强IP开发和转化。

(五)建立科学的学术期刊评估评价体系,促进学术期刊质量提高

从评价目的、评价指标、评价范围等方面来看,目前国内共有六大核心期刊评价体系,客观来看这些评价体系曾对推动我国期刊发展发挥了一定作用,但是核心期刊被异化使用,让更多学术期刊"唯影响因子论英雄",忽略了对科学研究的引领和科学实践及普及的指导,从而制约了我国学术研究的繁荣和期刊健康发展。建议相关部门完善学术期刊出版质量综合评估、评价体系建设,把科学权威的评价主体与公开透明的评价程序结合起来,把注重定量和定性评价结合起来,把合理的分类评价与规范的激励机制结合起来,让学术期刊评价回归正途、回归本位。

(六)在大力扶持"高、精、尖"科技期刊的同时,重视科普期刊的发展壮大

习近平总书记指出"科技创新、科学普及是实现创新发展的两翼,要把科学普及放在与科技创新同等重要的位置"。多年来,《中国国家地理》《科学》《科学画报》《知识就是力量》《少年科学画报》等一大批优秀科普期刊为普及全民族的科学文化知识、科学方法,提高科学素养,培养科学精神发挥了重要作用。建议相关部门扶持"高、精、尖"科技期刊的同时,也要重视科普期刊的发展,给予期刊出版资源的倾斜及相应的政策扶持。

参考文献

[1] 段艳文. 2017年期刊的机遇、转型、突围［J］. 青年记者，2017（36）.

[2] 中国科学技术协会. 中国科技期刊发展蓝皮书（2017）［M］. 北京：科学出版社，2017.

[3] 国家新闻出版署. 2017年新闻出版产业分析报告［N］. 中国新闻出版广电报，2018-07-31.

[4] 国家新闻出版署. 2017年新闻出版基本情况［N］. 中国新闻出版广电报，2018-08-06.

[5] 段艳文. 新征程，这些期待盼实现［N］. 中国新闻出版广电报，2018-01-02.

[6] 王婧，张芳英，刘志强，吴国雄. 以"文化自信"坚定科技期刊的使命与担当——盘点2017年我国中文科技期刊［J］. 科技与出版，2018（2）.

[7] 段乐川. 警惕媒体技术发展的负面效应［J］. 中国传媒科技，2017（10）.

（段艳文　中国期刊协会《中国期刊年鉴》杂志社）

第三节 2017—2018 中国报纸出版业发展报告

2017 年以来,全国报纸出版战线聚焦迎接学习宣传贯彻党的十九大精神这一重大政治任务,牢固树立四个意识,牢牢把握正确导向,在抓好舆论引导的同时,努力推进报业融合发展。2018 年是改革开放 40 周年,全国报业要以习近平新时代中国特色社会主义思想和党的十九大精神为指导,锐意改革创新,有力提升主流媒体的传播力、引导力、影响力、公信力。

一、2017 年报业发展状况分析

2017 年,我国报业不断推动产业发展,积极探索媒体融合,加强公共文化服务体系建设,在新闻宣传、改革、发展、媒体融合等方面有了新的进展。

(一)主线宣传主题出版强劲有力

2017 年,全国报纸出版单位把迎接学习宣传贯彻党的十九大精神作为全年工作的头等大事来抓。根据党中央的工作部署,开展迎接学习宣传贯彻党的十九大精神主题出版和宣传工作。圆满完成"砥砺奋进的五年""一带一路"国际合作高峰论坛、建军 90 周年、庆祝香港回归 20 周年、金砖国家领导人厦门会晤等重大宣传,出色完成十九大会前、会中、会后宣传报道任务。全国报纸出版单位把握时代特色、实践要求和传播规律,采取社论评论、理论文章、专题报道等多种形式,利用传统报纸、网站、两微一端等各类媒体共同发力,为迎接学习宣传贯彻落实党的十九大精神营造了良好的舆论氛围,推动习近平新时代中国特色社会主义思想家喻户晓、入脑入心。

(二) 顶住下行压力，报业利润止跌回升

根据国家新闻出版署《2017年新闻出版产业分析报告》显示，2017年全国共出版报纸1 884种，较2016年降低0.5%；总印数362.5亿份，下降7.1%；总印张1 076.2亿印张，下降15.1%；定价总金额398.9亿元，下降2.3%。报纸出版实现营业收入578.3亿元，与2016年基本持平。值得关注的是，报业的利润总额为37.5亿元，与上一年相比增加7.4亿元，增长24.6%。报业利润止跌回升主要有以下原因：首先，受上市公司信息披露业务大增及规范业务管理与会计核算影响，证券类报纸利润总额大幅增长63.4%。其次，各级政府对报纸的扶持力度有所加大，相关补贴增加3.4亿元。同时，报纸出版单位投资收益也有所增长，较2016年整体增加2.0亿元。但是要清醒地看到，报业仍面临着前所未有的发行、经营压力和互联网技术的冲击，如果没有各级政府的政策及项目、资金扶持，报业经营及发行下滑趋势难以逆转。

(三) 发展增量与改造存量双向布局

各级管理部门科学调整报纸出版结构，不断优化资源配置，积极支持创办（含新办及变更）服务党和国家事业发展全局、细分市场、填补空白的报纸，坚决停办退出一批两个效益差、同质化竞争、违法违规的报纸。2017年，全国出版综合类报纸229.1亿份，较上一年降低8.6%，占报纸总印数的63.2%；专业类报纸103.4亿份，降低3.3%，占28.5%；生活服务类报纸9.7亿份，降低8.7%，占2.7%；读者对象类报纸16.0亿份，降低6.9%，占4.4%；文摘类报纸4.4亿份，降低7.4%，占1.2%。目前，各级党报总体情况较好；行业专业类报纸发展下幅下滑，少数行业报及教学辅导类报纸还有小幅增长；晚报都市报、广播电视报、文化生活类报纸受新媒体冲击影响较大。面对纸媒存在的困境，各大报业集团整合功能重复、内容同质、力量分散的报刊资源，优化配置，推动优质资源聚集。例如，上海报业集团2013年10月成立以来，不断进行资源整合，已关停、合并了6家报刊，恢复了解放日报社、文汇报社、新民晚报社的独立法人建制，构建起集团与报社"1+3"的双层法人体制；同时，探索新业态，设立润力基金、825基金，搭建文化产品投融资平台、文化

地产和金融股权投融资平台。2017年,全国共有上海报业集团、浙江日报报业集团、成都传媒集团等3家报业集团资产总额超过100亿元。

(四)主业可持续发展和多业态互补经营多元支撑

全行业一手抓转型,一手抓发展,一边深耕主业,一边拓展经营。各大报社首先抓好纸媒的内容及发行。2017年,全国有《人民日报》《参考消息》《南方都市报》《英语周报》《快乐老人报》等24种报纸平均期印数达到或超过百万份,其中综合类报纸9种、专业类报纸13种,读者对象类报纸2种。其中,人民日报已成为拥有29家社属报刊、400多个新媒体平台、覆盖7亿多用户、具有全球辐射力影响力的媒体集团。同时,各大报社依托内容生产优势,升级服务体系,打造以广告、发行为主干,新媒体、会展、培训、信息服务等多种经营方式为补充的发展模式。例如,浙报传媒集团股份有限公司、华闻传媒投资集团股份有限公司、浙江华媒控股股份有限公司等单位数字出版、动漫等新业态业务收入实现较大幅度增长,平均净资产收益率均超过10%,浙报传媒集团股份有限公司数字出版等新业态业务收入已超过传统报刊业务收入。此外,成都传媒集团大力发展文化地产、网络游戏、会展、教育、旅游等多元产业,目前多元产业收入占比已经超过50%;河南日报报业集团多元化收入占比逐年递增,2017年已超过69%;重庆日报报业集团2017年收入17亿元,同比增长10%,其中非传统收入占比达到70%。

(五)推进融合发展,建设新型主流媒体

2017年3月,国家新闻出版广电总局和财政部联合印发《关于深化新闻出版业数字化转型升级工作的通知》,加快报网刊网融合步伐。全国报纸出版单位采取多种措施,加快推进纸媒和新兴媒体深度融合,采编平台改造稳步推进,内容产品更加丰富,技术水平得到提升,用户规模持续扩大,主流报业的传播力、公信力、影响力进一步增强,融合发展取得了良好开局,展现出更加广阔的前景。大数据、云计算等技术运用到全媒采编平台构建之中,移动直播、H5应用等技术在采编制作环节普遍采用,机器人写稿、无人机采集、虚拟现实等技术从无到有,实现了突破。其中,《人民日报》客户端开办3年多

来，累计下载量超过 2 亿，2017 年 10 月 15 日，该报又推出英文客户端，让世界听到并听清更多更好的中国故事和中国声音。2018 年 1 月 23 日，新华社推出了中国主流媒体中第一款能实现智能推荐的英文客户端，目前新华社中文客户端下载量也已突破 2.7 亿。中央主流媒体网上传播力影响力明显提升，报纸全行业转型升级和融合发展的探索和实践，积累了宝贵的经验，提振了发展的信心，进一步壮大了主流舆论，进一步提升了影响力，进一步扩大了传播力。

（六）阵地建设导向管理坚决有效

国家新闻出版广电总局坚决落实习近平总书记提出的"两个所有"的要求，印发《关于规范报刊单位及其所办新媒体采编管理的通知》，用"一个标准、一把尺子、一条底线"统一管理各类媒体。各级主管部门、报刊主管单位、报刊出版单位坚持政治家办报、办刊、办网，落实属地管理制度，强化主管主办单位职责，从总编辑、部门主任到责任编辑，层层传导管理责任，压实意识形态导向管理职责，坚决杜绝报刊出现杂音噪音，决不为错误观点言论提供传播渠道，确保意识形态阵地安全，做到守土有责、守土负责、守土尽责。同时，针对新闻报刊领域存在的突出问题，各地新闻出版广电行政部门严格依法行政，敢于担当，敢于亮剑，重点查处导向错误、新闻敲诈、虚假新闻、转让出版权等违法违规行为，对查实的问题依法处罚并公开通报，形成震慑作用。报刊行政管理部门还在年检工作中，将涉嫌存在导向错误、虚假新闻、新闻敲诈等问题的报刊作为年度核验的重点，责令整改，对不具备出版条件的依法予以停办注销。2017 年，各项措施取得积极成效，新闻采编秩序明显好转，报刊违法违规举报显著下降，新闻队伍素质明显提高。

（七）公共文化服务水平和能力进一步加强

深入贯彻落实中共中央办公厅、国务院办公厅印发的《关于加快构建现代公共文化服务体系的意见》，为进一步满足人民群众看报、参加公共文化活动等基本文化权益。2017 年，已向西部、中部和东北农村地区赠阅《人民日报》《求是》杂志，向全国高校党支部赠阅《人民日报》，受到基层单位普遍欢迎。一些省份已着手推动党报由订改赠，例如内蒙古、吉林、海南等地已全部由省级财政和党费专项征订党报党刊，按比例免费赠阅，大幅减轻基层负担，有效扩大党报党刊传播覆盖面。《农民日报》《中国妇女报》等报纸也在西部部分省（区、市）农村免费赠阅。总局也鼓励各地及中央报刊主管单位积极学习借鉴这些好的做法，积极推动把党报党刊作为公共文化服务产品由财政分级购买免费赠阅，切实减轻基层负担。此外，加强农家书屋等公共文化服务工程建设。全国累计投入资金150多亿元，按照每个书屋配备不少于1 200种、1 500册图书，20种报刊，100种音像制品和电子出版物的建设标准，共建成60多万个农家书屋，全国共计配送图书9.4亿册、报刊5.4亿份，音像制品和电子出版物1.2亿张，供农村及民族地区群众免费阅读。全国已在交通枢纽、广场、社区、学校等人流密集地点建成约10万个阅报栏及电子阅报屏，方便群众免费阅读。

二、新时代对报业提出的新任务新要求

党的十九大把习近平新时代中国特色社会主义思想确立为我们党必须长期坚持的指导思想，作出中国特色社会主义进入新时代的重大政治判断，开启了夺取新时代中国特色社会主义伟大胜利的新征程，标定了党和国家事业发展新的历史方位。新时代赋予报业新的职责和使命，报纸出版单位要把思想和行动高度统一到党的十九大精神上来。

（一）新时代做好报纸工作，必须坚持用习近平新时代中国特色社会主义思想总揽全局

2018年1月5日，习近平总书记在学习贯彻党的十九大精神研讨班的重要讲话中鲜明地指出，我国正处在大有可为的历史机遇期。这是习近平总书记纵观历史、现实和未来的历史演进，洞悉党和国家、民族前途命运，作出的重大战略判断。习近平新时代中国特色社会主义思想是马克思主义中国化的最新成果，是当代中国马克思主义，是21世纪马克思主义，是党和国家必须长期坚持的指导思想。推动学习贯彻习近平新时代中国特色社会主义思想深入人心是当前和今后一个时期全党的重大政治任务，赋予中国报业光荣任务和崇高使

命。我国近 2 000 种报纸，服务于党的工作各条战线，分布在经济、社会发展各个领域，服务于党和国家政治、经济、科技、教育、文化、卫生等各个方面，要切实发挥在宣传阐释、舆论引导、思想教育和科学传播等方面的主流传播优势，在推动学习习近平新时代中国特色社会主义思想的入脑入心、学思践悟、知行合一上下功夫，在推动"学懂弄通做实"党的十九大精神上下功夫，以高度的使命感和责任感，不负党和人民重托、无愧历史选择，凝心聚力，同频共振，戮力同心，汇聚起同心共筑中国梦的磅礴力量。

（二）新时代做好报纸工作，必须把坚定文化自信摆在内容建设突出位置

习近平总书记指出：文化是一个国家、一个民族的灵魂。文化兴国运兴，文化强民族强。没有高度的文化自信，没有文化的繁荣兴盛，就没有中华民族伟大复兴。凝聚起全党全国各族人民奋勇前进的强大精神力量，要求中国报业要以培养担当民族复兴大任的时代新人为着眼点，全面加强内容建设。强化教育引导、实践养成、制度保障，通过报刊内容生产传播，发挥社会主义核心价值观对国民教育、精神文明创建、精神文化产品创作生产传播的引领作用，把社会主义核心价值观融入社会发展各方面，转化为人们的情感认同和行为习惯。

（三）新时代做好报纸工作，必须坚持以人民为中心的工作导向

人民是发展的力量源泉，服务人民是中国报业始终不变的初心。报纸出版单位要聚焦推动社会主义文化繁荣兴盛这一根本任务，把人民对美好生活的向往作为奋斗目标。解决好"为了谁、依靠谁、我是谁"这个改革发展的根本问题，坚持好人民群众获得感、幸福感这个检验工作的根本标准。狠抓原创、扩大供给、服务升级。聚焦人民群众对美好生活的向往，大力弘扬社会主义核心价值观；创新内容、创新表达，不断满足人民群众日益增长的新需要；重心下移，面向基层、心系群众，依托公共文化服务，搭载全民阅读平台，树立用户服务观念，更多更好地为广大读者提供有益的阅读服务，通过报纸让改革发展成果惠及人民群众。

（四）新时代做好报纸工作，必须落实高质量发展这一根本要求

我国社会主要矛盾的变化对党的工作、对宣传思想文化工作包括中国报业提出新的要求。过去四十年发展，中国报业解决了"从小到大、从少到多"的问题，今后的根本任务是要解决"从多到优、从优到强"的问题。当前，全国报业下行压力增大，"小散弱"问题突出，报纸在全行业总营收中的贡献率呈连续下降趋势。2017年，全国出版、印刷和发行服务（不含数字出版）实现营业收入18 119.2亿元，其中报纸出版实现营业收入578.25亿元，占比为3.19%，比重相比上一年度下降0.14%。新闻生产迭代更新，传统报业日渐式微。据2017年报刊年检和有关资料统计，2016年全国共有43种报刊停办注销，2017年以来已有59家报刊停办、停刊。进入2018年以后，又有一些报纸停刊、休刊、减版、减期，报业供求结构矛盾愈加突出，必须推动高质量发展，培育发展新动能。

高质量发展意味着高质量需求、高质量供给、高质量资源配置、高质量投入产出和高质量管理服务。这就要求报业要紧紧围绕人民对美好生活的向往，坚持质量第一、效益优先，抓重点、补短板、强弱项，不断提高服务党和国家大局的能力，不断扩大优质内容产品供给，不断提升报业发展质量，不断增强报业两个效益特别是社会效益，跟上读者高质量需求步伐。

高质量发展必须以深化供给侧结构性改革为主线，着力攻克转变发展方式、优化经济结构、转换增长动力三大关口，推动质量、效率、动力三大变革。这就要求报业要以加快传播手段建设和创新为努力方向，以推进传统报纸和新兴媒体深度融合为工作重点，加速业态创新、制度创新、管理创新、产业组织创新和服务模式创新，推动产业、产品和服务升级，减少无效和低端供给，满足有效和中高端需求，科学调整和有效实施资源配置。

高质量发展必须坚持从要素驱动转向创新驱动，这就要求报业着力解决传播手段、平台支撑、技术超越、人才建设四大瓶颈，发挥体制优势、实施集成创新、深化资源整合、推动产业聚合、加速媒体融合和平台创新，推广符合移动传播规律和新阅读特点的生产方式、营销模式和服务方式，扩大互联网出版等新型和优势产能，推动大数据开发利用和知识服务体系建设，强化人才支撑和政策保障，推动传统报纸和新兴媒体尽快从相"加"迈向相"融"。同时，

积极支持报纸出版单位优化产业和产品布局,加快集团化和集约化建设步伐,做优存量、做强增量,推动集聚优质资源,培育优势产能,支持优势主流媒体跨区域、跨行业、跨业态整合,打造一批形态多样、手段先进、竞争力强的新型主流媒体和新型媒体集团,提高新闻舆论传播力、引导力、影响力、公信力。

（五）新时代做好报纸工作,必须牢牢掌握党管媒体原则不动摇

"党政军民学,东西南北中,党是领导一切的。"必须坚持党管意识形态、党管宣传、党管媒体不动摇,切实抓好意识形态工作责任制落实,决不能让意识形态工作领导权旁落。一是要旗帜鲜明讲政治,牢固树立四个意识,坚定四个自信,做到四个服从,坚决维护以习近平同志为核心的党中央权威和集中统一领导,在思想上政治上行动上同以习近平同志为核心的党中央保持高度一致。不断提高政治觉悟和政治能力,不断增强政治敏锐性和政治鉴别力,善于从政治上观察和处理问题。二是要把党领导一切的要求体现到各方面、全过程。坚持政治家办报、办网,坚持团结稳定鼓劲、正面宣传为主,领导干部靠前指挥,坚决抓好导向、把好关口、守好阵地、带好队伍,在政治方向、舆论导向、价值取向上立场坚定。三是要增强责任担当,敢抓敢管,敢于亮剑,当"战士",不当"绅士"。要认真落实主管主办和属地管理原则,做到守土有责、守土负责、守土尽责,使报业及其所办各类新媒体始终成为传播先进思想文化的坚强阵地。

三、2018年报业工作的重点任务

全国报业要坚持以学习宣传贯彻习近平新时代中国特色社会主义思想和党的十九大精神为主线,全力以赴完成主题宣传、创新发展、媒体融合等各项任务,确保中央要求在报业落地生根、取得实效。

（一）增强"四个意识",全面准确深入阐释习近平新时代中国特色社会主义思想和党的十九大精神

坚持用习近平新时代中国特色社会主义思想武装全党、教育人民,推动这

一思想深入人心，是党的十九大作出的重大战略部署，是全党特别是宣传思想文化战线必须担负的重要政治任务。全国报纸出版单位要把学习宣传贯彻习近平新时代中国特色社会主义思想和党的十九大精神作为当前和今后一个时期首要政治任务，加强组织领导，精心组织实施，把握正确导向。一是切实负起领导责任。要按照党中央的部署，结合本单位实际，作出专题部署，提出具体要求，着力抓好落实，兴起学习宣传贯彻党的十九大精神热潮，务求取得实效，切忌形式主义。二是牢牢把握正确导向。要坚持团结稳定鼓劲、正面宣传为主，弘扬主旋律、传播正能量。要主动设置议题，加大引导力度，围绕社会普遍关注的热点难点问题，多做解疑释惑、疏导情绪的工作，多做增进共识、增进团结的工作。三是着力增强吸引力感染力。要面向不同受众开展宣传，不断创新方式方法和平台载体，探索方法手段，努力增强针对性实效性。

（二）把握正确导向，壮大主流舆论，积极传播主流价值

2018年，中央将隆重庆祝改革开放40周年，报纸出版单位要按照中央和中宣部要求，及早谋划部署庆祝改革开放40周年的宣传报道。同时，深化社会主义核心价值观宣传。培育和践行社会主义核心价值观是以习近平同志为核心的党中央提出的重大战略思想，报纸出版单位要持续深入地切实抓好任务落实。要强化对精神文化产品创作生产传播的引领，推动广大新闻工作者践行核心价值观，坚持以人民为中心的工作导向，在新闻报道和报纸版面上高扬爱国主义主旋律，唱响时代正气歌。要充分发挥中华优秀传统文化的滋养作用，报纸出版单位要深入挖掘中华优秀传统文化蕴含的思想观念、人文精神、道德规范，结合时代要求继承创新，让中华文化展现出永久魅力和时代风采。

（三）认真履职，为人民群众提供高质量精神食粮

为人民提供丰富的精神食粮是满足人民过上美好生活的新期待的重要内容，也是精神产品生产的目的所在。报纸出版单位要坚持以人民为中心的工作导向，坚持创造性转化、创新性发展，充分调动新闻报刊工作者的积极性主动性创造性，努力创作生产更多、更好、更健康的精神文化产品。当前，要全面加强内容质量建设。没有高质量的内容就没有高质量的发展。2017年，国家新

闻出版广电总局委托出版产品质量监督监测中心对全国116种重点报纸（含党报、行业专业报、晚报都市报）以及174种少儿类报刊进行编校质量抽查，结果不容乐观，其中重点报纸编校质量差错率为零的只有《人民日报》《齐鲁晚报》《法制日报》等6种，占5.2%；差错率在零至万分之一的有58种，占50.0%；还有3种报纸差错率超过万分之三，占2.6%。今后，新闻出版行政部门将针对部分报纸出版质量不高的问题，强化质量监管。目前，新闻出版行政部门正起草《报刊质量管理规定》，拟在充分征求意见后印发实施。该《规定》要求报刊出版单位建立健全质量管理制度，全面加强内容、编校、印制、出版形式管理，确保产品质量。深入贯彻落实中办、国办印发的《关于推动国有文化企业把社会效益放在首位、实现社会效益和经济效益相统一的指导意见》，有关主管部门将于2018年制订报刊出版单位社会效益评价考核办法，并在全国选择部分报刊单位进行试点，要求主管单位加大对报刊社会效益考核力度，不断完善确保把社会效益放在首位、实现社会效益和经济效益相统一的体制机制，确保报刊改革始终在坚持正确导向、建设先进文化的轨道上推进。

（四）勇于担当，落实好意识形态工作责任制，进一步加强阵地建设和管理

当前，意识形态领域总体保持了向上向好的态势。同时要看到，意识形态领域仍不平静，面对的形势依然错综复杂，面临的风险挑战依然严峻。报纸出版单位要进一步增强政治自觉、思想自觉、行动自觉，履行和落实意识形态工作责任制，建好建强阵地，守好守住阵地。各报纸出版单位要管好子报子刊，管好记者站和各类分支机构，管好"两微一端"等各类新媒体，发现问题及时处置。同时，要进一步壮大主流舆论。今后要进一步优化媒体结构布局，打造新型主流媒体。要强化互联网思维和一体化发展理念，以中央媒体为龙头，省级媒体为骨干，着力推进传统媒体和新兴媒体深度融合，打造一批形态多样、手段先进、竞争力强的新型主流媒体。要推动媒体差异化发展，中央媒体要优化资源配置，做大做强，打造传媒旗舰。省级、市地级媒体要立足本地、找准定位，更好地服务地方党委和政府中心工作，满足本地受众信息需求。县域媒体要强化服务功能，整合资源，充分利用互联网，重点发展新媒体，建设综合信息服务平台。行业类媒体要立足行业、服务行业，提供专业化的行业资讯和

信息服务。新闻出版行政部门将支持各地及主管单位调整优化报刊资源，通过强化管理、质量评估、推动改革等措施，停办退出一批、整合兼并一批、做强做大一批，推进报业高质量发展。做优存量，做强增量，坚持集团化发展、集约化建设，不断增强报业创新能力和竞争力。

（五）改革创新，开创新闻报刊工作新局面

推动文化繁荣发展，必须深化文化体制机制改革。2018年是我国改革开放40周年，纪念改革开放最重要的就是继续深化改革。报纸出版单位要加强调研，深入总结40年来改革发展的经验和面临的新形势新任务新要求，坚持深化改革，推动报业做优做强。2018年的宣传部长会议提出，要加快推进媒体深度融合，坚持移动优先，构建以中央媒体为引领、省级媒体为骨干的融合传播新布局。各地管理部门及各报刊主管单位要从政策、资金、项目、人才等各方面采取有效措施，鼓励支持报刊发展网络新媒体业务，鼓励报刊出版融入文化建设、经济建设、科学技术发展和民生事业中去，盘活优质文化资源，为我国各项建设提供精神力量和智力支持。同时，抓好中央关于深化文化领域供给侧结构性改革的工作部署，推动报刊产品和服务高质量发展。充分发挥全国"百强报纸"等示范引领作用，推动报纸出版创新和业务转型，促进优质报纸品牌孵化，扩大优质内容生产和产品供给，支持优势主流媒体跨区域、跨行业、跨业态整合，壮大主流舆论，加强阵地建设。

（卓宏勇　原国家新闻出版广电总局）

第四节 2017—2018 中国数字出版产业发展报告

一、2017 年中国数字出版产业发展的基本状况

2017 年是数字出版产业稳中求进的一年。这一年，我国数字出版持续快速发展，政策层面上，数字中国与网络强国建设的加快推进为数字出版带来了空前机遇；主管部门多项举措并行，行业引导力进一步加强；产业层面上，数字出版收入规模再创新高，突破 7 000 元大关，达到 7 071.93 亿元；数字内容消费需求日益旺盛，催生数字出版新领域、新形态；出版业转型升级、融合发展渐趋深入，开创了新时代良好发展局面。

（一）在国家战略中的作用日益凸显

"十三五"以来，数字中国和网络强国建设已成为国家重大战略部署的重要组成部分，重视程度与日俱增。国家和政府主管部门以国家战略为重要依托，着力推动数字中国和网络强国建设。党的十九大报告中提出，加快建设创新型国家，要加强基础研究，突出关键共性技术创新，为"网络强国"和"数字中国"建设提供有力支撑，并强调文化对于国家、民族发展的重要意义，明确了文化建设在中国特色社会主义总体布局中的定位，提出了新时代文化建设的总体目标和基本要求，对新时代文化产业发展做出重要部署，并明确提出要"倡导创新文化，完善文化经济政策，培育新型文化业态"。2017 年 12 月初，中共中央政治局就实施国家大数据战略进行第二次集体学习，习近平总书记在主持学习时对加快建设数字中国作出部署要求；在 2018 年 4 月召开的"全国

网络安全和信息化工作会议"上,习近平总书记对新时代中国网信事业发展、加快网络强国建设步伐作出重要论述。指出要加强网上正面宣传,推动信息领域核心技术突破,自主创新推进网络强国建设。随着数字中国和网络强国加快建设步伐,对包括数字内容在内的各相关产业的发展将带来巨大影响,也昭示着新时代数字内容等相关产业在国家战略中发挥日益重要的作用,也意味着新时代,数字出版需应在国家战略背景下,重塑新的自身定位,肩负起新的责任。

过去一年来,国务院和各相关部委从信息消费、工业文化发展等层面制定并颁布政策,为"数字中国"建设创造优良条件,并实施有效保障措施推进该项工作取得快速进展。2017年8月,国务院为推进信息消费、进一步释放内需潜力、促进创新保证有效供给、优化消费环境,印发《关于进一步扩大和升级信息消费 持续释放内需潜力的指导意见》,提出到2020年,信息消费规模预计达到6万亿元,实现基本形成高效便捷、安全可信、公平有序的信息消费环境的发展目标;因此要充分发挥信息技术的支撑与带动作用,提升信息服务能力,拓展信息产品边界,构建线上线下协同互动的消费新生态,满足人民群众的信息消费需求。要实施数字内容创新发展工程,整合文化资源,形成优质数字文化内容,加快推进媒体深度融合。这些政策的颁布不仅将有效支持"数字中国"建设工作得到切实落实,也必将推动数字内容产业实现快速发展。

(二) 数字内容消费需求日益旺盛

2017年,互联网和移动互联网持续快速发展,互联网普及率进一步提升。《第41次中国互联网络发展状况统计报告》显示,截至2017年12月,我国网民规模达到7.72亿,互联网普及率为55.8%,较2016年底提升2.6个百分点;其中,我国手机网民规模突破7亿,达至7.53亿,网民使用手机上网的比例达97.5%,使用率再创新高。

与此同时,2017年我国各类互联网应用用户规模均呈上升趋势,其中即时通信、网络新闻和搜索引擎依然位列互联网网民使用率前三名,用户规模分别达到7.20亿、6.47亿和6.40亿,使用率分别达到93.3%、83.8%和82.8%。网民使用率排名第三到十名的互联网应用分别是:网络视频、网络音乐、网络购物、网上支付、地图查询、网络游戏、网络直播。从中可以看出,随着网络环境的日益优化，网络视频、网络音乐、网络游戏、网络直播等用户使用率提升，互联网应用娱乐化、可视化趋势明显。①

从数字阅读方面来看，2017年数字阅读需求进一步旺盛。据中国新闻出版研究院"第十五次全国国民阅读调查"显示，我国成年国民各种媒介的综合阅读率突破80%，达到80.3%，较上一年提升了0.4个百分点。数字化阅读方式成为拉动国民阅读的重要力量，2017年数字化阅读方式的接触率为73.0%，较2016年的68.2%上升了4.8个百分点；手机阅读接触率达到71.0%，较2016年的66.1%上升了4.9个百分点。手机成为人们每天接触时间最长的媒介，我国成年国民人均每天手机接触时长达到80.43分钟。微信阅读时长增长显著，有超过六成（63.4%）的成年国民进行过微信阅读。有声阅读成为国民阅读的新兴增长点，2017年我国有两成以上的国民有听书习惯，成年国民的听书率达到22.8%，较2016年提高了5.8个百分点。②

另据《2017年度中国数字阅读白皮书》③中显示：2017年，中国数字阅读市场规模达152亿元，实现26.7%的同比增长；中国数字阅读用户近4亿。从数字阅读的内容构成上看，网络文学占比不断提升，从2015年的69%上升至2017年的85%，已成为数字阅读内容的绝对主流。从数字阅读的形态上来看，2017年有声阅读增幅明显，用户规模达到2.3亿，市场规模达40.6亿元，同比增长达39.7%。

（三）转型融合渐趋深化

2017年，随着《关于深化新闻出版业数字化转型升级工作的通知》的发布和《新闻出版广播影视业"十三五"时期发展规划》的正式公布，出版业深化转型、融合发展的发展路径更加清晰明确。无论从主管部门统筹部署，还是从出版单位自身实践，出版业转型升级、融合发展的广度与深度都迈上了新的台阶。

---

① CNNIC第41次《中国互联网络发展状况统计报告》。
② 第十五次全国国民阅读调查成果发布. http://www.chinawriter.com.cn/n1/2018/0418/c403992-29934401.html.
③ 《2017年度中国数字阅读白皮书》发布. http://www.ce.cn/culture/gd/201804/16/t20180416_28833625.shtml.

2017年，我国知识服务体系建设构建进一步完善。"知识资源服务中心"筹建工作进展顺利，国家知识服务平台建设工作已全面启动，首批试点单位在专业领域知识体系建设、知识服务标准研制、知识资源加工、知识生产工具研发、知识服务平台建设、知识服务模式探索等方面均收获了突出的阶段性成果。2017年11月，国家新闻出版广电总局发布通知，开启"第二批专业数字内容资源知识服务模式试点单位"的申报工作，并于2018年1月公布了第二批试点单位名单。外研社等27家新闻出版单位被遴选为第二批专业数字内容资源知识服务模式试点单位。2018年3月，启动第三批知识服务模式（综合类）试点单位征集工作，并于6月1日公布了55家入选单位名单。主管部门对知识服务的布局逐步完备，知识服务的范畴不再局限于专业领域，也同样涵盖教育出版和大众出版。

2017年，我国教育出版的转型升级、融合发展渐趋深入，数字教育出版的发展模式日趋多元，各类内容的数字教育产品日益旺盛。如北教传媒在2017年进一步提升、优化其《课堂直播》《轻巧夺冠优化训练》《哈佛英语》等核心教辅产品，完善线上增值服务。其中，将已畅销15年的品牌图书《轻巧夺冠优化训练》植入其"提分策"和"魔题库"智能平台，运用大数据技术，对学生学习情况进行智能分析，为师生提供智能化教学的解决方案。① 此外，2017年，人工智能在数字教育出版的应用得以持续深入，成为教育出版转型升级的重要着力点。出版单位纷纷加大对人工智能的探索布局，其中幼教领域和学前领域为人工智能应用的重要领域。

（四）网络文学进一步呈产业化、规范化发展

2017年，网络文学依然保持良好发展态势，并进一步迈向产业化、规范化。据相关数据显示，2017年网络文学市场规模达到130.2亿元，较2016年增长44.2%。截至2017年年底，网络文学用户规模达3.78亿，占网民总数的48.9%。

在内容方面，近年来网络文学题材、内容与风格逐渐呈现出多元化的发展

---

① 北教传媒2017年营收3.42亿元，拟发力在线教育平台"北教辅学网"。http://www.jingmei-ti.com/archives/26739.

态势。特别是现实题材网络文学增多，因贴近现实生活，受到读者广泛欢迎。无论从主管部门鼓励、企业引导，还是作者自身的创作意愿来看，反映时代风貌和社会百态的现实主义题材已成为网络文学的重要聚焦点，并受到读者的青睐。过去玄幻、仙侠等架空题材独占的状态正在不断打破，由此也让网络文学逐渐克服只能架空、虚幻、不切实际、套路严重的弊端。

2017 年，文娱产业对于网络文学 IP 的需求量持续旺盛，网络文学 IP 运营模式渐趋成熟。很多作品创作从创意策划就直接服务于 IP 改编，且更加注重作品的孵化培育。同时，网络文学 IP 运营产业链上下游逐渐打通实现融合发展，可以看到，网络文学企业、网络文学作者更加深度地参与到网络文学的衍生改编过程中，而影视、游戏等制作公司，也逐渐将业务延伸至内容生产环节，打造全产业链生态布局。

网络文学政策法规体系日趋健全。2017 年 6 月，国家新闻出版广电总局印发《网络文学出版服务单位社会效益评估试行办法》，北京市新闻出版广电局制定了《网络文学阅评工作实施办法（试行）》，对网络文学的管理逐渐步入法制化轨道。

2017 年，资本力量对网络文学发展格局影响加剧，进一步驱动网络文学的产业化发展进程。2017 年 9 月和 11 月，掌阅科技和阅文集团先后在 A 股和香港上市，阅文集团首日开盘价 90 港元，上市 20 分钟即破百，当日收盘价报 102.4 港元，总市值超过 900 亿港元（约合人民币 765 亿元）。

网络文学研究与培育体系正趋于完善。2017 年 4 月，中国作家协会网络文学研究院成立，以中国网络文学前沿发展态势和创作现象为重点开展理论研究，致力打造中国网络文学行业智库。12 月，我国首个网络文学作家村在杭州授牌成立，为网络文学作者们搭建起线下沟通平台，着力营造网络文学创作的良好环境。2017 年 11 月，阅文集团与上海大学联合设立了我国网络文学的首个创意写作硕士点，这是网络文学产学研一体化发展迈出的重要一步。

（五）知识付费成果初显

2017 年，互联网知识付费延续上一年的热潮，市场竞争日益激烈，各类知识付费产品层出不穷。2 月，36 氪付费专栏"开氪"上线，主要由知名创业者、投资人、媒体人、大公司高管开设专栏；3 月，豆瓣时间上线，延续了豆瓣的品牌风格,开设音乐、绘画、哲学、影视等领域的在线课程;同月,十点读书在北京成立分公司,打造知识付费子品牌"十点课堂"。过去一年来,知识付费取得了不俗的成绩。据数据显示,截至2017年年底,我国知识付费产业规模约为49.1亿元,同比增长将近3倍。① 现有知识付费的产品形态与服务模式已基本成熟,主要包括知识电商、社会直播、讲座课程、内容打赏、线下咨询、付费文档等。同时,2017年知识付费平台的市场格局也已初步形成。知乎 live、分答、得到、喜马拉雅既是知识付费的先行者,也已成为行业的领先者,此外问咖、在行、馒头商学院、三节课、豆瓣时间、微博问答、荔枝微课、熊猫书院、量子学派、樊登读书会等也凭借自身特点,实现了用户积累,并努力寻求差异化、特色化发展。其中,喜马拉雅FM经过五年多的发展,已拥有近5亿手机注册用户、超过1亿条音频内容、超过500万UGC主播入驻,入驻喜马拉雅开设知识付费专栏的知识大咖已超过3 000位,② 人均每日使用时长超过两小时,估值在五年间更是实现近1 000倍的增长,知识付费第一梯队的地位日益巩固。2017年,除了喜马拉雅、得到等知识付费平台外,传统出版单位也逐渐加入到知识付费领域,如《三联生活周刊》延续自身期刊品牌特色,推出知识付费产品《中读》,试图为用户打造介于"慢阅读"和"快阅读"之间的一种阅读状态,获得了良好的市场反响。

(六)数字出版人才建设加快推进

2017年,数字出版人才队伍建设得到有力推进。一方面,"数字出版千人培养计划"(以下简称"千人计划")有序实施。"千人计划"是数字出版"十三五"规划的重点项目之一。2017年8月,国家新闻出版广电总局下发通知,开展千人计划的试点培训工作,"千人计划"项目正式启动。该通知明确了培养对象及条件,对2017年相关工作做出了部署安排,将分年度、分类别、分层次为书报刊新闻出版企业培养高端复合型战略人才和精通专业技能的骨干人才。依据该项目总体工作部署,2017年以图书出版单位为主进行试点。经总局

---

① 去年知识付费产业规模同比增近3倍 优质内容是关键. http://jingji.cyol.com/content/2018-05/17/content_ 17196811.htm.

② 单日销售近2亿的喜马拉雅FM,又要IPO了! https://www.sohu.com/a/239076534_ 100174652.

遴选，确定了北京印刷学院与武汉大学共同承担"千人计划"试点培训工作，首期学员 100 名，包括战略班 40 人和骨干班 60 人。从 11 月 6 日起进行为期 30 天的集中学习。同时，在 2018 年 3 月召开的"全国新闻出版单位数字出版工作交流会"上宣布在 2018 年全面实施"千人计划"。

2017 年以来，出版单位在人才建设方面也实施了多项举措，大力推进机制体制创新，以满足融合发展需求。如 2017 年 12 月，中国出版集团举办"三个一百"人才培训班，培训议题广泛，包括思想层面的解读党的十九大报告精神，进一步坚定文化自信；实践层面，从营销、选题、转型融合、走出去等多个层面，设置多个议题，邀请来自中央党校、清华大学的知名教授，主管部门的相关司处领导，出版集团和文化产业投资基金方面专业人士进行授课讲解。[①]

与此同时，2017 年数字出版人才考核评定机制进一步健全。北京市修订再版了《数字编辑考试指导用书》，并完成了无纸化考试命题工作。全国出版专业高级职称评审工作明确将数字副编审、数字编审列入其中，标志着从全国层面上，数字出版的正副高职称评审通道得到建立。

二、中国数字出版产业发展趋势展望

步入新时代，在国家政策的有力引导扶持下，数字出版行业整体呈现出健康向上的良好气象。内容深耕成为产业发展的核心；数据和技术加速产业创新升级，为提供优质内容服务；内容生产专业化程度不断加深，以提升优质内容的供给能力；知识付费仍将是互联网热门领域，将涌现更多"知识+服务"的模式和形态；以文化特色小镇为代表的新型文化园区建设将为数字内容产业创造新的发展空间。具体到未来一年，我们有望看到数字出版产业呈现以下发展趋势。

（一）步入内容深耕时代

步入移动互联网时代，信息内容海量，并仍处于高速增长状态。用户对信

[①] 中国出版集团公司举办 2017 年"三个一百"人才培训班. http://www.cnpubg.com/news/2017/1226/37542.shtml.

息内容的可选择性越来越多,在进行信息选择时的自主意识不断提升。同时注意力也越来越容易被分散。当互联网平台的信息推送过分依赖算法,提供的信息内容有大量是重复的,且很多不是优质的,反而是低质的甚至是低俗的信息。这样的内容和产品终究是不被用户所认可和接纳的,是缺乏生命力的。在信息过剩的环境之下,优质原创内容的价值日益凸显。已有越来越多的新媒体开始正视身为一个内容传播者、一个媒体的责任与担当,开始反思在这个时代,媒体应该传播什么,大众真正需要的又是什么?同时,有越来越多的媒体回归到内容的严肃、认真与严谨,这不仅仅源于政策层面对意识形态管理的加强,也是作为媒体所应秉承的态度,更是源于人们对优质内容的强烈诉求。当下,数字内容生产者逐渐把发展重心更多地放在深耕内容方面,对内容进行精细打磨,自发地进行有深度、有思想、有价值的内容生产和传播,特别是导向意识不断加强,未来能实现可持续发展的,一定是导向正确的,贴合社会主义核心价值观的内容和产品,互联网内容良性生态渐趋形成。

(二) 数据和技术将推动产业升级

在智能化时代,产品的品牌竞争已上升至更高层面,品牌对于数字产品而言具有越来越至关重要的意义,数据和技术对于产品的生产与运营、品牌打造与升级也将发挥越来越重要的作用。

大数据、人工智能等技术的创新应用将大大提升产品的运营效能,提升数字品牌的核心竞争力。在数字出版产品的创新升级和品牌打造过程中,洞悉用户需求变得尤为重要,同时品牌也不应再是单一的,而是多层次、多维度的。面向不同用户,以不同的触达渠道和应用场景,以更加适合的方式,传递不同的品牌信息,以满足多元化用户需求,以达到千人千面,精准营销。绘制用户画像和海量数据处理技术在数字出版业务流程中的应用将愈发普遍,通过舆情监测洞悉发展新机遇,海量数据实时监测、分析,更加精准地捕捉用户需求,及时、高效地调整品牌运营策略,优化产品设计。在数据和技术驱动下,产业发展路径得以重塑与优化,品牌价值将以更加科学的方式被认知与衡量,促进数字出版产品调整生产、运营思维,不再仅仅是让用户接触到,而是感知到并予以认同和接纳,让产品与用户之间产生关联性,更精准有效地与用户完成个性化沟通。如何让产品和服务有效触达用户,真正满足用户需求,以内容和服务提升用户体验，成为当下数字出版企业在数字出版生产和营销中需要考虑的关键问题。随着数字出版产品迈向精细化发展，数据和技术发挥的支撑作用不断加大。同时随着数字出版企业在业务上的持续推进，用户规模的不断增长，用户数据将实现更大程度的复杂性和规模积累，加强对大数据的投入与应用，将有效提高出版企业的生产效率和服务质量，促进产品创新与设计优化，从而进一步打造产品优势竞争力，提升产品的品牌价值。

（三）互联网内容生产渐趋专业化

当前，互联网行业竞争持续加剧，内容创业者的生存压力日益增长，由此对于互联网优质内容的持续供给能力和稳定变现能力提出了更高要求。为破解发展瓶颈，MCN 模式开始兴起，并逐渐走向成熟。所谓 MCN，是 Multi-Channel Network（多频道网络）的简称，指集合将 PGC 或 PUGC 内容，在资本的支持和专业化运作下，保证内容的持续输出和稳定变现。国内的 MCN 在经纪模式基础上实现了本土化发展，参与一定程度的内容制作，并为内容创业者提供内容运营、渠道分发、粉丝经营、商业变现等支持与服务，让内容创业者更加专注于内容创作。

过去一年来，互联网各领域的 MCN 机构层出不穷，同时，越来越多的互联网企业和媒体平台从直接对内容创作者的扶持，转变为对 MCN 机构的扶持。目前，MCN 模式已在新闻资讯、短视频、社交、直播等领域普遍推行。特别是正值互联网风口的短视频，是 MCN 模式发展最快、最为集中的领域。易观数据显示，2017 年中国互联网泛内容 MCN 机构已达到 2 300 家，预计在 2018 年将增加到 4 500 家。其中，2017 年中国互联网短视频 MCN 机构数量达到 1 700 家，2018 年将有望达到 3 300 家。[①] 随着 MCN 模式发展的渐趋成熟，互联网内容创业者的内容创新能力和商业变现能力将得到更加充分的激发，推进互联网内容产业的持续快速发展。

---

① 王威. 2017 年中国互联网泛内容 MCN 机构为 2 300 家，预计 2018 年增至 4 500 家. http://www.adquan.com/post-13-43409.html.

(四)知识变现方式将更加多元

新的一年,知识付费仍是互联网和移动互联网的重要风口,随着行业竞争的日益加剧,将面临行业洗牌的拐点,行业分水岭逐渐形成。未来一年,知识付费领域仍然会有很多新晋参与者,但更多的是老产品的退出或升级。如2018年5月,知乎就将其"知乎市场"升级为"知乎大学",提升了内容的要求,更加强调知识学习的自主性和独立性。用户对于所需要的知识有更清晰明确的认知,在选择知识付费产品时更加理性,由此加剧了知识付费市场的优胜劣汰,加快知识付费产品在内容和服务上面的持续深耕。随着知识付费产品评价体系逐步建立,一些产品或将面临用户增长甚至用户流失,同时将出现更多围绕"知识"的变现新形式。知识付费的概念得以不断拓展,迈向知识服务的更高层面。除了在形态和服务模式方面的持续升级,知识内容本身成为知识付费产品的核心竞争力,并不仅仅强调知识内容的有深度、有价值,更重要的是要将有深度、有价值的知识内容以用户喜欢、需要的方式呈现。同时,知识内容的层次和领域细分化成为趋势,面向用户的不同需求,传递或书本知识或学习类知识,或常识类知识或专业类知识。此外,在线课程已成为知识付费的重要模式之一,数字教育出版与知识付费之间或将有更多结合点。与此同时,专业、教育、大众出版都能在知识付费中找到着力点。

(五)新型园区建设助力数字内容产业腾飞发展

近年来,国家大力推动以特色小镇为代表的新型产业集群建设,为数字内容产业带来发展新机遇新空间。在相关政策多番出台和大量资本的强势助力下,特色小镇在全国各地如雨后春笋般涌现。据统计,截至2017年年底,全国31个省市自治区中,已有23个地方政府启动了特色小镇培育建设工作。[①] 除了住建部已公布的403家特色小镇,全国正在建设培育的特色小镇数量已超过2 000家。[②] 2016年是特色小镇的起步之年,2017年是特色小镇的探索之年,2018年将是从战略规划迈向落地实践的关键之年,各地特色小镇建设将迈入实

---

① 特色小镇将成为开启城镇化3.0版重要载体. http://www.cinic.org.cn/xw/cjfx/421662.html.
② https://baijiahao.baidu.com/s?id=1594078229494545285&wfr=spider&for=pc.

质阶段，结合地方文化和小镇发展定位，实现差异化发展。2017年12月，国家发展改革委等四部委联合出台《关于规范推进特色小镇和特色小城镇建设的若干意见》，提出特色小镇建设要"聚焦高端产业和产业高端方向，着力发展优势主导特色产业，延伸产业链、提升价值链、创新供应链"。2018年2月，国家新闻出版广电总局制定出台《国家新闻出版产业基地创建工作规范》，其中明确指出，国家新闻出版产业特色小镇包括阅读小镇、音乐小镇、动漫小镇、游戏小镇、IP小镇、书香小镇等特色文化小镇。该《规范》对开展国家新闻出版产业基地（园区、特色小镇）创建工作提出规范和要求，为新闻出版产业特色小镇建设提供了政策依据和基本思路。可以看到，特色小镇作为一种新型园区，同样聚焦战略新兴产业，通过产业聚集，构建区域产业生态链条，推进产业融合发展，促进经济增长。相较于传统的产业园区，特色小镇更强调特色产业与城镇化建设相融合，注重特色产业与城镇生态环境融为一体，与产业园区粗放式发展不同，特色小镇更加注重功能布局的紧凑与协调。[①] 文化产业，特别是数字文化创意产业是特色小镇建设的重要着力点，以文化强特色，以文化调结构，在全国各地特色小镇建设中均取得了积极实践，特色小镇建设对包括数字文化创意在内的文化产业发展将提供新的发展空间。特色文化小镇建设可充分挖掘地方文化内涵，运用现代科技，围绕网络文学、动漫、游戏等新兴业态，打造文化IP，并与当地旅游业、金融业、服务业等领域融合发展，构建产业生态。与此同时，在文化及相关产业带动下，特色小镇将有效促进产业的集约化、规模化发展，实现产业集聚、科技集聚与人才集聚，有效促进地方经济结构优化，打造新经济增长极，推动地方经济腾飞发展。

三、关于中国数字出版产业发展的思考

步入新时代，对数字出版发展提出了新的要求，数字出版要承担起新时代所赋予的新责任与新使命，重塑新时代发展新定位，着力推进高质量发展；持续加快内容深耕，优化市场供给；提高运营服务水平，增强发展竞争力，以打

[①] 特色小镇与产业园区的共性和区别. https://www.sohu.com/a/121299507_465527.

造精品 IP 为抓手，着力把握新动向，培育产业新动能。具体而言，需从以下几个方面展现新时代数字出版新作为。

（一）持续推进数字出版迈向高质量发展

长期以来，数字出版产业快速发展，成为拉动文化产业发展的重要力量。新时代下，数字中国和网络强国建设的国家战略加快推进，党的十九大报告把文化建设上升至兴国强国的高度，明确了文化建设在中国特色社会主义新时代的新定位，由此数字出版作为文化产业发展的重要引擎，被赋予了新的责任与使命。步入新时代，我国经济运行已由高速增长阶段转向高质量发展阶段，数字出版应与国家经济发展同步，一起迈向高质量发展新阶段。数字出版产业要立足于新时代发展的新起点，把握新时代下自身发展的新定位，在传播主流意识形态，弘扬社会主义核心价值观，坚定文化自信方面承担起更加重要的责任，在拉动新经济，促进新增长，满足人民日益丰富多元的美好精神需求，回溯内容本源，深入贯彻习近平新时代中国特色社会主义思想，植根社会主义核心价值观与中国优秀传统文化，以更坚定的使命感与责任感，树立新时代文化自觉与文化担当，顺应新时代新要求，对数字出版产品的内容导向给予高度重视，持续强化导向意识、大局意识、核心意识、看齐意识，确保数字出版产业的意识形态安全，进一步扩大精神文化产品的有效供给，为推进文化产业进一步成为国民经济支柱性产业、推进数字强国和网络强国建设提供有效助力。

（二）进一步提升优质产品的市场供给能力

数字出版产业的高质量发展就要始终坚持把内容建设放在首位，把提升内容质量作为打造数字出版产品的核心。特别是当前在知识付费浪潮下，用户对互联网内容提出了更高要求，内容成为数字出版产品的核心竞争力之一。推动数字出版的高质量发展，要不断强化精品意识，建立创精品、传精品、读精品的精品生产传播机制，以更高质量的数字内容产品满足用户日益多元的精神文化需求。持续秉承工匠精神，着力提升数字出版产品的内容质量，提高优质数字出版产品的市场供给能力，在内容生产上精细打磨、持续深耕，打造质量上乘，有内涵、有价值、有特色，深受大众喜爱的高质量数字出版产品，努力实现"两个效益""两种价值"的有机统一和共同增长。出版单位要建立数字出版产品的内容质量管理长效机制，加强对内容质量的把控，健全内容审核与把关制度，注重内容的专业化、精致化打造，设立数字出版产品质量考核制度，注重数字出版产品的社会效益评估与考核，建立数字出版精品生产的评价机制和激励机制，引导全体员工提升质量意识。与此同时，注重内容创新，推进内容与技术的有机结合，充分挖掘优势资源的潜在价值，运用新媒介、新形态、新模式，不断创新内容的表现形式和呈现方式，针对不同用户需求、不同媒介、不同场景，进行内容的多元化生产，丰富和优化产品结构；提升原创内容的生产能力，着力提升原创内容的文化品位和思想格调，丰富数字内容的文化内涵。

（三）着力增强运营服务能力

运营能力的高低直接影响到数字出版产品的市场影响力与竞争力。在互联网和移动互联网环境下，信息传播场景不断拓展，催生出信息传播的新需求。成熟的产业架构下，正是需要根据这些新场景下的新需求，提供新的内容与服务，以提升产品的影响力，打造产品竞争力。出版单位要不断创新服务方式，把握用户个性化需求，提供精准化服务，构建完善产品运营体系。充分运用各类技术工具、数据工具和运营工具，提高运营的数据化、专业化水平，经过专业化的整理、分析，从海量数据中挖掘出对产品运营的有效信息，提升运营效率和运营效果。数据主要包括三个层面：一是行业外部数据，或称宏观数据，主要指国民经济相关生产活动与生产需求数据，为出版单位制定运营规划提供依据；二是行业数据，或称中观数据，即新闻出版业相关数据，包括信息内容资源数据、信息内容产品数据、市场数据及营销渠道反馈的数据等，为出版单位确定产品定位和经营策略提供依据；三是出版单位自身数据，也称微观数据。即与出版单位产品运营直接相关的数据，包括竞品数据，为总结自身优势和短板，进行产品竞争力分析，着力寻求产品竞争的关键点，优化产品运营方式提供依据。出版单位要以上述数据为依据，为用户提供持续稳定的服务，以良好的应用体验让用户对产品生成内心认同感与依赖感，并灵活运用事件化运营等运营方式，增强在用户心中的存在感，建立产品与用户之间的情感关联。同时，进一步强化品牌意识，塑造品牌个性，通过多元方式强化用户心目中的品牌印象。

（四）建立良性IP运营生态

党的十九大报告中明确提出，倡导创新文化，要强化知识产权创造、保护、运用。当前，IP运营模式已基本成熟，文化产业视域下IP运营的理念已得到普遍认同，包括网络文学、网络游戏、动漫、影视等，并已延伸至知识付费、数字教育等领域。IP生态已初步构建，推出精品内容、夯实内容渠道、多样化的合作营销、深化产业融合、优化IP运作模式、放大精品IP价值，已成为数字内容产业实现可持续发展的重要路径。推进IP运营良性发展，壮大版权产业，已成为壮大数字出版产业乃至文化产业的重要动能和推进数字内容产业可持续发展的重要力量。随着IP市场的成熟与发展，亟待构建数字内容IP价值评估体系，建立健全优质IP挖掘、孵化、培育、安全转化、精品化制作的良性机制。

打造精品IP，建立良性的IP运营生态需要做到以下几点。一是要具备优秀的、有潜力的IP的发现机制；二是要有耐心，摒弃急功近利的心态，对IP进行精细打磨、精心制作；三是要有规划，找到IP最适合的呈现方式和运作方式，不盲目消耗IP。最重要的一点是，要建立起业内普遍认同的、普遍适用的IP价值评估标准，建立IP评估模型，从内容建设、品牌建设、市场运营等多维度判断IP的所具备的潜力、优势，对IP进行价值衡量，与制作商、投资者形成对接，在IP运营时做到有的放矢。这已成为当前数字内容产业打造IP的共同诉求，也已成为近年来业内研究者需要攻克的一项重要课题。

（五）健全数字出版行业分类和统计指标体系

2017年6月30日，由国家统计局起草，国家质量监督检验检疫总局、国家标准化管理委员会发布了最新修订的《国民经济行业分类（GB/T 4754—2017）》，从2017年10月1日起正式实施。该标准添加了数字出版的行业分类代码（代码为8626，其释义为：指利用数字技术进行内容编辑加工，并通过网络传播数字内容产品的出版服务），首次在国民经济行业分类的层面上给予"数字出版"以一个独立的身份，由此也意味着数字出版对国民经济发展所发挥的地位和作用得到肯定。下一步要明确数字出版的行业细分类目，确定相关术语规范。随着数字出版的快速发展，产品形态日益丰富多元，在互联网环境下，不同领域之间的交叉融合也在日趋加深。因此，有必要进一步明确数字出版的概念与范畴，科学界定数字出版的内涵与外延边界，需要结合网络出版服务许可资质对网络出版服务领域的分类，并根据当前我国数字出版业务发展状况和需求进行划分。划分数字出版行业细分类别，并建立科学、完善、有可操作性的数字出版统计指标体系，已成为当前影响数字出版产业发展全局性、基础性问题，主要具有两方面意义：一方面是为了能够更加真实、清晰、客观、全面地把握数字出版发展的实际水平；另一方面可有助于主管部门在行业引导与管理过程中做到更加有的放矢，各项政策与举措更加精准到位，引导数字出版产业向更高质量、更有效率、更加规范、更可持续的方向发展。做好这项工作的主要包括以下几个层面：一是要明确数字出版的产业形态及相关概念释义，确定相关术语规范；二是明确数字出版的市场主体结构和影响因素，明确统计范围；三是明确统计对象和统计方法，建立数字出版统计指标，构建统计模型，实现数字出版统计工作的常态化和长效化。此外，为适应数字出版的快速发展下，数字出版形态和市场主体的多元化需建立动态统计机制。

（毛文思　中国新闻出版研究院）

第五节　2017—2018中国印刷业发展报告

2017年，国内外经济复苏向好态势明显。国际上，约120个经济体经济增速出现上升，全球经济增速达到3.7%；国内，我国GDP同比增速达到6.9%，比2016年提高0.2个百分点，系2011年以来同比增速首次出现回升。

稳定、向好的国内外经济环境，为印刷业的发展提供了良好的发展环境和增长动能。2017年，我国印刷业回暖迹象明显，产业规模继续扩大，企业投资意愿明显回升，规模以上工业企业主要经济指标创近年来较好水平。

与此同时，受各种复杂因素的影响，纸张价格在2017年出现失控飙涨，部分纸种价格涨幅一度超过100%，给印刷企业带来较大的经营压力；国家环保治理力度不断加大，印刷企业面临的环保刚性约束不断加强，部分企业由于废水、废气和固体废弃物排放、处理不规范、不达标，被给予罚款、停限产，甚至关厂等各种处罚。

纸价、环保治理等外部因素，既给印刷业带来了挑战，又促使印刷企业反思原有发展模式，并在一定程度上加速了行业去产能的进程，坚定了印刷企业推进绿色发展和产业转型的决心和信心。

总之，2017年，印刷业面临的内外部产业环境可谓冰火两重天。产业外部，国内外经济复苏向好；产业内部，纸价飙涨、环保治理令印刷企业压力重重。在复杂的市场环境中，印刷业顶住压力，抓住机遇，最终交出了一份不错的答卷。

一、2017年中国印刷业发展的亮点

（一）行业触底回暖态势确立，规模以上企业利润率回升

2012年以来，随着国民经济的换挡减速，我国印刷业也迎来了调整期，主

要表现为，印刷总产值增速持续放缓，印刷业利润总额下行态势明显。

据行业主管部门统计，2012年，我国印刷总产值同比增速为9.6%，自改革开放以来，首次低于10%。2013—2016年，印刷总产值增速持续走低，到2016年已经降至2.7%。

在印刷总产值增速下滑，但总量仍保持增长的同时，我国印刷业的利润总额自2013年起持续下行，由772.2亿元降至2016年的675.3亿元。这表明，印刷业的平均利润率在下降。

规模以上的工业企业是印刷业的主力军，发展态势是整个行业的缩影。据国家统计局统计，2013—2016年，印刷和记录媒介复制业规模以上的工业企业利润增速持续低于营业收入增速。2016年，在营收同比增长4.5%的情况下，印刷和记录媒介复制业规模以上的工业企业利润总额下滑4.5%，体现了整个行业面临的盈利压力。

2017年，随着国民经济增速的回升，印刷业回暖迹象明显。这在规模以上的工业企业的主要经济指标中得到了体现：印刷和记录媒介复制业规模以上的工业企业全年实现营收8 163.1亿元，同比增长6.5%；利润总额558.7亿元，同比增长6.9%，利润增速比营收增速高出0.4个百分点，表明印刷业的平均利润率出现回升。对连续多年处于"增产不增收"状态的印刷企业而言，这是一个积极的信号。

（二）印刷企业投资意愿回升，技改力度加大

企业投资意愿高低是行业景气度的重要风向标。近年来，随着印刷总产值增速的持续走低，长期处于高速增长产业环境中的印刷企业，感受到了前所未有的压力，体现在日常经营决策中就是发展信心不足，投资意愿低迷。

胶印机是我国印刷企业的主力生产设备之一，主要依赖进口。胶印机进口量和进口金额的走势，从一个侧面体现了印刷企业投资意愿的高低。根据国家海关总署统计的数据，近年来，我国胶印机进口量和进口金额的高点均出现在2011年，分别为1 364台、11.11亿美元。2011年之后，这两项指标基本呈现一路下跌走势，到2016年分别降至625台、4.14亿美元，比2011年各减少54.18%、62.74%。由于印刷企业投资意愿不高，国际胶印机企业在我国不断收缩战线，国内胶印机企业更是出现了倒闭潮。

2017年，受宏观经济向好，印刷业利润率出现恢复性增长等各种积极因素的影响，印刷企业的投资意愿回升明显，技改力度有所加大。从整体上看，印刷企业投资的重点主要集中在两个方面：一是多色、大幅面、高效率的印刷机，二是能够替代手工劳动的自动化印后加工设备。

据统计，2017年，我国胶印机进口量达到1 069台，同比增长71.04%；进口金额达到5.42亿美元，同比增长30.92%。前者是自2013年以来首次实现正增长，后者则是自2011年以来首次实现正增长。

（三）创新发展不断推进，印刷电商在分化中前行

2017年，印刷业创新发展、转型升级的探索仍在继续，以合版印刷、印刷电商为主的新型商业模式不断成熟与完善，为行业发展增添了新的动能。

在合版印刷领域，经过10余年时间的发展，我国已经涌现出一批注重效率、设备精良、初具规模的大中型合版企业。它们充分利用互联网和现代信息技术，将胶印机的生产效率发挥到极致，重塑了商业印刷市场的竞争规则，对印刷业的市场格局产生了很大影响。

在印刷电商领域，相对于2016年的融资高潮，整个市场相对平静，部分企业由于定位不清、发展缓慢、严重亏损，不得不进行战略调整，甚至退出市场。从整体上看，2017年的印刷电商领域处于调整、蓄势的过程中，分化是市场的主基调。在部分企业进行反思、调整的同时，以阳光印网、世纪开元为代表的企业在商业模式构建和企业发展方面取得了积极进展。

其中，阳光印网通过引入产业链金融和工业品超市，进一步完善了商业生态，并更加注重合作印刷企业的标准化、智能化建设。世纪开元将"新零售"概念引入企业的经营实践，在保持线上竞争优势的同时开始向线下拓展。

与此同时，包装印刷电商的兴起也是2017年印刷电商领域的一个亮点。同样来自广东的创业公司小彩印和裕同科技旗下的电商品牌盒酷，均以纸盒为主要产品，在商业模式上与侧重商业印刷品的电商有明显不同，未来发展值得关注。

（四）绿色印刷积极进展，标准体系更加完善

印刷业不是重污染行业，但在政府主管部门和行业协会的积极推动下，自

2010年开始主动践行绿色发展理念，推行绿色印刷，取得了一系列成果。

2017年，国家对环保治理的力度进一步加大。广大印刷企业主动作为，积极采用绿色印刷设备、工艺和原辅材料。截止到年底，全国已有1 200多家印刷企业通过"中国环境标志产品认证"，认证企业数量在各行各业中位居前列。全国中小学教科书已经连续三年实现绿色印刷全覆盖，在票据票证、纸塑包装印刷领域，绿色印刷的应用范围也日益广泛。

同时，我国与绿色印刷有关的标准、实施、检测、认证体系进一步完善。2017年，国家新闻出版广电总局颁布了3项绿色印刷行业标准，即：CY/T 130.2—2017《绿色印刷 通用技术要求与评价方法 第2部分：凹版印刷》、CY/T 132.2—2017《绿色印刷 产品合格判定准则 第2部分：包装类印刷品》、CY/Z 26—2017《绿色印刷标准体系表》。

至此，我国新闻出版行政部门已经累计发布7项绿色印刷行业标准为，涵盖了平版印刷、凹版印刷两大最主流的印刷工艺，阅读类印刷品和包装类印刷品两类最主要的印刷产品，基本能够满足印刷企业实施绿色印刷的要求。此外，还有一项柔性版绿色印刷标准正在制定中。

（五）资本化进程仍在延续，4家印刷企业登陆A股

近年来，印刷业的一个显著变化是行业企业资本意识觉醒，资本化进程加速。这主要表现为，主动寻求上市或以其他形式对接资本市场的印刷企业越来越多。2016年是印刷企业上市的"大年"，有裕同科技、吉宏股份、环球印务等7家印刷产业链企业在A股上市，创造了新的纪录。

2017年，印刷企业闯关IPO的数量有所减少，但仍有4家印刷企业在A股挂牌，上市企业数量高于以往多数年份，这表明印刷业加速资本化的进程仍在延续。

与2016年的7家企业集中在下半年挂牌不同，2017年上市的4家企业挂牌时间相对分散，贯穿全年。它们分别是：1月上市的集友股份，8月上市的澄天伟业，9月上市的创源文化，10月上市的翔港科技。其中，集友股份、翔港科技在上交所主板挂牌，澄天伟业、创源文化则在深交所创业板挂牌。

这4家企业分别来自安徽安庆、广东深圳、浙江宁波和上海市，主营业务各有特色。集友股份的主要产品是烟用接装纸，从大的范畴而言，可以归类为

烟包；澄天伟业主要从事智能卡卡基制造和封装；创源文化是一家外向型企业，主要产品是笔记本、计划本、便签本、贺卡、礼品包装袋等；翔港科技则是一家以纸盒、标签、手提袋等产品为特色的包装印刷企业。

除了已经上市的4家企业，2017年还有多家企业预披露了招股书，处于IPO排队待审过程中。

二、中国印刷业发展面临的挑战

2017年，我国印刷业稳中有进，在取得一定成绩的同时，也面临着一些严峻的挑战。

（一）原材料价格持续走高，印刷企业经营压力加大

自2016年10月开始，连续多年持稳的印刷用纸价格突然大幅飙涨。进入2017年后，纸价走势虽然有所反复，但整体上仍呈现为失控飙涨，且涨价范围从初期领涨的原纸、瓦楞纸、卡纸等包装用纸，蔓延到新闻纸、双胶纸、铜版纸、复印纸等文化用纸。

为了打击纸价上涨过程中的联合控价行为，国家发改委指导浙江省物价局对杭州富阳造纸协会及17家造纸企业实施价格垄断的行为给予处罚，杭州富阳造纸协会被依法撤销登记，17家造纸企业被合计处以778万元的罚款，但这仍未能遏制纸价失控飙涨的势头。8月，国家统计局有持续监控的高强瓦楞纸价格即创出年内高点，达到5 730元/吨，同比涨幅超过100%。

纸价的过快上涨给印刷企业的正常经营带来了巨大压力，部分中小企业由于无法快速将成本上涨压力向下游客户转移，利润率大幅下降，甚至出现亏损。由于在纸价上涨过程中，造纸厂及部分经销商过于强势，印刷产业链上下游企业之间的关系空前紧张，全国多个地方出现了印刷企业联合抵制无序涨价造纸厂的情况。

在纸价失控的同时，版材、油墨等印刷常用原辅材料的价格也出现了不同程度的上涨。对于成本转移能力相对较弱的印刷企业来说，主要原辅材料价格

的轮番、过快上涨，给其正常的生产经营活动带来了巨大的压力。部分中小企业由于无力承担价格上涨带来的成本压力，被淘汰出局。

（二）环保刚性约束增强，印刷企业环保治理压力不断加大

2017年，为了打好污染防治攻坚战，特别是打赢蓝天保卫战，我国环保治理的力度继续增强，全国各个省市自治区均经历了一轮空前严格的环保督查。印刷企业由于在生产过程中存在一定的VOCs排放，在环保督查和各地环保部门组织的日常执法行动中，成为监督检查的重点，很多企业由于环保治理不规范、不达标，被给予罚款、限产、停产，甚至关厂处罚。尤其是在北京、上海、广州等一线城市，环保治理与城市核心区工业企业疏解相互叠加，给印刷企业带来了较大的外迁压力。

2017年5月，日本凸版印刷公司旗下的上海凸版有限公司和上海凸版印刷有限公司，由于废气排放问题被合计处以235万元的罚款，在印刷企业中产生了很大的震动；7月，国际包装巨头利乐包装位于广东佛山的工厂，由于污染扰民问题，不得不停产关厂。

为了推动京津冀及周边地区大气环境质量持续改善，环保部于2017年4月启动为期一年的大气污染防治强化督查，环保部在公布督查情况时指出，28督查组加大对VOCs排放企业的督查力度，发现橡胶、机械制造、胶合板材、包装印刷等行业问题较为突出。

在北京地区，在加大环保治理力度和疏解非首都核心功能的双重压力下，很多印刷企业选择外迁河北、天津，这在一定范围内引发了印刷产能的区域重配，对在京出版单位的图书、期刊印刷造成了一定的影响。

在VOCs排放成为印刷企业环保治理重点的同时，部分印刷企业还由于废水排放、固体废弃物处置问题被给予各种处罚，位于四川成都的一家印刷厂，甚至由于偷排含有显影液的冲版水，导致4名相关责任人被批捕判刑。

总之，日益刚性的环保约束给印刷企业的发展带来了深远的影响。

（三）细分市场走势分化，部分印刷企业遭遇较大经营压力

2017年，我国印刷业整体走势向好，产业总量有触底回升迹象，行业平均

利润率有所回升。但从各细分市场的走势看,行业企业可谓苦乐不均,在整体回暖的同时,部分企业受各种因素影响,面临了较大的经营压力。

从印刷业上市公司和新三板挂牌印刷企业年报看,2017年行业回暖的拉动力主要来自纸箱印刷企业。自2016年10月开始,瓦楞纸价格率先启动,大幅上涨,由于涨幅远远超出印刷企业的承受能力,为纸箱印刷企业调整供货价格,建立更为良性的价格形成机制,提供了机会,这带动了纸箱印刷企业经营效益的提升。在其他多数印刷细分市场,由于纸价上涨压力,无法快速向下游行业传递,印刷企业的盈利空间被不断压缩,经营压力继续加大。

同时,在商业印刷领域,由于合版印刷企业的崛起,既有市场格局被深刻改写,部分传统商业印刷企业的订单不断流失,可持续发展能力减弱;在票据印刷领域,由于"营改增"的实施和票据无纸化趋势,市场需求不足的问题日益凸显,尤其是原本以地税票据印刷为主业的企业,订单面临断崖式下滑,不少企业都身陷生存危机;在烟包印刷领域,市场总量基本见顶,市场份额加速向少数大型、优势企业集中,中小烟包企业营收增长乏力。

(四)人才供给不足问题依然严峻,智能化进展相对缓慢

近年来,随着我国劳动年龄人口增长拐点的出现,印刷业作为传统实体经济行业,对各层次人才的吸引力有所减弱,面临人才供给不足的问题。

大专院校是行业中高端人才的入口和培养基地。由于招生、就业情况不够理想,过去几年,已经有江南大学、杭州电子科技大学等院校停招印刷工程专业,部分职业技术院校由于生源不足,印刷专业也面临难以为继的问题。大专院校停招或缩减印刷专业招生规模,影响了我国印刷业中高端人才的培养与供给,为行业的长期发展埋下了隐患。同时,在一般工人的招聘、留用过程中,印刷企业由于劳动强度相对较大,薪酬竞争力不足,普遍面临招工难、留人难的问题。

人才供给不足的问题困扰行业多年,2017年这一问题依然严峻。中高端人才储备不足,低端人才招用困难,正成为困扰行业长期发展的瓶颈问题。面对一般工人和操作人员的招、用难题,近年来部分印刷企业试图通过引进自动化、智能化设备,建设智慧印厂予以化解,并取得了一定成效。但从整体上看,由于缺少全盘规划和统一布局,多数印刷企业信息化基础薄弱,设备之间

兼容性差，难以实现顺畅的数据和信息交换，离真正意义上的智能化和智慧工厂建设还有较大的差距。

三、对促进中国印刷业平稳发展的建议

当前，我国印刷业正处于转型升级、提质增效的关键期，数字、网络技术的发展既对新闻出版、商务宣传、商业票据等下游行业形成了冲击，减少了对印刷品的需求，同时也为印刷企业商业模式的创新提供了可能。与此同时，环保治理、纸价波动等外部因素又加剧了印刷市场的分化、重整，甚至对印刷业的长远走势产生了深刻的影响。

面对错综复杂的经济和产业形势，《印刷业"十三五"时期发展规划》为行业指明了"绿色化、数字化、智能化、融合化"的发展方向。要将规划的要求真正落到实处，还要进一步加强对印刷企业的具体引导和扶持，帮助企业正确认识行业形势，制定符合实际、科学有效的发展战略，寻求新的发展动能。

（一）加强对产业形势的分析和研判，帮助企业认清趋势、看清方向

我国印刷业产值总量过万亿，是新闻出版业和文化产业的重要组成部分，是国民经济重要的产业部门。但在长期的发展过程中，我国印刷业一直存在重视技术研发和设备升级，轻视产业研究的倾向。迄今为止，国内仍缺少专业化、上规模的印刷产业研究、分析机构，这不利于引导行业企业认清趋势，做出科学有效的战略决策。

建议行业主管部门统筹协调系统内大专院校、科研机构的研究力量，针对当前行业发展中的热点、难点问题，专题立项、专业攻关，进行全面、系统的分析和研判，形成翔实、可信的研究报告，帮助和引导企业更好地认清趋势、看清方向，采取有效措施应对各种挑战。

（二）加强行业人才培养和评价体系建设，保证行业中高端人才供给

人才是行业发展的基石。面对当前印刷业中高端人才储备不足，低端人才

招用困难的问题,建议由行业主管部门牵头,联合行业协会、大中专院校,以专题调研的形式,切实摸清行业中高端人才培养中面临的实际问题和实际困难,统筹协调业内外资源,加强对印刷业的对外宣传和推广,改变社会上对印刷业的片面认识,提升印刷业的社会形象和社会地位,进而增强对各层次人才的吸引力。

同时,要提高大专院校办好印刷专业的信心,帮助其解决发展过程中面临的实际问题,进一步完善印刷业中高端人才的评价体系,让人才能够得到充分的认可和尊重。

(三)优化行业监管体系,对创新发展给予鼓励和支持

近年来,我国印刷业正处于转型升级、创新发展的关键期,以印刷电商、合版印刷、按需印刷、智慧印厂为代表的新型商业模式和生产组织方式层出不穷,印刷业务的跨区域,甚至跨国界流动越来越多。由于订单聚合、获取方式的不同,印刷电商、合版印刷、按需印刷在印刷合同签订、承印验证、登记,印刷品审核、备案等方面,与传统印刷企业均存在着很大的差异。如何在强化创新型企业守法合规意识的同时,优化行业监管法律法规,为创新提供空间,已经成为一项十分重要的课题。

同时,建议行业主管部门争取设立专项基金,为印刷企业进行商业模式创新,建设智慧印厂等给予必要的扶持,以在全行业形成鼓励创新、支持创新的良好氛围。

(刘成芳　中国新闻出版研究院)

第六节 2017—2018中国出版物发行业发展报告

2017年，党的十九大胜利召开，习近平总书记的十九大报告从事关中华民族伟大复兴的战略高度，深刻阐述了文化发展的重大意义，提出了推动社会主义文化繁荣兴盛、建设社会主义文化强国的战略部署，标志着中国特色社会主义文化也进入了发展的新时代。2017年是国家"十三五"发展的重要一年，随着国家、政府近年来一系列促进发行业、实体书店发展的政策、法规出台并付诸实施，图书发行业迎来了全新发展的黄金期。

一、2017年中国出版物发行业的基本情况[①]

（一）行业主要经济指标连续4年实现正增长

2017年全国出版物发行单位出版物销售总额3 703.66亿元，同比增长5.9%；营业收入7 976.9亿元，同比增长16.3%；利润总额442.96亿元，同比增长45.3%；资产总额9 916.94亿元，同比增长3.4%；从业人员115.6万人，同比增长5.5%，主要经济指标连续4年实现正增长，总体规模进一步扩大。

2017年，出版物销售额排名前10名省份与2016年相同，均是位于东部和中部地区的人口大省，分别为：北京、江苏、山东、湖北、浙江、广东、湖南、江西、安徽、河南。前10名省份出版物销售额占全国的68.9%，是排名后10名省份出版物销售额的近9倍。从增速看，出版物销售额增速前10名中，

[①] 本文数据来源于国家新闻出版署印刷发行司年检数据。

有4个是西部省份，分别为：宁夏、内蒙古、重庆、青海。内蒙古、广东、湖南、青海连续两年进入增速前10名。

2017年，东中西地区出版物销售额呈现出东西部增长，中部减少的特点。其中，东部地区9省（市）出版物销售额1 959.94亿元，同比增长10.4%，占全国的52.9%，比2016年提高了2个百分点；中部地区10省出版物销售额1 138.6亿元，同比减少2.8%，占全国的30.7%，比2016年降低2.8个百分点。西部地区12省（区、市）出版物销售额605.12亿元，同比增长9.8%，占全国的16.3%，比2016年提高了0.5个百分点；东部地区出版物发行网点数量增速较快，占比持续扩大，中西部地区网点数量均有所萎缩。

（二）发行单位、发行网点连续3年下降后首次回升，国有出版物发行单位仍是主力

截至2017年底，全国共有出版物发行单位116 656家，同比增长0.01%；出版物发行网点225 195个，同比增长4.3%，发行单位数量、发行网点数量继连续3年下降后首次出现回升。从城乡结构来看，2017年，全国共有县及县以上发行网点177 960个，同比增长3.9%；乡镇及以下发行网点47 235个，同比增长5.6%，乡镇及以下发行网点增速略高于城市网点增速。由于乡镇及以下网点基数小，城乡差距仍然较大，网点数量比例约1∶4。从区域分布来看，2017年，东部地区出版物发行网点数量增速较快，占比持续扩大，共有出版物发行网点113 611个，同比增长16.3%，占全国的50.5%。中西部地区网点数量均有所萎缩，中部地区共有出版物发行网点70 070个，同比减少5.8%，占全国的31.1%；西部地区共有出版物发行网点47 530个，同比减少5.6%，占全国的18.4%。

2017年，国有出版物发行单位仍占据市场主体地位。全国共有国有出版物发行单位7 110家，占发行单位总数的6.1%，出版物销售1 976.04亿元，同比增长7.6%，占出版物销售总额的53.4%。

全国新华书店系统实现出版物销售1 292.57亿元，占全国出版物销售总额的34.9%；共有出版物发行网点13 493个，占全国的6%，其中，县及县以上网点9 189个，占全国的5.2%，乡镇及以下网点4 304个，占全国的9.1%。2017年，全国共有1 000平方米以上的实体书店909个，比上年增长10.9%；

以新华书店为主的国有或国有控股书城达 736 个，占比 81%。其中，5 000 平方米以上的大型书城 133 个，出版物销售额 71.34 亿元。从地域看，山东、浙江、江苏、广东、安徽等省大书城数量排在前列。深圳书城中心城以 4.2 万平方米营业面积位居大书城营业面积第一。

2017 年新华书店系统出版物销售额排名前 10 位企业降序依次是江苏凤凰、山东新华、湖南新华、浙江新华、安徽新华、江西新华、新华文轩、河南新华、云南新华和河北新华。

（三）民营及其他发行单位同比增长，邮政系统和外资发行企业同比下滑

2017 年，全国共有民营及其他发行单位 108 723 家，实现出版物销售 1 633.42 亿元，同比增长 5.4%，占全国的 44.1%。2017 年民营企业出版物销售额排名前 10 位的降序是北京人天书店有限公司、中南博集天卷文化传媒有限公司、山东世纪金榜科教文化股份有限公司、湖北三新文化传媒有限公司、新经典发行有限公司、新经典文化股份有限公司、山东金榜苑文化传媒有限责任公司、昆明新知集团有限公司、北京磨铁图书有限公司、江西金太阳教育研究有限公司和山东世纪天鸿文教科技股份有限公司。

2017 年，全国邮政系统共有出版物发行单位 2 525 家，出版物发行网点 47 494 个，出版物销售额 130.72 亿元，同比减少 13%，占全国出版物销售总额的 3.5%。其中，中国邮政集团河南省分公司以 47.97 亿元位居出版物销售额第一，湖南分公司以 8 021 个网点位居网点数量第一。

2017 年，全国共有外资发行企业 817 家，出版物销售额 94.2 亿元，同比减少 29.8%，占全国的 2.5%。外企发行单位主要集中在上海（162 家）、江苏（120 家）、广东（73 家）、北京（64 家）、福建（60 家）、陕西（48 家）、四川（44 家）、湖北（40 家）、辽宁（35 家）、浙江（35 家）等 10 个省市合计 681 家，占全国外资发行企业总数的 83.4%。

（四）发行流通体系持续完善，线上销售持续增长

截至 2017 年年底，全国共有出版物批发单位 11 806 家，占全国的 10.1%，

设发行网点 115 867 个，占全国的 51.5%；从业人员 635 670 人，占全国的 55%；实现出版物销售 2 805.05 亿元，占全国的 75.7%；营业收入 6 016.95 亿元，占全国的 75.4%；资产总额 7 581.47 亿元，占全国的 76.5%。

全国共有出版物零售单位 104 850 个，占全国的 91%；所属发行网点 109 328 个，占全国的 48.5%；从业人员 520 022 人，占全国的 45%；实现出版物销售额 898.62 亿元，占全国的 24.3%；营业收入 1 959.95 亿元，占全国的 24.6%；资产总额 2 335.48 亿元，占全国的 23.6%。

全国网上书店实现出版物销售 506.7 亿元，增速 14.3%，占全国出版物销售总额的 13.7%，比 2016 年提高了 1 个百分点。排名前 5 位的网上书店分别为北京当当网信息技术有限公司、江苏圆周电子商务有限公司（京东）、亚马逊（中国）、四川文轩在线电子商务有限公司、博库网络有限公司，出版物销售额共 217.34 亿元，占网上书店销售总额的 42.9%，产业集中度进一步提高。四川文轩在线电子商务有限公司、博库网络有限公司两家新华书店网上书店进入前 5 名。

2017 年，除山西、黑龙江、广西、海南、贵州、西藏、青海、宁夏、新疆外，已有 22 个省、自治区、直辖市的新华书店开展了网上出版物发行业务，排名前 5 位的新华书店网上书店依次为四川文轩、浙江博库、江苏凤凰、广东新华、上海新华。

二、2017 年中国出版物发行业现状

（一）发行业转型升级成效显著，实体书店零售走出负增长

在政策引领和市场需求双重驱动下，出版物发行业迎来一系列的变革发展，出版发行企业加大了全媒体、全渠道、多业态全面变革发展的力度，持续提升企业的技术应用能力；发力大教育、大物流等延展产业链，向平台型社会化企业转型；通过"走出去"寻求全新发展路径；通过多种形式的资本运作，增强企业整体运营能力。作为发行主渠道、主阵地的实体书店零售更是在 2017 年走出了负增长态势，实现了 2.33% 的同比增长。

线下，实体书店进一步加强了转型升级改造的实践与落地，力度加大、步伐加快，大到文化综合体，小到个性化特色小书店渐次涌现，实体书店进入了主业+多元同步发展的 3.5 代或 4.0 代时代，初步构建起了线上与线下渠道融合、线下细分市场多品牌经营、网点布局不断优化、产品线与服务链进一步丰富、科技支撑程度不断提高的阅读服务新格局。

线上，京东、当当、天猫平台 2017 年实现三足鼎立，亚马逊中国整体影响减弱；自媒体、微店平台的图书销售也值得关注；同时随着社群电商的崛起，加上部分新华系电商在企业内部调整中迎来变化契机，如博库网 2017 年正式独立，文轩网获得独立采购权等，中国线上书店正呈现出全新的发展态势。

（二）出版物发行业加快从文化销售商向阅读服务提供商转型

近年来，实体书店转型、升级成效显著，新华书店立足传统优势，形成了集大书城、中心门店、专业书店、特色书店、小微书店和 24 小时书店有序分布的、"大中小特"相结合的发行体系，辅之线上平台协同发展的新发行体系，智慧书城加速应用、24 小时书店飞速发展、图书+多元经营持续优化，整体功能持续加强、服务水平显著提升，向城市文化空间和平台的新定位靠拢，实现从文化销售商向阅读服务提供商的转变。

2017 年，民营书店加大了门店拓展与转型升级的步伐，以言几又、西西弗、方所、钟书阁为代表的全国知名民营连锁书店，通过资源整合、资本运作、联合运营等举措，快速扩张，短期内将门店开到了全国各地，2017 年西西弗书店新开门店 51 家，总量达到 111 家；钟书阁 2017 年跨省开店总数超过 10 家。这些具有鲜明设计特色、业态组合、经营理念、图书选品的新型民营连锁书店在北京、上海、苏州、成都、沈阳等地区的落地，短期内便引起了各地读者和业界的广泛关注，不少书店已成为当地新的文化地标，已成为实体渠道的重要组成部分，为实体书店的发展注入了新活力。

2017 年，京东、当当、天猫三家分庭抗礼的新格局形成，亚马逊中国失去了曾经的地位。同时，以京东、当当为代表的线上书店，也迎来了高速发展的"天花板"，加速转向线下实体书店拓展。京东图书发力大文娱，推出线下无界零售的概念；当当全面布局线下实体书店，2017 年拓店超过 140 家。

（三）科技助力供应链升级，线上繁荣促物流迭代

随着实体书店主推的"互联网+"战略、O2O 平台建设、大数据平台建设等新技术应用的落地，实体书店线上线下融合发展进程加快。在流通管控方面，出版发行业更加注重供应链的协同，出版上下游、发行业各环节信息共享、利益分享的新型合作机制和工作模式日益显现。

越来越多发行集团持续发力物流转型，在传统出版物流发展的基础上，积极转型为服务文化与民生的平台型物流企业，打造大物流生态系统，建立数字化平台型物流公司。如安徽新华 2017 年持续加快推进三大物流园区建设，按照整体布局在安徽省建立一个高效的物流运作网络。河南新华紧抓第三方物流建设，加快推动第三方物流建设和整合运营服务在河南省的全面铺开。江西新华 2017 年持续推进企业智慧物流配送体系建设，打造智慧物流提升物流产业信息化、智能化、标准化水平。

民营品牌连锁书店盘整供应链，延展新业态，发力现代大物流的工作也做出了诸多成绩。2017 年 3 月，言几又集团物流中心正式投入运营；2017 年 4 月，湖南弘道书店 1 万余平方米的自有物流仓储中心正式启用，加上已初具规模的陕西嘉汇汉唐、上海钟书、西西弗等知名连锁书店物流拓展，民营品牌连锁书店的物流建设已进入了新时代，门店建设迈入了发展新的阶段。

2017 年，全国仓储面积在 5 000 平方米以上的出版物物流中心共计 195 个，比 2016 年增长 13.4%。其中，国有物流中心 114 个、民营 72 个、外资 9 个，东部地区仍保持其传统物流优势。全国物流中心仓储面积总计 506.82 万平方米，增长 20.7%，年发货量码洋总计 1 310.45 亿元，增长 9%。从仓储面积看，北京发行集团以 25 万平方米排名第一；从出版物年发货量看，江苏凤凰以 78 亿元码洋排名第一。

三、当前出版物发行业发展建议

随着 2016 年前后国家出台的一系列扶持政策在 2017 年的相继落地，以及

全民阅读工作的持续推广，发行业将迎来战略发展的新机遇。一方面，随着近年来实体书店转型升级发展，发行业全渠道布局将是大势所趋。另一方面，融合发展将成为未来发行业尤其是实体书店发展的总基调。

（一）要将实体书店作为生活空间的重要组成部分进行全新打造

1. 网点布局线下要点面结合、统筹兼顾；线上平台要赢得更大发展空间

实体书店要按照城乡人口规模、流动趋势和区域功能，建立以大城市为中心、中小城市相配套、乡镇网点为延伸、数字终端为补充的贯通城乡的实体书店服务体系，统筹兼顾城市、乡镇、社区、商圈、校园，形成合理布局、协调发展的良性格局。各大发行企业也加大了对线上平台的关注力度，实现空间上的互联和线上线下的互通。

2. 将智能书店打造成实体书店发力新零售的重要入口

智慧书城将全面普及，实现线上平台与线下书店的有机融合发展，将会使自助售书书店甚至无人售书书店成为可能。实体书店的边界会越来越模糊，将涌现出一大批特色文化因子与特色商业因子结合裂变的书店新物种，并通过运用大数据、人工智能等先进技术手段，对商品的生产、流通与销售过程进行升级改造，对线上服务、线下体验以及现代物流进行深度融合，创造书店零售新模式。

3. 要不断丰富实体书店的功能、业态，实现双效有机统一

实体书店将围绕"书"与"店"的核心，为满足"读者"与"人"的需求不断探索升级；通过拥抱互联网、新零售、新科技，探索"书店＋互联网＋移动支付＋AI创新技术"，实现线上线下融合发展。实体书店科技感、时代感和体验感将持续增强，与新技术、新应用的结合更为紧密，与大文化、大教育的融合程度不断提高，与商业零售、生活消费的嵌入更趋交融，实现双效统一。

4. 要将实体书店作为公共文化服务的重要载体

实体书店要突出向文化中心的转型升级，体现更多公益性质，发展成为创意产品的集聚空间，延伸出创意汇聚、思想交流、文化享受等多样活动，承担超越已往的文化功能，成为公共文化服务的重要载体，成为文化事业与文化产业的综合体。

（二）持续推进融合发展，改变传统发行业整体形象

1. 文化融合

发行业正加快从产业经营到生态经营、从传统出版物发行商到大文化运营与服务提供商的转型步伐，正全力推动"文化+"的升级拓展，实现"文化+图书+特色经营"的整体形态真正动销。

2. 科技融合

互联网、物联网、VR、人工智能等技术将加速融入发行业，现代物流、物流智能化、供应链更加完善，催生出新的商业模式，如新华文轩"文轩云图24小时自助图书馆"运行，浙江新华"芸悦读"服务平台上线等，技术进步与升级使很多以前难以实现的想法与功能变成了可能。

3. 资本融合

发行业要通过重点项目或通过强大资本为抓手，开疆辟土，扩大经营；或通过资源整合，以先进管理为依托，融合发展，提质增效；或通过模式输出，以先进理念为引领，全面合作，共生共赢。如重庆新华正在建设的解放碑时尚文化城，凤凰传媒正在推进的凤凰文化广场建设、深圳出版发行集团的合肥书城项目等，通过重点项目建设，促进产业升级与融合。

4. 产业融合

线上线下深度融合的全渠道模式是大势所趋，"销售图书+综合服务"将成为发行业未来发展的新趋势。出版物发行企业立足于书籍，借助书籍延展经营空间，借助于互联网推进线上线下融合，打造体验性阅读服务平台。产业融合已是产业发展的现实选择和必然趋势，"实体书店+""文化+""互联网+"将成为产业融合发展方向。

5. 全媒融合

全媒体时代，多元营销方式正使得出版物发行企业在营销上不放弃一切可借鉴方式、方法，强化品牌营销力。出版物发行企业的融合发展是大势之趋，但也会逐渐分化，在产业链某个环节具有显著优势的企业，将会有更强的能力进行产业整合，实现更好发展。

（成永利　中国书刊发行业协会）

第三章 专题研究报告

第一节　2017年出版上市企业发展报告

截至2017年12月底，沪深两市共有出版上市公司21家。2017年，出版上市企业积极贯彻落实党中央关于文化建设的各项重大部署，把社会效益放在首位，努力在坚持社会效益的前提下实现经济效益与社会效益的统一，进一步推动新闻出版业转型升级和融合发展，主业挺拔，持续供给优质出版产品，实现了较为稳健的发展，但发展过程中也出现了一些值得重视的问题，这些问题需要在下一步改革和发展中逐步解决。

一、2017年出版上市企业发展总体情况

这里纳入本报告统计范围的21家出版上市公司分别是（排名不分先后）：长江传媒、新华传媒、出版传媒、时代出版、中文传媒、中文在线、凤凰传媒、中南传媒、皖新传媒、大地传媒、天舟文化、城市传媒、读者传媒、新华文轩、南方传媒、中国科传、新经典、中国出版、掌阅科技、世纪天鸿和山东出版。2017年21家出版上市企业实现营业总收入1 084.06亿元，较2016年增长3.0%；净利润总额118.65亿元，增长7.4%。资产总额为1 752.92亿元，较2016年增长9.4%。以同口径计算，除去6家新上市出版企业，其余15家出版上市企业的营业总收入为898.06亿元，较2016年上涨1.0%；净利润总额为92.12亿元，增长4.0%；资产总额为1 426.67亿元，同比2016年增长5.0%。

从总体上看，2017年出版上市企业在营业收入、总资产和净利润方面相比上一年度略有增长，但是大部分出版上市公司的业绩增长速度比较缓慢，有部分公司的传统出版业务甚至出现了下滑。其中超过半数的出版上市公司毛利率较2016年相比下降，传统出版业务出现增长乏力的局面。2017年出版行业资

本运作活跃，出现了出版股上市的热潮，民营出版企业尤其受到资本市场的追捧，出版上市企业通过多种方式开展资本运作，推进文化与金融深度融合。以数字出版为主营业务的出版上市企业保持了迅速增长的态势，国家支持政策对于数字出版业务的保障进一步增强，数字出版的市场规模进一步扩大，技术研发进一步加快。出版上市企业的转型发展提速，主营业务朝着精品化方向发展，产业链布局不断延伸走向纵深，并紧跟移动互联网阅读新模式的潮流，积极布局电商营销的新渠道。此外，出版上市企业还积极履行社会责任，落实精准扶贫任务，倡导绿色经营理念，促进节能环保，并举办了一系列公益活动。

二、出版上市企业发展状况分析

（一）总体增速放缓

1. 收入增长情况

2017年出版上市公司的营业收入增长情况如下。

表1　2017年出版上市公司的营业收入增长情况

单位：万元，%

证券代码	公司简称	2017年营业收入	2017年增长率
600373.SH	中文传媒	1 330 604.76	4.15
600757.SH	长江传媒	1 123 186.34	-18.86
601928.SH	凤凰传媒	1 105 048.31	4.78
601098.SH	中南传媒	1 036 009.93	-6.70
601019.SH	山东出版	890 092.07	10.79
601801.SH	皖新传媒	870 951.18	14.70
000719.SZ	中原传媒	817 446.87	3.61
601811.SH	新华文轩	734 588.30	15.57
600551.SH	时代出版	660 650.87	-2.37
601900.SH	南方传媒	525 104.69	6.78
601949.SH	中国出版	469 655.64	12.99
601858.SH	中国科传	201 057.07	11.85
600229.SH	城市传媒	196 948.50	11.03

续表

证券代码	公司简称	2017年营业收入	2017年增长率
601999.SH	出版传媒	193 088.96	10.04
603533.SH	掌阅科技	166 699.05	39.19
600825.SH	新华传媒	142 716.19	-6.39
603096.SH	新经典	94 397.10	10.70
300148.SZ	天舟文化	93 602.37	20.01
603999.SH	读者传媒	78 979.34	5.18
300364.SZ	中文在线	71 677.96	19.16
300654.SZ	世纪天鸿	38 098.23	0.35

从表1可以看出，与2016年相同，2017年营业收入过百亿的依旧是中文传媒、长江传媒、凤凰传媒和中南传媒四家企业。其中，中文传媒以133.06亿元的营业收入首次位居第一。长江传媒、凤凰传媒和中南传媒分别以营业收入112.32亿元、110.50亿元和103.60亿元，排到百亿营业收入的第一梯队。在2014年中文传媒收购智明星通之后，中文传媒的营业收入保持高速增长，依靠以智明星通为代表的新媒体新业态板块，中文传媒获得40.52亿元的收入。

位于第二梯队的是山东出版、皖新传媒、中原传媒、新华文轩、时代出版、南方传媒和中国出版，营业收入在45亿元至90亿元之间。紧随第二梯队之后的是中国科传、城市传媒、出版传媒、掌阅科技、新华传媒，营业收入介于10亿元至20亿元左右。新经典、天舟文化、读者传媒、中文在线、世纪天鸿的营业收入则不足10亿元。

在政府补贴方面，2017年计入当期损益的政府补助（但与公司正常经营业务密切相关，符合国家政策规定、按照一定标准定额或定量持续享受的政府补助除外）排名前三的是凤凰传媒、中国出版和中南传媒，分别获得2.15亿元、1.57亿元、1.57亿元。它们也是三家计入当期损益政府补助过亿元的出版上市企业。计入当期损益的政府补助在5 000万元到9 000万元之间的是：南方传媒、山东出版、时代出版、出版传媒和皖新传媒。计入当期损益的政府补助在5 000万元以下1 000万元以上的是：长江传媒、中文传媒、中原传媒、中文在线、城市传媒、新经典、新华文轩、中国科传、掌阅科技和读者传媒。计入当期损益的政府补助在1 000万元以下的是天舟文化、世纪天鸿和新华传媒。在21家出版上市企业中有10家企业2017年获得计入当期损益的政府补助高于

2016年，其中城市传媒较2016年涨幅最大，达到106%，而过半数出版上市企业获得的计入当期损益的政府补助较2016年有所下跌，其中新华传媒的跌幅最大，达到54%。

2. 利润增长情况

下表是2017年出版上市公司盈利情况：

表2 2017年出版上市公司盈利情况

单位：万元,%

证券代码	公司简称	2017年净利润	2017年增长率
601098.SH	中南传媒	151 318.80	-14.68
600373.SH	中文传媒	145 174.15	9.49
601019.SH	山东出版	136 482.88	29.26
601928.SH	凤凰传媒	116 592.29	2.62
601801.SH	皖新传媒	111 667.71	5.67
601811.SH	新华文轩	92 384.45	44.25
000719.SZ	中原传媒	69 322.21	3.47
600757.SH	长江传媒	61 336.58	4.93
601900.SH	南方传媒	61 142.36	29.90
601949.SH	中国出版	53 065.22	-7.01
601858.SH	中国科传	37 117.79	24.34
600229.SH	城市传媒	32 936.38	18.89
600551.SH	时代出版	30 019.23	-20.52
603096.SH	新经典	23 232.29	49.89
601999.SH	出版传媒	16 108.07	16.34
300148.SZ	天舟文化	13 401.67	-42.41
603533.SH	掌阅科技	12 370.88	55.37
300364.SZ	中文在线	7 752.71	73.90
603999.SH	读者传媒	7 528.09	-12.98
600825.SH	新华传媒	4 500.99	-5.88
300654.SZ	世纪天鸿	3 136.48	-0.16

从表2可以看出，21家上市出版公司中14家公司实现净利润增长，7家公司净利润下滑，其中净利润增长幅度最大是中文在线，较2016年增长73.9%，净利润下滑幅度最大的是天舟文化，同比下滑42.41%。有12家公司的毛利率低于2016年，多数上市出版公司盈利能力不足。究其原因，这部分上市出版公司的盈利结构还存在不完善的地方，如何调整产业布局，提升盈利能力是摆

在这些出版上市公司面前的重要问题。

归属上市公司股东净利润方面，中南传媒保持了2016年的领先地位，以15.13亿元的净利润依然位居第一。紧随其后的是中文传媒、山东出版、凤凰传媒、皖新传媒，这四家出版上市公司的净利润都在10亿元以上，其中山东出版为2017年新上市的出版企业进入前三强，成最大黑马。此外，实现归属上市股东净利润在5亿元以上10亿元以下的有新华文轩9.23亿元、中原传媒6.93亿元、长江传媒6.13亿元、南方传媒6.11亿元，中国出版5.30亿元。净利润在1亿元以上5亿元以下的有6家公司，分别是中国科传、城市传媒、时代出版、新经典、出版传媒、天舟文化。归属上市股东净利润低于1亿元有4家公司，中文在线0.77亿元，读者传媒0.75亿元，新华传媒0.45亿元，世纪天鸿0.31亿元。

毛利率排在前三名的分别是天舟文化、中文在线和新经典。其中天舟文化以53.04%的毛利率位居榜首，这主要得益于毛利率高达69.32%的游戏业务，大大拉升了天舟文化的毛利率。尽管如此，相较于2016年，天舟文化的毛利率下降了8.4个百分点，降幅为21家上市出版公司中最大的，这主要是因为游戏业务2017年的盈利表现有所下滑，导致了天舟文化毛利率较2016年较大幅度下跌。此外，中文传媒和掌阅科技的毛利率相较于2016年的降幅都在三个百分点以上。而毛利率排名第三的新经典主要是得益于图书业务，自有版权图书策划与发行业务毛利率高达52.67%，是所有出版上市公司图书业务中毛利率最高的。

受实物贸易（主要是图书批发及零售业务）业务毛利率低的影响，部分企业出现营业收入排名高，但净利润排名低的情况。营业收入排在第二名的长江传媒，净利润排名却排到了第八名，给它带来43.2亿营业收入的大宗贸易业务的毛利率仅有0.64%。同样受实物贸易业务影响净利润排名的还有中文传媒，其营业收入首次跃居第一名，但净利润排名却为第二名，虽然中文传媒以智明星通为核心的新业态以63.19%的毛利率贡献了25.60亿的净利润，但受实物贸易业务毛利率低的影响，合并抵消有24.53亿，最终影响了中文传媒的净利润排名。

3. 传统业务增长情况

2017年，出版物发行、印刷复制、数字出版仍然是拉动出版产业发展的

"三驾马车"。但三者表现出了截然不同的发展态势：数字出版继续保持着快速增长的势头，增长贡献率在新闻出版各产业中遥遥领先；传统出版物发行增长趋缓；印刷复制的主要经济指标增速放缓，占比持续降低，出版物发行和印刷复制的增长贡献率都有所下降。传统出版业务增长乏力，部分公司的传统图书、教材教辅、期刊业务出现了不同程度的下滑。一些出版上市企业因为传统出版业务增长速度的放缓，甚至出现负增长，进而影响到2017年度的营业收入的增长率、毛利率和净利润的提升。

时代出版的现归属上市公司股东净利润3.00亿元，同比下降了25.43%。其新闻出版业务和印刷业务的毛利率都出现了不同程度的下滑，传统出版业务中期刊的毛利率下滑幅度最大，减少了13.76%。新华传媒的营业收入同比减少6.39%，利润总额同比减少5.88%，总资产同比减少1.36%。其传统业务中，图书业务变动不大，下降幅度较大的是音像制品收入，同比减少45.31%，主要是由于音像制品销售情况不理想导致收入减少；其报刊发行及广告收入继续下滑，同比减少4 531万元，其中解放日报下跌了1 824万元。虽然南方传媒的营业收入和净利润同比上年都有所增长，但其传统业务包括教材教辅、一般图书、音像制品、文化用品的毛利率都有所下跌，但在营业收入方面，教材教辅和一般图书较上年有所增长。也有个别出版上市企业的传统业务保持增长，如中南传媒的出版业务和印刷业务的营业收入和毛利率都较上年增长，但毛利率增长不到1%，营业收入增长不到6%。

4. 新媒体业务增长情况

出版上市企业在做强主业的同时，积极拓展新媒体业务，推动传统业务转型并和新媒体融合发展，延伸产业链条，取得良好的收益。出版上市公司除了加大新媒体技术的研发投入、培养和引进新媒体人才、新媒体业务拓展等方式以外，还通过设立基金、投资参股、并购合作等资本运作方式在新媒体业务板块进行布局。

南方传媒在历史上首次设立了并购基金——南方传媒产业并购基金，由南方传媒全资子公司广东南方传媒投资有限公司、广州证券创新投资管理有限公司和广东省粤科母基金投资管理有限公司共同发起设立。初始规模为10亿元，主要围绕南方传媒主业，培育一批新媒体、媒体融合与数字化转型项目。

城市传媒积极部署新媒体版图，通过投资基金间接投资多个新媒体公司。

其新媒体业务主要包括数字内容、有声图书、VR内容、在线教育等。通过特定内容开发、互联网平台运营、相关产品代理等，获取相应收入。

皖新传媒发起成立互联网教育产业基金，在互联网教育领域布局，主要投资互联网教育垂直领域的优质企业，如深圳腾千里、北京看见未来等。皖新传媒还投资入股了一批优质互联网文化企业，在新媒体、泛娱乐等领域布局产业资源。此外，还打造了"阅+"微信端、校园订阅号、智慧书房、皖新书院等产品的互联网生态圈，积累粉丝数达307万，成为安徽文化类第一公众号。

中国科传着力于从传统出版向知识服务转型升级。经过多年的努力，公司多个数字业务平台项目取得突破，例如"科学文库""科学智库""中国科技知识服务平台—生物志库""中科云教育平台"等多个项目已上线运行。

5. 主营业务增长情况

在主营业务收入方面，21家出版上市企业中，有19家主营业务收入占到95%以上，其中以数字出版为主营业务的两家公司掌阅科技和中文在线，主营业务收入占到了100%。新华传媒的主营业务收入占总营业收入的91.38%，主营业务收入较上年减少6 659.79万元，降幅为4.86%，其中主营业务中音像制品的营业收入降幅最大，较2016年减少45.31%，文教用品、报刊及广告收入也出现不同程度的下滑。主营业务收入占比最少的是读者传媒，只占总营业收入的65.47%，其主营业务中电子产品销售业务降幅最大，达到92.47%，是因为公司大幅削减了毛利率偏低的数码产品出口贸易所致。

但也有出版上市企业是因为主营业务拉动了业绩的上涨。新华文轩归属于上市公司股东的净利润同比增长42.69%，营业收入同比增长15.56%，主要得益于教育服务业务、图书互联网销售业务、大众图书出版业务以及第三方物流业务的销售增长。主营业务中一般图书的出版业务营业收入涨幅达到94.20%，毛利率增加2.15个百分点。皖新传媒营业收入同比2016年上涨14.70%，利润总额同比上涨5.67%。其主营业务包括教材、一般图书及音像制品、文体用品、教育装备、广告及游戏业务等，都实现不同程度的增长，其中广告及游戏业务的营业收入增幅最大，达到179.28%，大大拉动了主营业务营业收入的增加。

6. 国有、民营经营情况

国有出版上市公司和民营出版上市公司在市场上的表现截然不同。整体来看，国有出版上市公司的营业收入、净利润、总资产增长趋缓，民营出版上市公司总体增幅较大,表现较好。21家出版上市企业中,16家国有出版上市企业2017年营业总收入为1 037.61亿元,同比2016年增长2.0%;净利润112.67亿元,同比上涨7.0%;总资产1 637.82亿元,增长9.1%。5家民营出版上市企业2017年营业总收入为46.45亿元,同比增长22.0%;净利润为5.99亿元,增长11.0%;总资产为115.09亿元,同比增长14.4%。民营出版上市企业无论是营业收入,还是净利润和总资产,增幅都要高于国有出版上市企业,具体原因是多方面的:一方面,国有出版上市公司总体规模较大,基数大增长也相对困难;另一方面,部分国有出版上市企业遭遇了传统出版业务增长乏力,新兴业务难以拓展的困境。

国有出版上市企业甚至出现部分企业的业绩较2016年大幅下滑的情况,主要原因是除了这些企业保持较为稳健的经营思路以外,国有出版企业所描绘的发展愿景和发展空间相对有限,资本市场更为看好的是数字出版和相关的新业态概念股,而非传统的出版业务。在国有出版上市企业里,毛利率排名前列的中南传媒、城市传媒、凤凰传媒,主要得益于这几家公司开展的影视业务、数据业务、金融服务等毛利率较高的业务。

民营出版企业因市盈率的表现较好,受到资本市场的追捧。2017年新上市的数字出版民营企业掌阅科技以143倍的市盈率高居所在板块上市出版公司榜首。此外,世纪天鸿、新经典、中文在线等民营出版企业的市盈率也表现较好。国有出版上市公司因为其体量较大,市盈率表现不佳,不少国有出版上市公司还出现市盈率低于所在板块平均市盈率的局面。

民营出版上市企业在2017年的业绩表现上保持高速增长势头。如天舟文化年度主营业务收入增长41.82%,主营业务利润增长31.79%;中文在线主营业务收入增长29.53%,主营业务利润增长39.68%。民营出版上市企业紧跟移动互联网阅读模式潮流,在数字出版领域积极布局,高度重视数字营销渠道的拓展,因而受益明显。

(二)新增上市公司情况分析

1. 出版股上市热潮显现

2017年,出版业在资本市场表现十分活跃,出现了出版股上市的热潮。全年新增山东出版、中国出版、中国科传、新经典、掌阅科技、世纪天鸿等六家上市公司。这主要受益于 IPO 加速。2017 年出版业上市热潮的出现意味着出版业的资本意识在不断觉醒，越来越多出版集团选择在资本市场中寻求发展机会和提升发展的动力，出版业上市公司的数量还有望持续增加。

2. 新上市公司营业收入保持上涨

在营业收入方面，新上市的六家出版上市公司除世纪天鸿只上涨了 0.35% 以外，其余五家的新上市公司的营业收入增长幅度都在 10% 以上，保持良好的发展势头。其中以数字出版为主营业务的掌阅科技在营业收入增长率所有的出版上市企业里是排名第一的，达到 39.19%，表现出了迅猛的发展势头。在净利润方面，除了中国出版和世纪天鸿出现小幅下跌以外，其余四家新上市出版公司的净利润都在大幅上涨，其中新经典和掌阅科技的净利润增长分别达到 49.89% 和 55.37%，盈利能力较强。

总体来看，六家新上市的出版企业中，掌阅科技的发展势头最为强劲。掌阅科技是一家以数字阅读服务和增值服务为主营业务的民营出版企业，其核心竞争力主要在于拥有庞大的移动用户规模和稳定的数字阅读客户群体，还拥有五十多万册的数字内容，数字阅读内容资源丰富，覆盖面广，有较强的内容数据深度运营能力。该公司还尤其注重产品的研发及创新，多项数字出版技术处于行业领先地位。其主营业务中的数字阅读、硬件产品和版权产品的营业收入都较 2016 年有较大的增长，其中版权产品的营业收入增幅达到 243.93%，主要得益于公司向第三方互联网平台、影视公司、游戏公司输出的版权内容的增加。

3. 数字出版增长情况

相比往年，2017 年出版上市企业的营业收入总体来看增速放缓，但出版上市企业的数字出版业务却延续着近几年来高速增长的态势。其中最具代表性的就是 2017 年营业收入增长率排名第一的掌阅科技。掌阅科技营业收入的增长就主要得益于主营业务数字出版业务的高速增长。此外，以数字出版业务为主营业务的中文在线也以 19.16% 的营业收入增长率排名第三。掌阅科技和中文在线的营业收入的高速增长都体现出了数字出版快速增长的良好势头。数字出版已经成为推动出版行业发展的新动力。

（1）政策保障进一步增强。

2017 年，国家出台一系列政策引领数字阅读领域的发展，出版上市企业的数字出版业务得到快速发展。政府推出《关于推动数字文化产业创新发展的指导意见》等政策法规，大力促进数字文化产业发展。国家广播电视总局、国家版权局等机构大力加强网络作品版权监管，引导优质网络文学作品发展。

国家新闻出版广电总局出台了《网络文学出版服务单位社会效益评估试行办法》，引导网络文学出版服务单位坚持以人民为中心的创作出版导向，始终把社会效益放在首位，实现社会效益和经济效益相统一。全面贯彻落实《关于推动新闻出版业数字化转型升级的指导意见》和《关于推动传统出版和新兴出版融合发展的指导意见》，开展了"数字出版千人培养计划"，以及新闻出版企业数字化转型升级技术装备配置优化项目征集工作。继续推进和落实《新闻出版业数字出版"十三五"时期发展规划》《新闻出版广电科技"十三五"时期发展规划》和《新闻出版广播电视"十三五"规划》。

文化部发布了《推动数字文化产业创新发展的指导意见》，提出要引导数字文化产业发展方向，着力发展数字文化产业重点领域，建设数字文化产业创新生态体系，加大数字文化产业政策保障力度。

在以上政策的有效指导下，出版上市企业转型升级思路更加清晰，数字出版业务和新业态的发展积极性更高，融合发展的进度有所加快，取得了突出成效。

（2）市场规模进一步扩大。

随着数字阅读内容需求的不断增加，出版上市企业在数字阅读领域积极布局，并取得良好成效。2017年，掌阅科技打造的手机阅读软件"掌阅 iReader" APP，其平均月活跃用户数达到1.04亿，用户规模还在不断扩大；发布了电子书阅读硬件产品 iReader Light；其内容品牌"掌阅文学"，签约原创作者达1.5万名，引入网络原创小说作品3万余本，培育优质作品4万余本，业务已经扩展到了漫画、有声、IP孵化等多方面。

新经典在微博、微信公众号、豆瓣等多个新媒体平台推广优质书籍，现有"1天1本书""极简史"和"新经典"等多个新媒体产品。皖新传媒打造"阅+"互联网生态圈，包含智慧书房、智慧书城、皖新书院等新媒体产品，研发"美丽科学"数字教科书，打造优质线上教育资源。

中国出版数字资源总库集聚量近20万种，在线运营2.5万种，数字版权签约率达65%。城市传媒开发了阅读服务平台——"青岛全民阅读"智能服务平台，并于 2017 年 9 月正式上线。该平台主要发布青岛市文化生活、阅读推广等方面的信息，同时该平台还提供买书、借书、读书、听书等多种阅读体验。

（3）技术研发进一步加快。

2017 年，出版上市企业继续开展技术研发工作，加大技术研发投入，提高科技创新能力，进一步推进信息、数据、网络等核心技术的突破，努力提升自主研发能力，并取得了良好的成效。

皖新传媒开展的技术研发项目包括沉浸式数字文化内容产品研发、基于精密驱动技术的多功能文教展示系统研发、中国数字发行运营平台关键技术研究等。在教育领域，研发与出版了具有国际领先水平的"美丽科学"系列数字教材，引入人工智能技术，推出 AI 学智慧教育。

掌阅科技的研发人员数量持续增长，公司有研发人员 266 人，占到公司总人数的 46.75%。2017 年的研发投入达到 7 994.27 万元。自主研发了数字阅读平台"掌阅"，在业内率先实现了 3D 仿真翻页、护眼模式等技术创新的产品应用，拥有数字内容的精装排版、文档识别、转化、续读等多项核心技术。

中国科传积极开展期刊出版技术平台研发工作，建设了集合 SciEngine 国际传播平台、云端投审稿系统、XML 结构化排版工具等多个系统的期刊数字化出版平台，大大提升了科技期刊的运营水平和国际化传播能力。

新经典在研发方面的支出达到 607.97 万元，同比 2016 年增加了 32.04%，体现了其对技术研发的重视程度进一步提高。研发投入主要用于开发智道图书发行管理软件、智道图书印务管理系统、智道办公管理系统。

4. 2017 年出版上市公司发展亮点

（1）精品化发展。

2017 年，出版上市企业的出版主业朝着精品化方向发展，由原来的追求高速度转变为追求高质量，部分出版上市企业以精简图书出版规模、成立精品出版领导小组、召开重点项目论证会等多种方式，做精做强出版主业。

长江传媒专门召开了"精品出版和主题出版工作座谈会"，要求各部门树立精品出版意识，要用重大工程带动精品出版，还专门成立精品出版领导小组，由公司党委书记、董事长担任组长，在各出版单位成立精品出版工作专班，由社长或总编负责。

出版传媒实行"精品出版战略",出台102项新举措,坚持原创选题不得低于60%。全方位推进选题内容精品化、编校质量精细化、装帧设计精美化、印制工艺精致化、宣传营销精准化,公司出版主业发生深刻变革。全年出版重点图书总数同比增长40%,图书再版率达到54.6%。

中国科传2017年上市后,提出要深入贯彻"专业化、系列化、精品化"的经营思路,充分利用自身优势,立足知识创新,融入学术活动,紧密跟踪学科发展前沿,提升质量效益,强化科学品牌。

中文传媒进一步树立"精品出版、精准出版、精细出版"理念,"以精品出版实现双效引领,以精准出版实现市场开拓,以精细出版实现质量提升"。中文传媒还在精品出版战略下打造一个品牌活动——年度好书评选,以展现中文传媒年度最高水平的精品力作。

(2)产业链延伸发展。

2017年,出版上市企业加快了转型升级融合发展的步伐,在多个领域布局,使产业链延伸并走向纵深。在线教育、游戏漫画、影视娱乐、数字出版、人工智能、大数据、AR/VR等新领域、新业态布局进一步扩大,产业向多元化方向发展,打造新的产业增长点。充分利用和发挥上市企业平台作用,通过资本运作、并购重组,实现产业的快速拓展,成为跨地区、跨行业、跨平台、跨所有制、跨媒体战略实施的先行者。投资设立基金会,发挥投资基金的资本杠杆作用,撬动产业发展,迅速做大做强。同时利用创新驱动,实施"出版+"工程,推动出版与周边相关产业的深度融合,延伸产业链。

(3)新渠道布局发展。

2017年,出版上市企业主动适应消费者购买习惯的改变,开辟图书销售新型渠道,加快电商发展,线上线下进行布局。

在线下渠道方面,新华文轩新建和改造实体店23家,总面积在2.2万平方米左右,在商业模式、管理方式和人才团队的建设方面,朝着新零售方向发展。凤凰传媒根据新流行的24小时文化,着力打造文化生活的不夜城。在南京打造"凤凰云书坊",在南通建成"崇川书房",在淮安建立"清江浦书房"等24小时书店,开辟了线下书店营销的新模式。出版传媒则采取跨界合作的方式,将图书零售进驻到加油站、少儿图书馆里,推进"北方新生活"大型文化商业综合体建设。

在线上渠道方面，中文传媒大力推行电商标配工程，提升网店、网站等电商标配项目的营销推广质量和效果，发挥优秀网店、微店的示范作用。旗下全资出版社全年电商销售码洋达7.86亿元，较上年增长38.38%。新华传媒致力于打造一个以读者为中心的全渠道阅读服务体系，依托"新华一城书集"品牌收效明显，全年网店销售码洋突破4 000万元，实际销售规模同比增长1 000余万元。凤凰传媒的电商团队初步建成，全年发行电商实现从1亿到3亿元的提升。出版传媒加强电商营销渠道的开发，图书线上销售同比增长40%。城市传媒的线上营销布局主要往天猫直营、主渠道运营和新媒体内容营销3个业务方向发展，年收入突破1亿元。

5. 履行企业社会责任情况

（1）落实精准扶贫。

出版上市企业在稳健提升经营业绩的同时，主动承担社会责任并将其融入公司的经营发展之中。根据党中央和政府对精准扶贫工作的部署，出版上市企业积极响应，并落实到实际行动中，为贫困地区脱贫致富贡献力量。

读者传媒响应国家"精准扶贫"的号召，2017年扶贫投入总金额106万元，其中产业扶贫项目投入金额90万元，职业技能培训投入金额6万元，改善贫困地区教育资源投入金额10万元，帮扶效果明显。

南方传媒2017年积极开展了扶贫工作，帮扶范围包括脱贫增收、三保障及村容村貌、基础设施、集体经济、民生福利、智力扶贫等方面，帮扶总投入约348.3万元。

2017年凤凰传媒继续投入扶贫资金45万元，用于7个村民组农机作业道路建设以及村庄干道太阳能路灯架设。年末，凤凰传媒党委又出资5万元，更新李埠村党员活动室的办公设施，慰问全体党员低收入户。凤凰传媒对李埠村为期两年的帮扶工作已经完成。

时代出版积极开展2017年度精准扶贫工作，共派出89名结对帮扶干部，大力开展科教扶贫工作，帮助建设寿县双庙集镇文化广场。加大产业扶贫力度，增加流转土地500亩，继续实施"公司+农户"的产业扶贫项目模式，带动65户贫困户再就业。

（2）促进节能环保。

出版上市企业在发展过程中，主动将绿色理念贯穿其中，践行绿色运营，做到达标排放，不断提升环保水平，促进节能减排，推动可持续发展。

山东出版所属印刷企业注重环境保护，加强废水、废气、固化废物的处理，相继投资购置冲版液回收处理、VOC 收集处理设备，使三废处理均达到环保要求。

出版传媒大力推行绿色印刷理念，通过中国环境标志产品认证及包括环境管理体系认证在内的四体系管理，成为东北地区第一家拥有绿色环保认证资质的商业票据印刷企业。

中南传媒 2017 年投入 200 万元作为节能改造专项资金，通过应用新技术、新器材实现节能减排。全年印制中小学教材教辅 24 790 万册，100% 实现绿色印刷。时代出版所属新华印刷积极发展绿色印刷、数字印刷等业务，成为全国首批"推进绿色印刷标兵企业"。

新华文轩促进物流废包材循环使用，将废包材用于门店寄送返品时的包装，通过电子出版满足读者日益增长的文化需求并减少对纸张的消耗。

（3）举办公益活动。

习近平总书记提出"只有富有爱心的财富才是真正有意义的财富，只有积极承担社会责任的企业才是最有竞争力和生命力的企业"。出版上市企业积极贯彻落实中央要求，重视社会效益，努力把企业效益与社会效益相统一，主动承担社会责任，举办了一系列公益活动。

皖新传媒将公益融入经营，发起成立非营利开放性教育公益组织"皖新传媒百校论坛"，成立皖新教培中心，为教师提供培训服务；将公益融入育人，举办"皖新教育杯"活动、"院士进校园"活动、"少年爱科学"科普活动；将公益融入惠民，在安徽省内开展了上万场推进全民阅读"进农村、进社区、进学校、进机关、进企业、进军营、进监狱"的"七进活动"。

中南传媒公益基金会全年投入 70 余万元推进"童心连世界"老区图书馆援建项目。还向部分农村中小学捐献图书、桌椅、电脑等设施共计价值 138.7 万元，向有关市县教育基金会、学生资助管理中心捐献款项累计 784.2 万元。

城市传媒打造公益阅读品牌活动"红领巾阅读推广计划"，2017 年共计捐赠图书角 3 500 个，惠及 300 多所学校，所捐赠书刊 12 万册，价值 250 万元；发起的大型系列公益赠书活动"美好明天送书行动"，2017 年向新疆喀什地区的 11 所中小学校捐赠价值约 10 万元的课外读物；还开展了向北海舰队赠书活动、"青春扶贫 爱心暖冬"送温暖进社区活动等公益活动，累计捐赠书刊价值约 280 万元。

凤凰传媒向河北邢台威县教育局捐赠图书 84.86 万元。自 2014 年起实施"春蕾图书馆"项目，至 2017 年底已建成 8 所"春蕾图书馆"，共捐赠图书 85.5 万元。持续开展援疆援藏工作，2017 年对口援疆援藏图书码洋 195.6 万元。

三、2017 年出版上市企业发展过程中存在的问题

（一）盈利结构不完善，同质化竞争加剧

2017 年，出版上市企业在营业收入、净利润、总资产等方面总体的增速放缓。出版上市企业的盈利结构仍有较大的改善空间。从出版上市企业盈利结构来看，各出版上市企业同质化程度较高。随着产业融合发展加剧，各出版上市企业都在围绕跨界、资本、内容、技术、海外市场开展布局，行业内部同质化竞争加剧，给出版上市企业的发展带来了挑战。出版上市企业过高的同质化程度将不利于出版行业未来的良性发展。此外，还有部分出版上市企业出现了产业上的盲目扩张，没有在相关产业链上进行延伸，短期内可能可以获取一定利好，但从长期来看，由于跨行业经营上的经验不足，依托的原有的产业的优势不明显，导致发展的困难。因而如何优化自身的产业结构，如何形成自身的独特优势，如何正确地扩充经济增长点，成为摆在出版上市企业面前的重要课题。

（二）数字出版优质内容不足，版权保护和运营欠缺

2017 年，数字出版表现出迅猛的发展势头。不少出版上市企业纷纷在数字出版领域布局，并获得了不错的收益，带动了营业收入和净利润的增长。正如我国社会的主要矛盾转变一样，数字出版的发展和人们的阅读需求之间的矛盾也发生了转变，由原来的"人们日益增长的数字阅读需要同落后的数字阅读产品生产之间的矛盾"转化为"人们日益增长的优质数字阅读内容需要同数字出

版产品数量和质量不匹配发展之间的矛盾"。出现了优质数字阅读内容供给不足的现象。此外,版权对于数字出版行业的发展至关重要,是数字出版企业的核心竞争力之一。我国目前对于数字版权保护的机制并不完善,信息技术的高速发展使得数字出版侵权案面临着取证难、认定难、维护成本高等问题。部分以传统出版业务为主业的出版上市企业在扩充发展数字出版业务时,还缺乏运用互联网思维对数字阅读产品进行市场化运营的能力,在新媒体新格局竞争中处于劣势。

(三) 技术研发投入不足,创新和应用能力滞后

近年来,随着信息技术和移动互联网技术的快速发展,数字阅读行业成为备受瞩目的重要领域。多家大型互联网企业纷纷涉足数字阅读领域,数字阅读行业的市场竞争日趋激烈。数字阅读行业和其他互联网行业一样,技术研发是影响其发展前途的重要因素之一。依托于原有的技术研发团队和庞大的互联网用户群,大型互联网企业进入数字阅读领域具有先天优势。而这些先天优势也正是传统的出版上市企业所缺乏的。新兴技术的快速发展不仅催生了数字出版业务,也给传统的出版业务带来巨大的冲击,传统出版面临着转型升级融合发展。无论是数字出版的发展还是传统出版的转型都离不开技术的研发和应用。部分出版上市企业并未意识到其重要性,在技术研发方面投入不足,企业技术研发人员少,甚至未成立技术研发团队,导致缺少自主研发的技术,在行业内难以获得核心技术优势,未能把新兴技术应用于出版产品创新和服务优化上,技术的创新和应用能力相对滞后。

(四) 企业内部监管不足,运营效率有待提高

部分出版上市企业内部控制制度还不够完善,公司运作不够规范,内部监管存在不足。部分出版上市公司的管理层出于自身或公司的利益考虑,为了获取更多的出版资源,信息披露中存在着失真的状况,影响出版资源的优化配置,扰乱出版市场的正常秩序。在人才队伍方面,还存在着人员结构不合理,员工考核机制不完善,人才流失等问题,导致人才效用没能实现最大化。在运营管理模式方面,部分出版上市公司的运营管理思想和平台还相对落后,没能

建立和使用数字化和智能化办公系统，移动化智能化运营管理水平有待提升。

四、对出版上市企业发展的建议

（一）改善业务盈利结构，扩充经济新增长点

对待增长贡献率日趋下降的传统出版业务，出版上市企业应该把更多精力、财力投入到出版发行、印刷复制等传统出版转型升级上。根据现实情况，发挥自身所长，有选择地培育数字教育、数字出版、影视娱乐、新媒体等相关的新业态，扩充新的经济增长点。由于产业结构转变不到位，部分出版上市企业的营业收入出现负增长，净利润偏低的状况，这部分企业的盈利结构有待改善，可通过调整物资供应链结构，延伸产业链条，提升有效供给能力，进而提高抗风险能力。还可通过强化资本运作，积极培育新的利润增长点，进一步优化产业结构，改善产品结构，加强资源整合，减少重复投资，降低运营成本，避免内部不合理竞争，进而提升经营质量和效率。

（二）加强数字出版优质内容生产，加大版权保护和运营力度

数字出版行业的发展要始终坚持把优质内容输出放在关键位置。同时要重视对优质原创内容的版权保护问题，只有版权得到有效保护，才能激励更多优质内容的产出，推动数字出版产业的良性发展。还要加快建立数字出版内容评估机制，加强对数字出版内容的价值观引导。要树立版权资源是出版业的重要资源的理念，依托优质内容资源，进行全版权运营，在选题策划之初或者产品设计之初，就要对版权进行全方位部署，涵盖数字出版、纸质出版、动漫、影视、相关衍生品、实景娱乐开发等多个领域，立体化、多元化、多层次打造优质知识产权，全面释放优质内容资源价值，吸收优质内容衍生版权的红利。

（三）加大出版技术研发投入，提升技术应用创新水平

出版上市企业真正实现转型升级融合发展离不开出版技术的研发与应用。强大的技术研发能力是公司实现业务创新的有力保障。出版上市企业应该重视

产品研发及技术创新,加大对先进技术的研发投入,建立起优秀的技术研发团队,加强对关键技术的研究与攻破。根据市场需求,立足于产品特性,致力于提升用户体验,加强对人工智能、大数据、云计算、AR/VR、物联网等新兴技术的更深层次的研究及在出版领域的应用。以创新科技推动出版流程的智能化,削减出版流程中各个环节的成本,提高出版发行的效率,促进内容产品丰富化,满足读者多样化个性化需求,以实现新闻出版业的转型升级融合发展。

(四)加强上市企业内部监管,提升企业运营效率

上市出版企业应加强企业内部监管力度,面对管理中出现的问题和薄弱环节,通过精细化管理挖掘内部潜力,提升企业运营效率,激发创新发展提质增效的活力。相关监管部门还应进一步加强对出版上市企业内部监管的力度,监督出版上市企业定期进行内部控制信息披露,避免出现内部人控制的状况。与此同时,要健全目标管理体系,完善人才队伍的绩效考核机制,优化人才队伍结构,加强对员工和管理者的业务培训,提升员工和管理者的综合素质和业务能力。贯彻文明经营理念,将文明创建工作与社会责任、企业文化、公司经营、党建工作等相融合。出版上市企业作为新闻出版行业的主力军,在内容产品的生产上坚持正确的价值观导向,为净化出版市场环境尤其是网络环境贡献力量。此外,还要加快搭建起数字化智能化办公平台,引入先进的运营管理理念,提升运营效率。

(程丽 广西桂林理工大学公共管理与传媒学院;周蔚华 中国人民大学新闻学院;黄璜 《出版人》杂志社)

第二节　2017年畅销书市场发展报告[①]

出版产业多年发展实践证明，畅销书永远是出版企业主要的利润来源，同时畅销产品也是中国图书零售市场发展的中坚力量。相关数据表明，在出版产业向数字化转型的今天，畅销书产业领域的"二八法则"仍然是出版产业尤其是传统出版产业最永恒的定律。每年在国内图书市场都会产生引领市场风尚的现象级畅销书，2017年也不例外。本文以2017年我国畅销书市场最主要的三种畅销类型——少儿类、文艺类和社科类作为关注重点，以开卷、京东、当当、亚马逊的畅销书排行榜数据为分析资源，对2017年度我国畅销书主体市场情况进行具体分析。

一、2017年少儿类畅销书市场情况

据开卷全国图书零售市场观测系统检测，2017年中国图书零售市场总码洋达803亿元，比2016年增长了14.55%，[②]如图1所示。其中少儿类图书的增长继续保持了最快增速——2017年少儿类图书同比增长18.73%，并且少儿类图书还以24.6%的码洋比重稳占第一大细分市场的地位。[③]正如北京开卷信息技术有限公司所言：得少儿者得天下。

所谓少儿出版"黄金十年"，大部分非专业少儿社都已涉足少儿出版，近年来各种规模的民营出版更是风起云涌投入少儿出版领域，加上专业少儿出版社的加大发力，到2017年少儿出版的繁荣抵达了一个新的高峰。仔细分析，

[①] 本报告写作中，北京印刷学院2017级出版专业硕士研究生单定平、赵文文、孙乐做了大量的工作。

[②][③] 虞洋. 中国图书市场的增长驱动力——开卷2017年图书零售市场报告分析. 出版人 [J]. 2018（2）：15-18.

2017年我国少儿类畅销书市场呈现出如下特征规律。

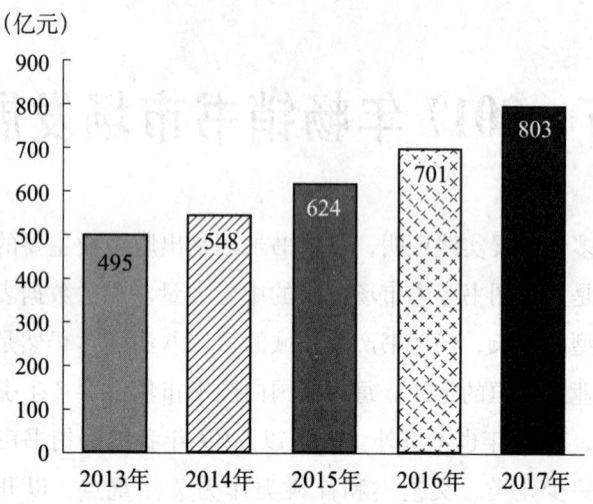

图1 近五年中国图书零售市场总码洋

（一）"内容为王"是永恒的主题

2017年"开卷"少儿类畅销书排行榜显示，《巴学园系列·窗边的小豆豆》在2016年和2017年均为少儿类畅销榜第一名，《动物小说大王沈石溪·品藏书系·狼王梦》和《信谊世界精选图画书·猜猜我有多爱你》两册图书排名对比2016年均有所上升，其他图书的排名变化波动比较明显，它们少则下降十几名，多则下降三百多名。由此可见，少儿类图书市场的竞争确实如《中国新闻出版广电报》报道的那样"童书市场竞争愈加白热化"[1]。

在竞争激烈的少儿类图书市场中，登上畅销书榜的图书分为两种：一种是"经久不衰"型畅销书，这类图书通常都会经过一定的时间沉淀和积累，然后迎来各自的一个"小爆发"；另一种是"昙花一现"型畅销书，它们常常集中活跃在榜单前列一段时间，而后慢慢掉落，直至消失在畅销书榜单之外。

1. 经久不衰型少儿畅销书市场状况

《巴学园系列·窗边的小豆豆》《动物小说大王沈石溪·品藏书系·狼王

---

[1] 刘蓓蓓. 中国新闻出版广电报：童书市场竞争愈加白热化 [EB/OL]. 2017-05-16. http://www.chinawriter.com.cn/n1/2017/0516/c404072-29278830.html.

梦》和《信谊世界精选图画书·猜猜我有多爱你》，此三册图书的出版时间分别是2010年，2009年，2013年。最近两三年来，它们长期盘踞在年度畅销书榜单前列。《巴学园系列·窗边的小豆豆》自2010年出版以来，"开卷"统计销量累计近300万册，其中2016年和2017年年度销量均在60万册之上，也就是说该书近两年的销量之和就已达到120万之上，大约是出版七年以来累计销量的40%。由此可见，该书在出版之后的五到七年，销量的增长大于出版初期。再比如《动物小说大王沈石溪·品藏书系·狼王梦》，该书自2009年出版以来，累计销量近225万，其中2016年和2017年年度销量分别为48万和67万，该书近两年的销量之和为115万，大约是出版八年以来累计销量的50%。还有2013年出版的《信谊世界精选图画书·猜猜我有多爱你》，这本书的增长情况也是如此。

经久不衰型少儿类畅销书具有两个特征：第一，经典的文学性。经典的文学性图书总是集文学性与教育性于一身，契合大众和社会的价值观，对儿童的人格和精神塑造起着正确的引导作用。2017年这类书的典型代表是《巴学园系列·窗边的小豆豆》和《信谊世界精选图画书·猜猜我有多爱你》。第二，有趣的儿童性。2017年这类畅销书的典型代表是《中国幽默儿童文学创作·任溶溶系列·没头脑和不高兴（注音版）》和杨红樱的系列作品，这些图书充分体现儿童性的创作，并有让大多数小读者读来即产生共鸣的故事，也因此成为大众心目中的畅销书。

2. 昙花一现型少儿畅销书的市场情况

2016年位列畅销书榜单前列的《云阅读·彩虹童梦馆·注音版彩绘本儿童文学经典丛书》，在2017年直接掉落到百名以后。2017年"云阅读"的作者又有一套《中英文版儿童情绪管理与性格培养绘本》系列进入畅销书榜前列。根据这两套书的出版时间能发现，它们从出版到上榜，经历的时间相对比较短。"云阅读"是一套培养儿童认识自我、学会做人等内容的书；"情绪管理"则注重儿童的习惯养成，由此可见，这类图书主要的特点就是功能性很强。功能性图书的需求量主要来自于家长。随着年轻一代的家长越来越重视儿童的启蒙教育，近些年来，家长挑选童书时更偏向开发智商和培育情商类的功能性图书，因此此类功能性图书常常成为年轻家长购书的首选。

与那些常年盘踞在榜单之中的长销书相比，功能性图书的内容浅显，同质产品过多,制作更是不够"精致",这是畅销书榜单中的功能性图书大多表现为"昙花一现"的主要原因。这些功能性图书大多是以浅白的文字讲述一个个关于勇敢、诚实、礼貌等话题的短故事,立意较好,符合家长购书期望,但图画、文字、编排等方面粗糙、不细致,使得大家读完就搁置一边,既不再翻阅,也不愿推荐给他人,是典型的消费型品种,绝无口碑传颂的可能。

(二)出版人策划独特营销方式成就2017年少儿类畅销书

1. "量身定做"的营销方案能改变图书命运

最近一两年来,少儿类图书市场出现了一匹"黑马",这部"黑马"作品既非畅销书作家的作品,也非文学性作品,但它仍旧凭借较高的销量成绩登上了近两年的少儿畅销书榜,它就是由四川少年儿童出版社(以下简称川少社)倾力打造的《米小圈上学记》系列。该书作者是80后作家北猫,据悉,北猫早在2010年时就已经将"米小圈"系列交给吉林出版集团出版,并同时在北猫的新浪博客上做同步连载,以此来提升该书的网络曝光度,但市场反响和销量都较为一般;2012年川少社将该书重新出版,出版初期的"米小圈"也经历过一段时间的"低谷期",然而自2015年川少社社长常青亲自筹谋一系列产品营销规划后,"米小圈"系列的销量剧增,以四川出版物单本销量第一的好成绩成为2017年"川版第一畅销书"①。

川少社社长对"米小圈"系列主要策划了三种畅销书"打造"整体方案:一是"作家进校园"+"书店签售"与读者零距离交流模式,二是产品IP思维运营模式,三是"品牌"+"封闭式"首发模式。

2. 跨界营销带来新鲜感

上述川少社策划的三类营销方案之外,近两年童书界还有一种新的营销模式:跨界营销。比起常见的"作家进校园"+"书店签售"模式,跨界营销给人们带来一种新鲜感,将图书的营销推广介入到人们日常生活不可或缺的"餐饮"业当中,无疑大大增加了图书的曝光度。童书出版界的跨界营销先锋颜小鹂早在2016年时,就将蒲公英童书馆倾心打造的两个产品《地图(人文

---

① 肖姗姗. 四川日报:卖出1 200万册"米小圈"为什么这样火 [EB/OL]. 2018-01-19. http://epaper.scdaily.cn/shtml/scrb/20180119/183546.shtml.

版)》和《神奇校车(手工益智版)》分别跨进必胜客、肯德基这两个世界餐饮大咖级别的餐厅之中。颜小鹂通过"吃必胜客套餐送《地图(人文版)》"的活动,使阅读的概念广泛地在大众之间传播,同时辅以线上线下阅读分享与互动,成功地将《地图(人文版)》推成了"现象级"的畅销书;而对于《神奇校车(手工益智版)》,原本就已有多年的积累,此次开发出的新品"手工益智版"又选择与孩子们喜欢的肯德基联手做跨界合作,不仅举办好玩的活动——将真实的校车开到读者面前,还研发出 APP 游戏,使得这一场场营销活动成为孩子们的"阅读狂欢"。

(三) 2017 年少儿类畅销书市场总结

分析少儿类畅销书榜单可以看出,少儿类畅销品种依然是以"内容为王"取胜,在少儿类图书市场竞争愈演愈烈的当下,愈来愈能凸显经典的力量。同时也可以看到,少儿类的功能性图书在我国有很大的需求量,可惜至今尚未出现市场认可的精品,所以此类图书"推陈出新"的速度很快,具有畅销不稳定性。

在"内容为王"之外,为图书设计独特的营销方案也很关键,甚至起到改变图书命运的作用。习近平总书记在十九大报告中指出,善于运用互联网技术和信息化手段开展工作。当下正值"互联网+"时代流行时期,各行各业都在充分利用这一新兴模式展开新的升级工作,而在图书营销策划过程中善于使用多媒体营销手段去延伸品牌影响力、运用互联网思维去开辟新渠道,则能取得事半功倍的效果。从某种意义上说,国家政策的导向及扶持,也是图书畅销的一个重要因素。

二、2017 年文艺类畅销书市场情况

开卷 2016、2017 年畅销书排行榜 TOP500 相关数据显示,与 2016 年相比,2017 年图书整体市场中,少儿类实现了从 37% 到 43% 的增长,几近占据图书市场的"半壁江山"。社科类呈弱化趋势,由 2016 年的第二霸变为和 2017 年

文艺类"平分秋色",教辅类基本持平,语言、生活、科技类依旧在畅销榜中占据极小的位置。但文艺类在总榜上占据17%的地位没有改变,从2016年到2017年,小说在文艺类图书市场"霸主"的地位没有动摇,基本保持在60%的比例;散杂文和传记类图书的浮动较小;中国古典文学则从4%上升到7%;成人绘本漫画在2016年文艺类畅销榜上入围三部,2017年无一入选;美术类由2016年的三部作品升至2017年的五部,2016年文艺类有3部成人绘本漫画和1部设计类图书,在2017年退榜,在此归为"其他"一类。小说和散杂文这两大类别,几乎常年霸占着文艺类图书的市场份额,很难见到哪一部诗集脱颖而出,成为现象级畅销书。诗歌是小众的,无论是三十年前的海子,还是如今的余秀华,诗集畅销如此二人者,都未能登上年度畅销书榜。

(一)小说类

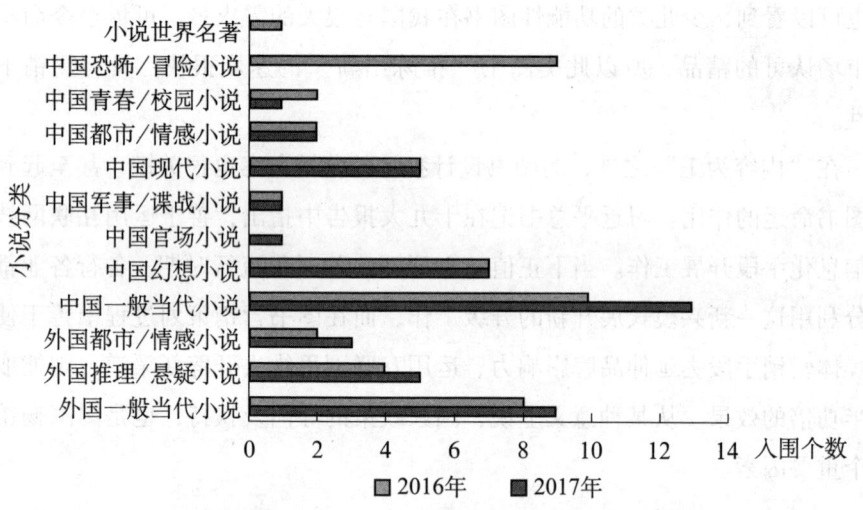

图2 2016年、2017年文艺类小说图书市场对比

1.《盗墓笔记》的退榜和《人民的名义》的登场

在2017年小说排行榜上,2016年入围的9部中国恐怖/冒险小说消失,这9部小说是南派三叔的知名盗墓系列小说《盗墓笔记》,全集共8卷,其中第8卷分上、下版。在IP热潮的推动下,作为大IP的《盗墓笔记》同名电影在数以亿计的观众期待下被改变成电影,于2016年8月上映。主演的鹿晗、井柏然

等小鲜肉的粉丝效应不仅拉动了收视率，还刺激了原著的销售，促使其入围当年畅销榜，其中销量最好的是第一部，排在300多名。然而，这部被誉为无数书迷心中的盗墓小说经典之作，被改编的剧情和视觉效应被大众一一否定，票房惨败。大众的吸引力总是容易被新的事物取代，随着IP热潮的持续不减，2017年3月底开播的大型反腐题材电视剧《人民的名义》用了短短一个月的时间，创造了近十年国内电视剧史最高纪录。这部作品契合了党中央反腐倡廉的政治风气，收视率和口碑双佳，成为现象级影视作品，其同名原著当年便售出58万余册，作为一部罕见的中国官场小说出现在2017年度畅销榜TOP50。这也表明，影视作品对原著的带动作用明显，其传播时效快、传播范围广，能使一部默默无闻的作品"一夜成名"，虽然寿命较短，原著的热度会随着影视作品的谢幕骤降，影视同期书仍是出版界的一大亮点。

2. 当代经典小说长销，心灵治愈系备受热捧

据统计，在2017年文艺类小说畅销榜上，中/外国一般当代小说占据21部，国内13部，国外9部。国内小说如《活着》《白鹿原》《平凡的世界》《穆斯林的葬礼》《狼图腾》等，销量虽不及排名前三的国外小说《解忧杂货店》《追风筝的人》和《摆渡人》，靠其内在品质支撑起生命力的名家代表作，仍然是小说出版界的常青树。外国都市/情感小说《偷影子的人》《霍乱时期的爱情》《挪威的森林》也是凭借着多年积攒的口碑和人气，常年占据畅销榜的一席之地。

东野圭吾的长篇悬疑温情小说——《解忧杂货店》，毫无疑问摘下了2017年年度文艺类畅销书的桂冠。该书在2014年由南海出版公司引进出版，凭借着东野圭吾"日本推理小说天王"的作者优势，2015年便挤进虚构类畅销书排行榜前五；2016年热度不减，位居第二；并在2017年改编成电影的持续发酵下，一跃成为2017年年度文艺类畅销书。从开卷数据可以看出，《解忧杂货店》2016年年销量130多万，比位居第一的《摆渡人》仅少了近20万，它在2017年销量猛增，年销量233余万，而《摆渡人》2017年年销量仅91万，退至第五。不只是纸质图书的销售，《解忧杂货店》已连续三年进入Kindle付费电子书榜的前十，并在2015年和2016年连续两年夺得Kindle年度付费电子书畅销榜的冠军。

2017年文艺类畅销书榜单上的现象级畅销书《解忧杂货店》《追风筝的

人》《摆渡人》《岛上书店》四部作品同属于"心灵治愈系"。"治愈系"是在新世纪诞生的,具有想象性、代偿性、超越性三种内在的审美特征,包含着容易共鸣的主题、治愈关系的对立形象、温暖清新的氛围、带有悲剧形式下的中和美这四方面的审美生成方式,安抚平衡人的心灵,减轻释放人的负面情绪,给人一种温暖舒适的"治愈感"的新型审美文化。① 通常来说,"治愈系"题材无外乎爱情、亲情、友情等感性话题,文字主打小清新风,笔法温暖细腻,用以唤醒人们在工业社会中内心缺失的温情。刘同的《我在未来等你》和张皓宸的《后来时间都与你有关》也属于此类心灵治愈作品。

3. 推理/悬疑和幻想小说最受欢迎

2017年入围的5部推理/悬疑小说《白夜行》《嫌疑人X的献身》《恶意》《拉普拉斯的魔女》《时生》,全部出自东野圭吾。除了排名靠后的《拉普拉斯的魔女》和《时生》两部作品,其余3部皆在2016年畅销榜上有名。东野圭吾开创的"写实本格派"风格是集"新社会派"与"新本格派"特征为一体的融合性风格,在主题上涉及社会、家庭和个人,在艺术手法上不断创新,甚至具有了反侦探小说的某些特征。推理小说是世界上拥有最多读者的文类之一,继承了欧美风气的日本推理小说逐渐占据了亚洲侦探文坛。类似的,中国的幻想小说除了刘慈欣的《三体》之外,《三生三世十里桃花》《悟空传》这些作品的走红全部依靠影视改编的力量。

(二) 散杂文类

1. 大冰与龙应台:2017年散杂文类畅销书作家代表

散杂文类是文艺类图书的第二大类,因其随笔式的写作方式在90后女性读者中颇受欢迎。其中最受欢迎的当属年轻作者大冰和台湾作家龙应台。从2014年出版的《乖,摸摸头》,到2017年的《我不》,大冰保持着每年一部散文集的速度,稳固住了大批粉丝。他身为综艺主持人的经验,为后来的百城百校畅聊会夯实了基础。《我不》《好吗好的》《乖,摸摸头》《阿弥陀佛么么哒》四部散文集在2017年散杂文畅销榜上位居前列,名作者的优势凸显。

---

① 颜学成. 审美视角下的"治愈系文艺"研究 [D]. 四川师范大学, 2017.

台湾作家龙应台成名于 20 世纪后期,在大陆备受欢迎的作品多为亲情写作,风格温柔纤细,主要以女性的温柔笔触描写亲子间的互动,《目送》《孩子你慢慢来》《亲爱的安德烈》作为龙应台的"人生三书"常年保持畅销,一方面迎合了当下亲子阅读热的诉求,可以"跨三代共读",另一方面也凭借着其细腻的温情感动了无数读者。

散杂文题材中最受欢迎的多为文艺"鸡汤",它柔软、温暖,充满正能量,因而可读性强,是年轻女性的"安慰剂"。

2. 名家作品的"再包装"现象成为趋势

一个很有意思的现象,凭借小说出名的贾平凹,散文却卖得最好。其四十年散文精选集《自在独行》出版一年多便卖到 60 多万册。简约的白色封面,配以个性化的黑字设计,角落里孤独的行路人踽踽独行,与书名遥相呼应。与此设计风格类似的还有《皮囊》,由韩寒监制,刘德华、李敬泽作序,白岩松、刘同、蒋方舟、阿来、阎连科、张晓龙倾情推荐。正如这本书的名字,这些外在的符号赋予了此书大量的附加值,目前已成为畅销 200 万册的国民读本。

《孤独是生命的礼物》这部作品收录了余光中、林清玄、白先勇等多位知名作家的散文,是当下"心灵治愈系"鸡汤作品火热的产物。随之而来的余光中离世,带动了大众缅怀乡愁诗人的情结,重温经典,送别先生。

(三)传记类

2017 年年度传记畅销书当归于《习近平的七年知青岁月》,这和当下政治风向密切相关,应归功于意识形态。《我们仨》是著名学者杨绛撰写的家庭生活回忆录,初版时间是在 2003 年夏,之所以在十余年后重新掀起畅销风潮,与 2016 年 5 月杨绛的逝世有很大关系。据开卷统计,2016 年全年《我们仨》一书售出 89 万余;2017 年 75 万余的销量,累计销量约 200 万。除了作者本身的社会影响力外,其平和质朴的语言魅力、优秀的装帧设计、低定价等都使这本书成为常销的经典。相比之下,曾经火极一时的柴静的《看见》渐降温,2016 年、2017 年销量保持在 20 万册左右。文艺类传记的销售随着名人的影响力而变化,热点事件只起到一时的推动作用。

（四）中国古典文学类

1. 教育改革刺激名著销售，版本认准老字号

2016年高考语文·北京卷《考试说明》中首次增加"经典阅读"要求，增添了《红楼梦》等12部经典阅读篇目。2017年，又直接将《红楼梦》《呐喊》《边城》《红岩》《平凡的世界》《老人与海》6部名著纳入必考范围。随着语文考试对经典名著的考试比重加大，越来越多的家长注重提升孩子阅读经典的能力，尤其是四大名著，对比2016年和2017年数据可以发现，《西游记》《三国演义》《红楼梦》三部书的销量实现了从15—16万册到20多万的增长。关于四大名著，目前公认最经典的是人民文学出版社出版的这一版本。除了版本优势外，其校点、注释权威，也是家长青睐的原因之一。

2. 文化类综艺火爆，同期书生命周期短

在相关政策调控下，2017年文化类综艺崛起，成为综艺界的一股清流，大有重现当年《百家讲坛》盛况之趋势。无论是《见字如面》《朗读者》《国家宝藏》，还是已播出三季的《中国诗词大会》，或者正在火爆的《经典咏流传》，均以口碑爆表的绝对优势衍生出大批同名书。其中，由中华书局出版的《中国诗词大会》上下册均出现在2017年度畅销榜上，排名在450名以后，销量17万余册。

这些节目都有一个共同特色——以发扬传统文化为己任，推广中国历史。不可忽视的是，越来越多文综节目的出现，同质化危机严重，大众的新鲜感渐丧失，已经开始了新一轮的审美疲劳。靠节目收视率带动的同期书，局限性明显。人们热衷于看文综节目，但未必会购买相关书籍，故这一类书印量有限。尤其是节目淡出时，同期书也渐销声匿迹。

（五）美术及其他

文艺类别下属的美术、设计、成人绘本漫画，每年只有寥寥几本能冲进畅销榜。《秘密花园》作为一本罕见的涂色书在短时间内创造了热销奇迹，在一定程度上缓解了大众普遍焦虑、压抑的情绪。它在开卷排行榜2015年第28周（7月6日—7月12日）登上非虚构类畅销书排行榜的第1名，至2016年第9

周（2月29日—3月6日）彻底退出排行榜前10名行列，之后再未返榜。[①] 但它并未消失，2016年在总榜排名第46，2017年落到第261名，销量对比减半。成人绘本漫画《就喜欢你看不惯我又干不掉我的样子》也消失在2017年畅销榜上。由此，以《秘密花园》为代表的涂色书时代渐行渐远。

（六）2017年文艺类畅销书市场总结

综观2017年文艺类图书市场，小说仍以霸主的绝对优势碾压群雄。以东野圭吾和刘慈欣为代表的推理悬疑、科幻小说作者，主导了小说市场风向。2018年东野圭吾又携新作《白金数据》和《假面山庄》登场，预计会将推理小说推向一个新的巅峰；亚马逊拟投资十亿美金拍《三体》，也会对这部科幻小说产生颠覆性的影响。

散杂文作者中，大冰与龙应台代表了"心灵治愈系"的两个高度，"治愈系"作品种类看似丰富，实则内容单一，陈词滥调已经不能满足大众的阅读需求，急需一股新鲜力量的涌现，来缓解对治愈系作品的审美疲劳。名家作品的"再包装"现象也如火如荼，越来越多的出版商迎合读者，把原来"一本正经"端坐的名家（如周国平、贾平凹、朱光潜、季羡林等）包装成熬制文艺鸡汤的高手。

不论是东野圭吾、刘慈欣，还是大冰、龙应台，总体来说，2017年畅销榜上占比最多的仍是名家作品，一个知名作者的多部作品会同时出现在畅销榜上。这与作者先前的知名度、积累的粉丝量都有很大关系。相比于捧红一个新作者，出版商更愿意花时间在已成名作者的新作上。

2018年教育部公布最新版的高中新课标，语文科目增加古诗文阅读篇目，同时高考·北京卷将《论语》纳入经典阅读考查范围，多版本《论语》的畅销已初现端倪。文化类综艺也正朝向中华传统文化这座宝库，来丰富自身，谋求创新。出版业界把握时机，从内及外，延长图书的生命周期，实现从畅销到长销的升华，才是真正畅销的秘诀。

---

① 张成智，余人.《秘密花园》从爆红到消隐带给业界的启示［J］. 科技与出版，2016（12）.

三、2017年社科类畅销书市场情况

（一）2017年我国社科类畅销书市场情况

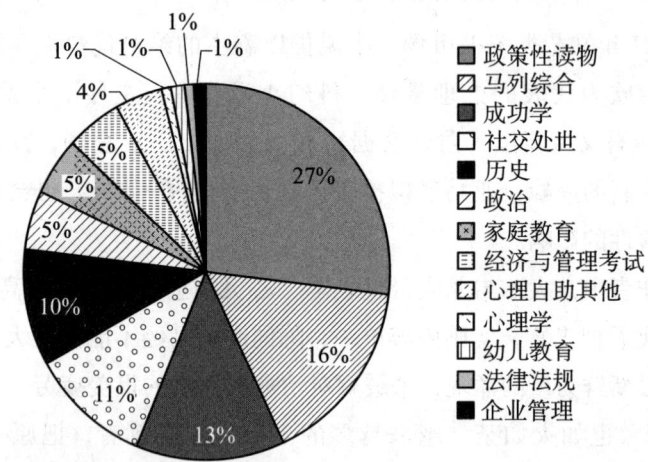

图3　2017年社科类畅销书市场情况（根据开卷2017年畅销书TOP500数据）

根据开卷排行榜数据统计显示，2017年社科类图书在畅销书TOP 500中上榜85本，占比17%，较2016年的117本下降了6%，与文艺类图书基本持平，依然是图书零售市场大头。其中，政策性读物、马列综合、成功学是2017年社科类畅销书占比最多的三类图书，与2016年社科类畅销书中的前三名一致。2017年社科类畅销书榜单见下表。

表1　2017年社科类畅销书排行榜（TOP 30）

排名	出版时间	书名	作者	出版社	定价
1	2017.10	中国共产党章程（租型本）	人民出版社	人民出版社	4.00
2	2017.10	决胜全面建成小康社会 夺取新时代中国特色社会主义伟大胜利：在中国共产党第十九次全国代表大会上的报告	习近平	人民出版社	6.00

续表

排名	出版时间	书名	作者	出版社	定价
3	2017.10	党的十九大报告辅导读本	《十九大报告辅导读本》编写组	人民出版社	33.00
4	2017.10	中国共产党第十九次全国代表大会文件汇编	人民出版社	人民出版社	12.00
5	2016.04	习近平总书记系列重要讲话读本（2016年版）	中共中央宣传部	学习出版社	16.00
6	2017.03	理论热点面对面（2017）．全面从严治党面对面	中共中央宣传部理论局	学习出版社	19.80
7	2017.11	习近平谈治国理政（第二卷）	习近平	外文出版社有限责任公司	80.00
8	2015.11	天才在左 疯子在右（完整版）	高铭	北京联合出版有限责任公司	39.80
9	2017.05	2018肖秀荣考研政治命题人1000题（试题分册+解析分册）	肖秀荣	北京航空航天大学出版社有限公司	56.80
10	2016.01	国家公务员录用考试真题系列．历年真题精解——行政职业能力测验（2018中公版）	李永新	人民日报出版社	46.00
11	2016.01	国家公务员录用考试真题系列．历年真题精解——申论（2018中公版）	李永新	人民日报出版社	36.00
12	2016.01	国家公务员录用考试专业教材．行政职业能力测验（2018中公版）	李永新	人民日报出版社	64.00
13	2016.01	国家公务员录用考试专业教材．申论（2018中公版）	李永新	人民日报出版社	52.00
14	2016.09	别输在不会表达上	李劲	苏州古吴轩出版社有限公司	35.00
15	2017.10	党的十九大报告学习辅导百问	本书编写组	党建读物出版社	28.00
16	2017.01	未来简史：从智人到智神	尤瓦尔·赫拉利	中信出版集团股份有限公司	68.00
17	2017.10	中国共产党章程（网络本）	中国共产党	人民出版社	4.50
18	2017.04	2018肖秀荣考研政治命题人知识点精讲精练	肖秀荣	北京航空航天大学出版社有限公司	59.80

续表

排名	出版时间	书名	作者	出版社	定价
19	2017.10	十九大党章修正案学习问答	本书编写组	党建读物出版社	20.00
20	2017.11	2018肖秀荣考研政治命题人终极预测4套卷	肖秀荣	北京航空航天大学出版社有限公司	22.00
21	2017.10	决胜全面建成小康社会 夺取新时代中国特色社会主义伟大胜利：在中国共产党第十九次全国代表大会上的报告（2017年10月18日）	习近平	人民出版社	7.00
22	2017.11	十九大学习笔记本	《十九大学习笔记本》编写组	党建读物出版社	12.00
23	2012.11	中国共产党章程	本书编写组	人民出版社	3.50
24	2017.10	2018肖秀荣考研政治命题人冲刺8套卷	肖秀荣	北京航空航天大学出版社有限公司	32.00
25	2017.04	2018肖秀荣考研政治命题人讲真题（上下）	肖秀荣	北京航空航天大学出版社有限公司	46.80
26	2017.10	党的十九大报告学习辅导百问	本书编写组	学习出版社	28.00
27	2016.12	好好说话：新鲜有趣的话术精进技巧	马薇薇，黄执中，周玄毅	中信出版集团股份有限公司	49.00
28	2017.06	习近平讲故事	人民日报评论部	人民出版社	48.00
29	2016.11	关于新形势下党内政治生活的若干准则 中国共产党党内监督条例	中共中央	人民出版社	7.00
30	2015.01	好妈妈不打不骂培养男孩300个细节	张晓萍	南海出版公司	29.00

1. 主题出版成为一道亮丽的风景线

2017年，出版业以迎接、宣传、学习、贯彻、落实党的十九大精神为主线，并在中国人民解放军建军90周年、香港回归20周年、"七七事变"爆发80周年等时间点推出重点出版物，主题出版成为一道亮丽的风景线。2017年2月，中宣部和国家新闻出版广电总局联合启动2017年主题出版工作，并确定一批迎接党的十九大主题出版重点选题。10月，党的十九大文件及学习辅导读物首发式在北京图书大厦举行。人民出版社、党建读物出版社、学习出版社共同推出了6种大会文件和3种学习辅导读物。[①]

从榜单中可以看到，TOP 30中与党的十九大文件及学习辅导读物相关的图书就占据了11席。其次与习近平总书记相关的著作占据3席，如《习近平总书记系列重要讲话读本》《习近平谈治国理政》《习近平讲故事》。主题出版大热已形成当下一种文化现象，产生这种现象的原因，一是因为近年来中国的世界影响力大增；二是以习近平总书记为核心的党中央有全面、重大而深刻的思想，引发了老百姓的集体思考和主动学习；三是缘于习近平总书记的个人魅力，他从基层到中央一路走来，对百姓的生活和思想具有十分深刻的理解，语言贴近百姓又立意深远，非常受读者欢迎。

2. 政治考试类教辅长销

肖秀荣考研政治系列图书常年占据社科类畅销书排行榜TOP 30。肖秀荣1991年至2004年为教育部考试中心全国硕士研究生政治理论入学统一考试命题组成员，曾任政治命题组副组长及学科组组长，参与历年考研政治大纲的修订和《政治理论复习参考书》（"红宝书"）的编写。他深谙考研政治的命题特点和命题规律，对考生的弱点和误区了如指掌，授课条理清晰，重点突出，信息量大，预测性强。其高质量的辅导效果使他成为考研辅导中最强的实力派人物，受到考研同学们的广泛认同。

每年各公务员考试人数高达一百多万，甚至还会出现"万人争一职"的情况，而在中国职业教育领域中，中公教育为广大青年人提供深度辅导实现了培训产品的规模化、多元化和差异化，在该领域中独树一帜。人民日报出版社出版的中公版国家公务员录用考试真题系列与国家公务员录用考试专业教材在公务员考试用书中长期占据垄断地位。

3. 心理学、历史类代表性畅销书表现不俗

2017年心理学与历史类各仅有一本图书进入畅销书TOP 30，分别是高铭的《天才在左 疯子在右》（年销量超过90万册）和尤瓦尔·赫拉利《未来

[①] 陈麟."当当2017年7—9月主题出版物销售榜单"分析——社科时政受欢迎 传统文化回归热［N］．中国出版传媒商报，2017-10-17．

简史：从智人到智神》（年销量超过 60 万册），并且《天才在左　疯子在右》和尤瓦尔·赫拉利的另一部著作《人类简史：从动物到上帝》也在 2016 年社科类 TOP 30 之中。

《天才在左　疯子在右》于 2010 年由武汉大学出版社出版，该书以访谈录的形式记载了生活在另一个角落的人群（精神病患者、心理障碍者等边缘人）深刻、视角独特的所思所想，让人们可以了解到疯子抑或是天才真正的内心世界。内容涉及生理学、心理学、佛学、宗教、量子物理、符号学，以及玛雅文明和预言等众多领域，满足了读者的猎奇心理，通过各种各样的案例引发读者对其他学科的好奇与兴趣，向未知的世界更近一步。

《未来简史：从智人到智神》之所以畅销正是抓住了当下人们的一个痛点，在现在这样一个瞬息万变的社会，很多人会对未来十年、二十年整个社会将向什么方向发展感到茫然。这种因为不确定性而带来的焦虑感，在社会的各个阶层中蔓延。尤瓦尔·赫拉利大胆地预测了人类社会的发展，认为在大数据、人工智能等科学技术的推动下，少部分人将由"智人"进化到"神人"，社会制度也将发生巨大改变，由此引起读者对人类未来发展的极大关注。

（二）2017 年社科类畅销书市场总结

综观 2017 年社科类畅销书排行榜 TOP 30，政策性读物有 15 种，马列综合类有 9 种，这两类图书占了社科类畅销书的 80%，政治、历史、心理学、法律等类别在排行榜中寥寥无几。一方面是由于党的十九大的召开，相关内容的图书属硬性需求，人文社科出版单位也积极响应党的十九大的号召，但另一方面，社科类图书选题开发的多样性和原创性尚显薄弱，还不足以引起读者的关注与阅读兴趣。

可喜的是，2017 年中国青年出版社和 BBD 联合研发出品的中国青年阅读指数（CYRI）显示，哲学社会科学的关注度不断上升，说明中国青年不是凭感觉而是用理智在思考问题，寻找答案。从"理性和科学"看待现在，到"积极、有为"创造未来，中国已经造就一代"积极融入世界"的青年，且中国青年更积极踊跃参与全球治理的时机正在到来。数据显示：中国青年对中国梦、中国特色社会主义、"四个全面"、国家安全观等相关专题的综合关切度高达

99%左右。[1]

在当下，主题出版可以说是最能体现双效的出版类型，而在主题出版图书类别中，又可细分为文学、社科、时政、历史等，不同类别的主题物所发挥的社会效益和经济效益也各不相同。迎合读者需求是出版人的本分，而创造读者需求、创新优质内容才是出版人未来的奋斗方向。

市场上叫好又叫座的畅销书，一定是能激发读者共鸣的作品，而要达到这一效果的最佳方式就是讲故事。主题图书若想达到叫好又叫座，就必须将思想性、科学性、艺术性、故事性和趣味性统一起来，对于主题出版来说，"坚持价值引领"与"讲好中国故事"的结合十分重要。

在"一带一路"倡议和国家树立文化自信的大环境下，中国出版"走出去"再上新台阶，越来越多的出版社加入人文社科图书"走出去"的行列，呈现出内容丰富、渠道多元、形式多样的特点。今后出版单位仍要为做精内容，深耕渠道而努力，不断增强中国文化"走出去"实力和影响力。

（张文红　北京印刷学院）

---

[1] 中国青年阅读指数显示十九大开启奋斗新时代［N］．中国出版传媒商报，2017－11－10.

第三节 2017—2018全民阅读发展报告

《全民阅读"十三五"时期发展规划》(以下简称《规划》)于2016年年底正式公布,这是我国全民阅读事业划时代的一件大事,为致力于全民阅读工作的社会各界带来了前所未有的振奋和启示。2017年3月,李克强总理在宣读国务院政府工作报告时,提出要"大力推动全民阅读";2018年3月,全民阅读被第五次写入国务院政府工作报告。以上来自于政策层面的重视,以及全民阅读十余年的积累,让这个领域愈加繁荣,并出现了一些令人瞩目的发展新态势,值得我们深入探讨,提供有益建议,以促进全民阅读整体质量的提升。

首先,本文将对第十五次全国国民阅读调查情况进行总结,通过审视国民阅读行为的变化,分析社会阅读需求的发展。在此基础上,本文将重点分析阅读行业融合、阅读产业发展、阅读推广专业化趋势这几个2017年以来最显著的现象,并在最后的未来展望中提出建议。

一、第十五次全国国民阅读调查情况总结

(一)从纸书阅读到阅读方式多元化

随着阅读媒介的日趋多元化发展,人们对阅读媒介的倾向性也在不断调整,在数字化技术、移动互联技术和计算机网络技术快速发展并逐渐融合的趋势下,国民的阅读方式日趋多元化,以移动终端阅读为代表的各类数字化阅读方式飞速发展。虽然纸质阅读的占比在逐年萎缩,但从长远来看,纸质阅读不会消亡,并将长期与各类数字化阅读方式共存。第十五次全国国民阅读调查结果显示,2017年我国成年国民倾向于"拿一本纸质图书阅读"的比例首次跌破50.0%,倾向于"手机阅读"的比例持续走高。

1. "拿一本纸质图书阅读"和在手机上阅读是当前较为主流的阅读方式

从近五年的调查数据来看，我国成年国民倾向于"拿一本纸质图书阅读"的比例由2013年的66.0%降至2017年的45.1%，五年间"缩水"近1/3；倾向于"手机阅读"的比例则由2013年的15.0%增长至2017年的35.1%，增长了1.34倍。手机阅读的速度增长之快，将网络在线阅读也甩在了身后，稳居我国成年国民青睐的阅读方式第二位。在2013年，倾向于"手机阅读"的比例与倾向于"网络在线阅读"的比例不分伯仲（分别为15.6%和15.0%），此后，与倾向于"手机阅读"的比例持续大幅增长不同的是，倾向于"网络在线阅读"的比例连续三年下降。

从纸质阅读和手机阅读两种阅读方式的纵向发展数据来看，成年国民倾向于传统阅读和手机阅读方式的比例之间的差距在快速收缩。近五年的调查数据显示，2017年我国成年国民倾向于"拿一本纸质图书阅读"与倾向于"手机阅读"的比例相差10.0个百分点，而同组数据在2016年相差17.8个百分点，在2013年则相差50.4个百分点。

此外，"听书"成为我国国民阅读方式的新选择，在2017年有两成以上（22.8%）的成年国民表示有听书习惯，仅次于"拿一本纸质图书阅读"和"手机阅读"的选择比例。

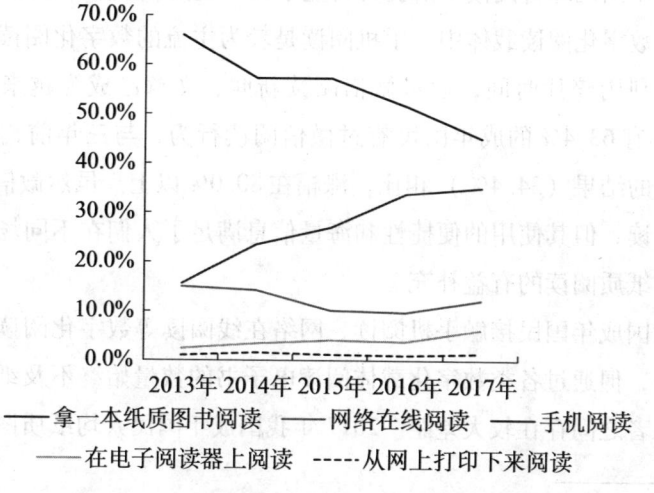

图1 近五年我国成年国民倾向的阅读方式变化

研究表明，习惯的形成与练习时间的分配密不可分，也就是说，我们每天分配给各媒介的接触时间，对阅读行为的有效形成起决定作用。从对各类媒介的接触时长来看，成年国民每天接触手机的时长约为图书的 4 倍。2017 年我国成年国民人均每天手机接触时间最长，为 80.43 分钟，远高于人均每天读书时长（20.38 分钟）。其次，人均每天接触互联网的时长（60.70 分钟）约为读书时长的 3 倍。此外，人均每天微信阅读时长为 27.02 分钟，也多于图书阅读时长。由此就不难理解，近年来我国成年国民倾向于"拿一本纸质书阅读"的比例急速下降，而倾向于"手机阅读"的比例在飞速提升。

2. 数字化阅读拉动了居民综合阅读率[①]上升，纸质图书阅读量仍远高于电子书阅读量

从调查数据来看，快速增长的数字化阅读率对提升综合阅读率的贡献度赶超传统阅读方式。2017 年我国成年国民的各种媒介综合阅读率为 80.3%，较 2016 年的 79.9% 提升了 0.4 个百分点。虽然从数据上看，综合阅读率的涨幅较为平稳，但与增势缓慢的图书阅读率（2017 年我国成年国民的图书阅读率为 59.1%，较 2016 年的 58.8% 上升了 0.3 个百分点）和不断下滑的纸质报刊阅读率（2017 年我国成年国民的报纸和期刊的阅读率分别较上年下降了 2.1 和 1.0 个百分点）相比，数字化阅读方式接触率涨势喜人。2017 年我国成年国民的数字化阅读方式接触率为 73.0%，较 2016 年的 68.2% 增长了 4.8 个百分点。可以说，成年国民综合阅读率的提升得益于数字化阅读接触率的快速增长。

在各类数字化阅读载体中，手机阅读是较为主流的数字化阅读方式。在手机用户中，利用碎片时间，通过微信阅读新闻、文章已成为越来越多人的习惯。2017 年有 63.4% 的成年国民有过微信阅读行为，与三年前初次对微信阅读进行调查的结果（34.4%）相比，涨幅在 80.0% 以上。虽然微信阅读是典型的碎片化阅读，但其使用的便捷性和海量信息满足了人们在不同场景下的阅读需求，是对纸质阅读的有益补充。

虽然我国成年国民接触手机阅读、网络在线阅读等数字化阅读方式的比例在快速增长，但通过各类数字化载体阅读电子书的数量始终不及纸质图书阅读数量，且二者之间存在较大差距。2017 年我国成年国民人均纸质图书阅读量为

---

① "居民综合阅读率"是指过去一年阅读过图书、报纸、期刊或接触过数字化阅读方式中一种或几种的居民占全体居民的比例，进一步来说，居民综合阅读率实际上是指有书报刊或数字阅读行为的人口占总人口的比例。

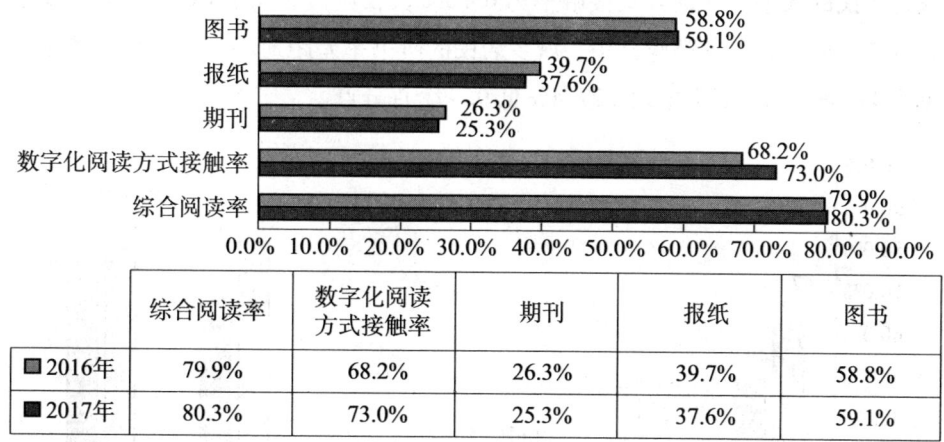

	综合阅读率	数字化阅读方式接触率	期刊	报纸	图书
2016年	79.9%	68.2%	26.3%	39.7%	58.8%
2017年	80.3%	73.0%	25.3%	37.6%	59.1%

图2 各媒介阅读率年度比较

4.66本，较人均电子书阅读量（3.12本）多1.54本。在我国成年国民中，年均阅读10本及以上纸质图书的比例为10.2%，远高于电子书的5.4%。

由此可见，纸质阅读虽然存在携带不便、价格较电子书高等劣势，但带给读者阅读体验的仪式感、阅读习惯的舒适性、知识体系的连贯性、深度思考的纵深性都是大部分数字化阅读方式无法企及的。因此，即便与各类数字化阅读方式相比，各类纸质媒介的阅读状况发展缓慢，但纸质阅读在相当长的一段时间内将与各类数字化阅读方式齐头并进。对于出版业而言，不论人们选择哪种终端进行阅读，阅读的内容始终是吸引受众的关键所在。如今，同样内容的纸质版图书和电子版图书同步发行成为行业趋势，因此，纸质书和电子书之间并非对抗关系，而是相互促进，共同发展。

（二）城乡居民阅读状况差距悬殊

1. 成年国民图书阅读率和报纸阅读量的城乡差距较大

从衡量成年国民阅读状况的核心指标——综合阅读率来看，我国城乡居民的阅读状况差距较大。数据显示，2017年我国农村居民的综合阅读率为72.2%，远低于城镇居民的87.2%。由构成综合阅读率的分项指标对比来看，城乡差距最大的是图书阅读率，其次是数字化阅读接触率。数据显示，2017年我国农村居民的图书阅读率为49.3%，较城镇居民的67.5%低18.2个百分点；

农村居民的数字化阅读方式接触率为63.5%，较城镇居民的81.1%低17.6个百分点。此外，在各类媒介中，城乡居民的听书率差距最小，农村居民的听书率为17.5%，较城镇居民的27.4%低9.9个百分点。

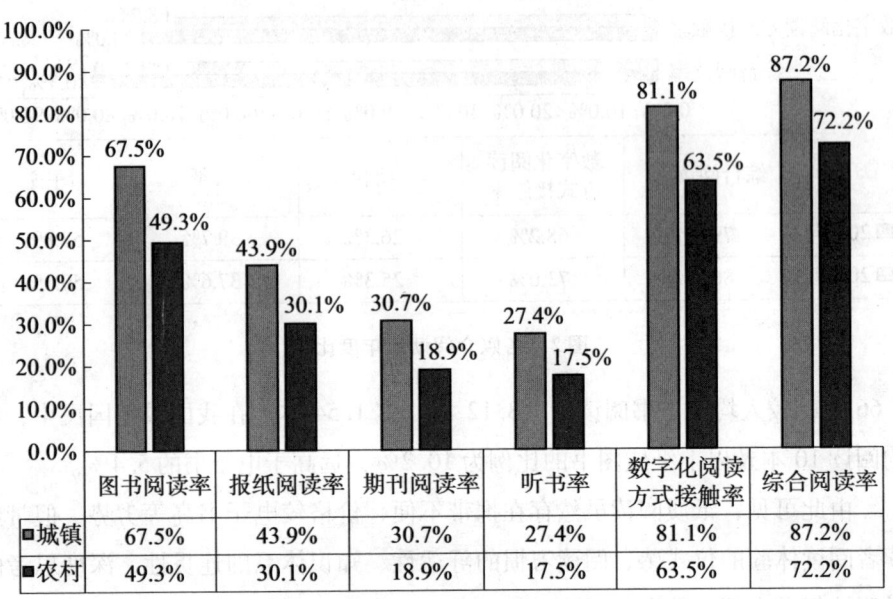

图3 我国成年国民各媒介阅读率城乡对比

在各媒介阅读量的对比中，城乡居民之间差距最大的是报纸阅读量，城镇居民的人均报纸阅读量为49.36期/份，约为农村居民的三倍（15.12期/份）。各媒介阅读量城乡差距最小的是电子书阅读量，2017年我国城镇居民人均电子书阅读量为3.50本，高于农村居民（2.70本）。究其原因，一方面电子书阅读量与其他媒介阅读量相比，整体基数偏小；另一方面，与纸质书报刊相比，获取电子书内容的便捷性更高，较少受到地理因素和经济条件的制约，对于农村居民而言，纸质书报刊的获取成本更高。

表1 我国成年国民各介质阅读量城乡对比

介质	城镇	农村
图书阅读量（本）	5.83	3.35
报纸阅读量（期/份）	49.36	15.12
期刊阅读量（期/份）	5.37	2.00
电子书阅读量（本）	3.50	2.70

2. 农村未成年人阅读情况堪忧

未成年人是阅读的起点，也是推动全民阅读的关键所在。但从城乡对比来看，我国城乡未成年人的阅读情况差距悬殊，尤其在图书阅读率和图书阅读量方面，农村未成年人与城镇同龄人之间的差距较大。从图书阅读率来看，农村0—8周岁儿童与城镇同龄人相比差距更为悬殊。通过对我国城乡未成年人图书阅读情况的考察发现，2017年我国城镇0—8周岁儿童图书阅读率为84.1%，较农村儿童的69.6%高14.5个百分点。在阅读量上，农村儿童同样处于劣势。2017年我国农村0—8周岁儿童人均图书阅读量为6.18本，较城镇儿童的8.34本少2.16本，儿童阅读存在的城乡差距需要引起我们的足够关注。

14岁之前是形成阅读习惯的关键期，9—13周岁少年儿童已具备了基本的阅读技能，正处于阅读饥渴期，在图书阅读率和阅读量方面应处于较高水平。但调查数据显示，2017年我国农村9—13周岁少年儿童的图书阅读率为90.9%，比城镇少年儿童的95.0%低4.1个百分点。从图书阅读量来看，农村9—13周岁少年儿童的图书阅读量为8.20本，少于城镇少年儿童的9.44本。

14—17周岁青少年处于阅读能力和阅读水平快速发展时期，阅读量是衡量该年龄段青少年阅读能力的关键指标。虽然该年龄段图书阅读率的城乡差异较小，但农村青少年的图书阅读量（9.34本）较城镇青少年（13.37本）少4.03本，是三个年龄段中图书阅读量城乡差距最大的。

（三）有声阅读成为国民阅读新的增长点

作为数字化技术的产物，有声阅读已经成为越来越多人在传统阅读之外的选择，2017年，我国有两成以上的国民有听书习惯，也就是说，每五个国民当中就有一个人有过听书行为。在各年龄段群体中，听书率最高的是14—17周岁青少年（28.4%），高于成年国民的22.8%。9—13周岁少年儿童和0—8周岁儿童的听书率均在两成左右（分别为20.9%和20.7%）。从听书介质和内容来看，"听书"已成为国民进一步满足学习知识、娱乐休闲、兴趣爱好等基本阅读需求的有力补充。

从对听书介质的选择来看，各年龄段群体选择"移动有声APP平台"听书的比例均较高。从听书内容来看，成年国民更多倾向于娱乐休闲类的内容，如"听故事（情感故事、少儿故事等）""收听评书连播""听图书节选或连载"。未成年人的听书内容以学习和故事类为主，如"听英语或进行其他语言学习""听诗歌朗诵""听故事（情感故事、少儿故事等）"。

以上这些调查情况，有喜有忧，喜的是国民阅读生活日益多彩，数字化阅读、听书，丰富了国民的阅读体验。忧的是城乡阅读的差距，尤其是未成年人阅读的差距。如何能够通过阅读基础设施建设、阅读工程开展、农村阅读推广人队伍建设，尽快消弭这种差距，将是全民阅读未来的重点议题。

二、2017年全民阅读的特点与发展趋势

（一）全民阅读法规体系格局初现

全民阅读相关法规政策的推进，尤其是《规划》的公布和启动于2013年3月的《全民阅读促进条例》（以下简称《条例》）立法工作，为全民阅读在我国社会的观念融合、力量融合带来了前所未有的良好机遇，塑造着全民阅读的行动场域，政治、文化、经济、科技、读者需求等要素不断产生新的化合反应，推动了全民阅读的加速延伸、发展。

2017年是我国中央和地方出台全民阅读相关法规取得飞跃性发展的一年。2017年4月，国务院法制办公布的《条例》（征求意见稿）公开征求意见，6月，《条例（草案）》经国务院法制办办务会议审议原则通过。相关法规体系雏形初现，包括《条例》的上位法——于2017年3月1日开始实施的《公共文化服务保障法》；与《条例》密切相关、规范了公共图书馆全民阅读推广责任的《公共图书馆法》，该法于2017年11月4日通过并公布。

国家立法，地方先行，2017年以来，我国共有2省1市实现阅读地方立法，分别是《黑龙江省人民代表大会常务委员会关于促进全民阅读的决定》（2017年4月7日公布，23日实施）《吉林省全民阅读促进条例》（2017年9月29日公布，12月1日实施）和《常州市人大常委会关于促进全民阅读的决定》（2017年6月30日公布、实施）。截至2018年9月，全国已有6省3市对全民阅读立法（为"决定""条例""办法"三种类型）。这九部法规秉承着

《全民阅读促进条例》的立法原则和立法思路，如政府主导、社会参与、少儿优先、保障重点群体、公益普惠等，保障国民平等享有基本阅读权益，对支撑全民阅读的基础设施、阅读内容、阅读活动、阅读推广队伍、鼓励奖励机制、法律保障等方面进行了规范，以此促进本地区全民阅读事业的发展，服务居民阅读需求。此外，宁夏、福建、安徽、河南、上海、河北、广东、山东等地区也在近两年间启动全民阅读立法，并公布了法规名称、开展立法调研；已将立法纳入议程但尚未确定名称的地区有北京、重庆、陕西、湖南、云南等。

2017年是《规划》实施的第一年，一些全民阅读发展速度较快或极为重视此项工作的省、市、区，亦在《规划》的指导下，结合地方工作特点，制订了本地全民阅读中长期规划，如《江苏省"十三五"全民阅读发展规划》《四川省"十三五"时期全民阅读规划》《福建省全民阅读2017—2020年发展规划》《广西壮族自治区全民阅读中长期规划（2017—2025年）》《北京市西城区"十三五"时期全民阅读推广规划》等。

（二）全民阅读各界力量加速融合

2017年以来，阅读类文化综艺节目和知识付费类平台发展迅猛，共同将全民阅读作为自身标签，成为推动全民阅读为大众熟知的两支主力军。它们集中体现出全民阅读正在打开边界、不断融合的趋势——媒体、艺术界、文化界、读者、资本、广告主、技术商、出版界、图书馆界实现了线上线下的跨界合作、跨屏合作，促进了大众阅读。

这些不断加速的融合和跨界，为全民阅读构建起更为广阔的行动场域，在这个场域中，公共图书馆、农家书屋等公共文化阅读设施、出版社等内容生产商、通讯运营商、媒体、教育机构、阅读推广组织等分散的力量以多元形式组合起来，人、财、物、技术等阅读推广要素得以更为高效配置，推动全民阅读事业由分散到集中、从形式化到实质落地，向基层延伸扩散。

从分散到共融，国家法规政策起到了主要的主导作用。法规政策的制订过程就是不断打破界限、谋求共识的过程。《条例》《规划》及其他全民阅读相关法规的制订过程，就是一个广泛征求各部委、社会各界意见的过程，实现了全民阅读在观念领域的不断碰撞、融合、创新。这种观念融合需要的首要共识是，全民阅读要服务于公众利益。2017年以来，多次以全民阅读为主题的会议，成为展现和推进融合共识的重要平台，具有代表性的会议有国家新闻出版广电总局召开的 2017 年全民阅读工作会议、上海全民阅读社会组织合作座谈会、2017 博鳌全民阅读论坛、在广西南宁召开的 2018 中国全民阅读年会、在 28 届书博会期间开展的全民阅读推广新媒体峰会和首届阅读产业资本论坛、出版界图书馆界全民阅读年会（2017）、第十四届中国儿童阅读论坛、2017 华夏阅读论坛暨书评馆员培训与全民阅读立法促进研讨会等。

（三）阅读推广的专业化发展

阅读推广的专业化发展是全民阅读事业 2017 年以来的重要趋势。阅读推广的专业化是指阅读推广正在成为职业，相关阅读推广理论、伦理精神、技能日趋成熟，形成体系。我国阅读推广专业化发展的标志之一，是已经出现了专职工作者和组织。其中，儿童阅读推广的专业化发展速度最快，专业领域最为繁荣。

1. 相关行政工作的专业化

新闻出版、广播电视、教育、财政、文化等相关部门全民阅读相关行政工作前所未有的增多，推动了行政工作者在该领域全民阅读行政管理能力的提高。经过十余年来自上而下的推动，各级新闻出版行政部门逐渐建立起全民阅读的专职负责部门，或者是专职管理人员，这些人员不仅要不断探索、推进全民阅读政策规划的制订，还要通过组织开展各类项目、活动，推动政策落地。这些工作加速了各省相关部门的交流借鉴，推进了政府对行业、居民阅读需求的调查研究工作，推进了行政人员的业务钻研和创新。近两年来新闻出版学术期刊中有关全民阅读的论文中，不乏这些行政人员的作品，体现了行政工作人员全民阅读专业水平的发展。

2. 重点行业的专业化

新闻出版、图书馆、教育等行业成为开展全民阅读实践的主要领域。这些领域不断涌现出阅读推广人的领军人物。《中华读书报》《中国教育报》和各地新闻出版行政部门，近两年来开展了各种优秀阅读推广组织和人的评选推荐活动，如金牌阅读推广人、十佳阅读推广人、十大读书人物、领读者等。各组织体系内部开展的阅读推广培训的繁荣发展，代表者如亲近母语针对教师群体开办的各类阅读推广培训、江苏针对农家书屋管理员开办的阅读推广培训、图书馆界的阅读推广培训等。阅读推广教材也正式起步，2017年以来尤为集中，具有代表性的阅读推广系列教材有王余光教授主编的多辑《阅读推广人系列教材》（朝华出版社）、徐雁教授主编的4册《书香中国·全民阅读推广丛书》（海天出版社）等。

组织内部工作者的阅读推广实践活动，推动了阅读推广在组织内部形成分工，例如，图书馆成立专门的阅读推广部门，中小学开设专业阅读课程，出版社成立全民阅读编辑部、读书会等。

3. 社会力量的专业化

《规划》及近年来国家新闻出版广电总局发布的全民阅读年度通知，都在强调"社会参与"。全民阅读是一项新生的公共文化事业，要想快速发展，满足居民日益增长的阅读需求，就必须打破公共资源有限、专职人员（如图书馆员、农家书屋管理员、社区图书室管理员）不足等难题，积极引入社会力量参与进来，以提高全民阅读服务的整体水平，这在一定程度上为有志于此的组织或个人提供了政策扶持和市场机遇。

总体看来，这些新加入全民阅读的社会力量分为营利组织和公益组织两大类型。前者有绘本馆、教育培训机构、知识付费企业、阅读类新媒体等，如优贝绘本馆、得到、樊登读书会、喜马拉雅FM、咪咕阅读等；后者有半山读书会、三叶草故事家族、爱阅基金会、蒲公英乡村图书馆等。它们通过商业模式或是政府购买服务的形式，服务读者需求，不断探索，推出了极具创新性的专业阅读推广方案、技术、载体。

4. 专业培训的蓬勃发展

2017年以来，我国的阅读推广培训正在从以政府主导的培训向社会自发开展的培训拓展。此前，江苏、北京、深圳、山东等地区的市、区级行政单位已多次开展公共阅读推广培训，培训对象或来自于社会公开招募，或来自于图书馆员、农家书屋、社区书屋管理员，或是通过阅读推广项目遴选而来。今天，优贝绘本馆、樊登读书会等商业性质的阅读推广机构频繁开展内部培训，来自于公共图书馆、研究机构、高等院校的科研人员，也开始组织各类面向社会的阅读推广培训、讲座、工作坊、课程式系列培训等。

相对于正在成长的基层阅读推广人，众多因倡导呼吁阅读、从事阅读研究推广工作而取得一定社会声望的阅读推广人,则成为大量培训的主讲专家,或者说是阅读推广专业精神、技能的"点灯人"。

社会化的阅读推广培训更是千姿百态,全国各地几乎天天都有线上线下培训活动,这些培训大部分是开放性、收费性的,水平参差不齐。有高水平的理论研究型的培训,也有面对大众、基层教育、出版工作者所开办的技能培训。这些培训基本是以儿童阅读推广为主,尤其是各类商业阅读推广机构,主要以儿童阅读为培训的切入点。

(四)全民阅读促进了出版业供给侧改革

2017年以来,供给侧改革进一步深化,这也成为出版行业的主要改革方向。在全民阅读政策的有力引导下,全民阅读也获得了投资者的关注,由此引发了阅读这项古老的人类行为与最新数字化科学技术的接轨。上文所提到的教育培训、知识付费、阅读类新媒体等新型业态,即是这种接轨的产物。它们的出现、延伸、拓展了出版产业链,重构了读者与内容生产者、内容传播者、文本之间的关系,重塑了以求知、学习、读书为关键词的商业价值,推进出版业从生产方向服务业的变革,使得出版从业人员更为直接地关注满足读者的阅读需求,为读者需求提供个性化服务。因此,全民阅读成为出版业供给侧改革的出发点,也为改革切实落地提供了有效路径。

阅读服务业、阅读产业、知识产业等概念,在2017年以后被新闻出版业频繁使用,相对于出版产业这个传统的概念,新概念具有以下鲜明特征:①更为精确地判断读者阅读需求。②基于更加多元的阅读载体的读者体验,推动认知革命。③附加在文本之上的阅读服务。④专业化的阅读推广机构和阅读推广人。⑤以阅读为核心的写作、编辑、发行、信息管理、传播等产业链的重塑,带动了作者、出版业、数字化技术商、通讯运营商、图书馆、学校、基层公共文化设施之间关系的重塑等。

总之,全民阅读将成为出版业与其他行业的黏合剂,将为出版业所拥有的版权资本、作者资源进行赋能,将这些沉淀的知识、资源基础成为阅读推广服务的燃料。养成这种服务能力,首先需要出版业打破自身在长久的岁月中形成的内部分工机制,打破发行市场的旧有规则,以读者需求为目标,进行内外部的资源配置。

（五）阅读产业概念广受关注

2018年7月，在第28届全国书博会召开期间，"首届阅读产业资本论坛"成功举办。论坛发布的《阅读产业发展报告（2017）》[①]中提到，构成我国阅读产业的有三个主要板块：传统图书出版、数字阅读、有声书和互联网知识付费，其规模分别为1 800亿码洋、110亿元、40亿元。

2016年12月颁布的《规划》，首次系统阐释了构成全民阅读事业的各个板块，有主导阅读工程、提供政策保障的政府，有属于公共文化教育体系的公共图书馆、学校，也有属于商业体系的出版业、媒体、书店，还有鼓励支持其发挥作用的志愿者、阅读推广人等社会力量。定位和职责的明确，激发了来自业界的关注，有力促进了全民阅读相关产业概念的崛起。

1. 全民阅读产业概念日渐清晰

2017年以来，全民阅读在国家政策文件中的轮廓日渐清晰，形成了以全民阅读为核心的大量关键词，大致可分四类：一是与国民阅读状况相关的，例如阅读率、阅读习惯、阅读水平、读书传统、儿童阅读等；二是与阅读行为相关的，如数字化阅读、碎片化阅读、网络阅读、纸质阅读、广泛阅读、亲子阅读等；三是与阅读科学相关的，如阅读调查、阅读指数、分级阅读、阅读指导、阅读研究、书目推荐等；四是代表了国家政策的，如阅读工程、阅读项目、阅读立法、公共阅读服务等。在政府的推动倡导下，这些关键词自上而下扩散、自专业领域向社会扩散、从发达地区向欠发达地区扩散、从公益服务向商业术语扩散。这些概念激发了读者需求、资本投入、内容生产、传播推广、阅读载体这些构成全民阅读产业的重要板块的活跃，从而实现了产业链的贯通。

2. 全民阅读产业构成

2017年以来，全民阅读产业主体主要有三大类型。

一是走向阅读推广服务的传统企业。出版企业、媒体、书店这些传统企业仍然是全民阅读产业的主体，但如前文所述，其阅读服务属性更加鲜明，从业人员的阅读推广专业化水平在迅速提升，衍生出专职阅读服务部门，跨界合作增多。例如，作为全民阅读的终端，实体书店近两年向引人瞩目的新型阅读空间，展示阅读美学，提供更为人性化的阅读服务。并且，实体书店从与咖啡

[①] 中南传媒产业研究院，华泰证券研究所互联网传媒组. 阅读产业发展报告（2017），2017.

馆、文创业的合作，走向了与天猫、京东等互联网企业的合作，运用大数据、人工智能等技术革新传统经营模式。

二是新兴的从事阅读服务的企业。包括上文提到的提供有声书服务、知识付费服务的互联网企业、自媒体平台；专门策划组织阅读活动的文化公司、基金会，如承办北京阅读季的北京大阅文化传播公司及深圳爱阅基金会；以及致力于阅读科研、研发阅读项目的民间或企业阅读研究机构，如南京亲近母语研究院。这些企业通过线上服务和线下组织相结合的模式，2017年以来蓬勃发展，在资本市场上极其引人瞩目。例如，蜻蜓FM、罗辑思维、喜马拉雅FM等都获得多轮融资，估值几亿到几十亿不等。

三是数量众多、规模较小的小型阅读推广组织。据报道，2017年上海有大大小小的各类读书组织3万多个。① 江苏省具备一定影响力的民间阅读组织达1 300多个。② 深圳各类民间阅读组织已经超过100个。③ 各地区统计数字的较大差异，其实是因为标准不一造成的。这些呈现微小创业状态的组织，有的注册为企业，有些注册为非营利组织，有的则是组织形式更为松散的读书会。2017年以来，不少小型阅读推广组织实现了自我造血功能的突破，依靠政府购买服务、与出版机构合作、建立自媒体、实行会员制等，解决了基本生存问题，并谨慎地建立内部组织，实现专业化成长。

3. 阅读产业的主要类型

阅读产业初具轮廓，远未成熟。产业主体的类型多元，因载体技术、内容、地域、资金来源、服务对象而千差万别。可以根据不同标准进行划分。

（1）从服务对象的地域性看，可分为面向发达城市居民、普通城镇居民、农村居民和组织内部成员四类。

（2）从推广技术看，可分线下和线上两大类型。

（3）从专业水准看，可分为专业化和大众化。

（4）从支付费用看，可分为付费阅读服务产品和免费阅读服务产品。

（5）从受众类型看，可分为定向和随机两种。

---

① 李婷.申城评出100个优秀阅读推广组织［N］.文汇报，2017-02-19，http://www.shzgh.org/shjs/node9/u1ai107147.html.
② 李婧璇，叶明生.江苏：保障措施更加有力［N］.中国新闻出版广电网，2017-04-24.
③ 陈黎.深圳民间阅读组织超过100个［N］.深圳晚报，2017-04-22.

(6) 从推广效果看,可分为宣传推广型、日常阅读型和研发型等。

与传统出版产业、内容产业相比,阅读产业有如下鲜明特征,即试图更加精准地研究读者、联系读者、服务读者,努力承担阅读内容和读者之间的媒介角色,根据读者需求对阅读内容进行二次加工,音频、视频、朗读者、图画、阅读空间……这些都前所未有地提升了读者的阅读体验。

由此看来,阅读产业开启的是人类认知模式的变革,从书写到多媒体,从文字到音像,背后则是来自于政策、资本、技术推动变革加速发展的综合动力。

三、推进全民阅读发展的对策建议

2017 年以来,全民阅读领域实现了加速发展,政策的重视、产业的动力、专业的趋向,都让这个领域产生着结构性的变化,留下了越来越响亮的时代指引。全民阅读事关我国精神文明建设、国民文化素质提升和国家软实力发展,为推动这项事业进一步快速、健康、有序发展,本文提出如下建议。

(一) 抓住历史机遇,推进组织机制建设

2018 年迎来党和国家的机构深化改革,全民阅读的主管部门——国家新闻出版广电总局拆分,新闻出版并入中宣部,全国全民阅读办公室的三定方案还未出台,但从全民阅读需要各界合力推进的本质来看,宣传系统更能广泛调动各方力量,推进全民阅读的融合发展。希望全民阅读在这次历史机遇中,组织机制建设能进一步加强,《规划》中所提到的全民阅读统筹协调机制能够进一步深化,明确各级全民阅读负责机构的职责任务。

(二) 加快全民阅读立法进程

全民阅读各界都在翘首以盼《全民阅读促进条例》的颁布,该条例的出台及实施细则的公布推广,必将推动全民阅读产业进一步蓬勃发展,全民阅读公共服务能力进一步加强,也必将激发各地阅读立法的研制工作,进而全面优化全民阅读的法制环境,带动全民阅读研究的深入发展。

（三）培育阅读推广队伍

阅读推广人的规模、类型、专业化水平，在很大程度上塑造着一个地区的全民阅读服务水平，培育遍布城乡的阅读推广队伍，需要政府给予足够的政策优惠，帮助优秀阅读推广个体或者组织的成长，引领专业人才服务于阅读水平亟待提升的群体和地区。同时，还需要阅读推广专业培训体系的建立，建立行业准入制度，推进阅读推广职业道德规范建设，让优质阅读服务成为公共文化服务和阅读市场的标杆，进而推动全民阅读服务质量的整体提升。

（四）建立科学评估制度

国家和各地的全民阅读服务评估机制有待建设完善，推进阅读设施、购买服务招标和项目立项的公开透明、公平公正，研制居民反馈机制，制订奖惩机制，严防打着阅读推广旗号的伪劣组织、行为渗入到阅读产业中来。加强阅读推广公益培训的研究，建立科学、系统的阅读推广体系，为阅读推广培训行业梳理标杆，从而不断提高阅读推广人的素养能力，培育后备力量。

（五）推进专委会及协会发展

按照《规划》要求，尽快推进国家和地方各级全民阅读指导委员会、全民阅读促进协会的建设。目前，指导委员会和促进协会在我国各地区尚未普及，加快其建设工作，有助于促进阅读推广的专业化科学化，对各种项目活动进行更好的组织、实施和评估，建立良好的阅读产业生态系统。

（六）重视阅读科研工作

全民阅读的科研工作，目前存在不均衡状态，图书馆界、教育界的理论和实践研究已走向蓬勃，而新闻出版界、社会工作界的研究工作则落后于实践进展，建议相关部门加强全民阅读研究的课题立项，推动理论和实践的相结合，推动产业不断创新、壮大。

（张文彦：青岛大学；田菲：中国新闻出版研究院）

第四节 2017年出版标准化报告

一、总体情况

2017年党的十九大作出中国特色社会主义进入了新时代这一重大论断,对各行各业都提出了新的更高要求。围绕"五位一体"总体布局和"四个全面"的战略布局,中国的标准化事业开启了全面标准化建设的新征程。

2017年,我国新闻出版领域制定完成新闻出版国家标准25项,发布新闻出版行业标准18项、新闻出版工程项目标准38项。新闻出版领域的标准化工作在这一年稳步推进,重点围绕建立以标准为引领的科技与出版的融合创新机制,以标准为基础的数字出版质量保障体系,以标准为支撑的新闻出版公共服务体系,开展标准制修订和实施工作,支撑新闻出版产业快速、有序、健康发展。

2017年11月4日,中华人民共和国第十二届全国人民代表大会常务委员会第三十次会议修订通过了《中华人民共和国标准化法》,并由第七十八号中华人民共和国主席令公布,自2018年1月1日起施行。新《标准化法》对1989年《标准化法》进行了全面修订,确立了多项新的标准化法律制度,摒弃了诸多计划经济特点的监管措施,体现了市场经济和现代国家治理的要求。新法的颁布将为下一个时期的标准化工作提供基础性法制依据,为新时代的经济社会建设保驾护航。

二、标准制修订工作

深入推进行业标准化建设是"十三五"新闻出版科技工作四项主要任务之

一，2017年的标准化工作围绕规划提出的"贯彻落实国家和行业标准化发展战略，完善标准体系建设，加强标准化工作机构的协同配合；重点关注加快数字化转型升级、传统业态与新兴业态融合发展等推动产业升级的相关标准制修订……"展开。2017年，新闻出版业制定完成了25项新闻出版国家标准，发布了18项行业标准、38项工程项目标准。

（一）国家标准制修订

2017年共有25项国家标准发布，其中包括4项出版标准、21项印刷标准。分别为：

出版标准：

GB/T 33662—2017 可录类出版物光盘 CD-R、DVD-R、DVD+R 常规检测参数

GB/T 33663—2017 只读类出版物光盘 CD、DVD 常规检测参数

GB/T 33664—2017 CD、DVD 类出版物光盘复制质量检验评定规范

GB/T 33665—2017 声像节目数字出版物技术要求及检测方法

印刷标准：

GB/T 18721.2—2017 印刷技术 印前数据交换 第2部分：XYZ/sRGB 编码的标准彩色图像数据（XYZ/SCID）

GB/T 33713—2017 热固型轮转胶印过程控制要求及检测方法

GB/T 34053.1—2017 纸质印刷产品印制质量检验规范 第1部分：术语

GB/T 34688—2017 数字印刷纸张印刷适性及检验方法

GB/T 34690.1—2017 印刷技术 胶印数字化过程控制 第1部分：概述

GB/T 34690.2—2017 印刷技术 胶印数字化过程控制 第2部分：作业环境

GB/T 34690.3—2017 印刷技术 胶印数字化过程控制 第3部分：原始资料的接收和处理

GB/T 34690.4—2017 印刷技术 胶印数字化过程控制 第4部分：输出文件制作

GB/T 34690.5—2017 印刷技术 胶印数字化过程控制 第5部分：软打样

GB/T 34690.6—2017 印刷技术 胶印数字化过程控制 第6部分：数字硬打样

GB/T 34690.7—2017 印刷技术 胶印数字化过程控制 第7部分：计算机直接制版

GB/T 34690.8—2017 印刷技术 胶印数字化过程控制 第8部分：胶印设备

GB/T 34690.9—2017 印刷技术 胶印数字化过程控制 第9部分：印刷

GB/T 9851.9—2017 印刷技术术语 第9部分：书刊印刷术语

GB/T 35398—2017 书刊印刷产品分类

GB/T 34053.6—2017 纸质印刷产品印制质量检验规范 第6部分：折叠纸盒

GB/T 34053.3—2017 纸质印刷产品印制质量检验规范 第3部分：图书期刊

GB/T 34053.5—2017 纸质印刷产品印制质量检验规范 第5部分：报纸

GB/T 34053.4—2017 纸质印刷产品印制质量检验规范 第4部分：中小学教科书

GB/T 34053.2—2017 纸质印刷产品印制质量检验规范 第2部分：抽样判定规则

GB/T 34053.1—2017 纸质印刷产品印制质量检验规范 第1部分：术语

（二）行业标准制修订

2017年发布行业标准18项，其中出版标准12项，印刷标准6项。分别为：

标准号	标准名称	领域
CY/T 154—2017	中文出版物夹用英文的编辑规范	出版
CY/T 155—2017	数字期刊阅读量统计	出版
CY/T 158—2017	数字出版业务流程与管理规范	出版
CY/T 159—2017	图书印前数字资源文件保存要求	出版
CY/T 160—2017	主题分类词表描述规范	出版
CY/T 161—2017	中小学数字教材出版基本流程规范	出版
CY/T 162—2017	中小学电子课本内容与应用规范	出版
CY/T 163—2017	中小学数字工具书功能要求	出版
CY/T 164—2017	中小学数字教材元数据	出版
CY/T 165—2017	中小学数字教材质量要求与检测方法	出版
CY/T 166—2017	网络游戏防沉迷系统规范	出版

续表

标准号	标准名称	领域
CY/T 167—2017	出版企业卓越绩效评价准则实施指南	出版
CY/T 9—2017	电子雕刻凹版质量要求及检验方法	印刷
CY/T 130.2—2017	绿色印刷 通用技术要求与评价方法 第2部分：凹版印刷	印刷
CY/T 132.2—2017	绿色印刷 产品合格判定准则 第2部分：包装类印刷品	印刷
CY/T 156—2017	印刷品裱贴瓦楞纸板过程控制要求及检验方法	印刷
CY/T 157—2017	印刷品外观质量视觉检测系统使用要求和检验方法	印刷
CY/Z 26—2017	绿色印刷标准体系表	印刷

（三）工程项目标准修订

2017年发布的工程项目标准共38项。这38项标准均为国家数字复合出版工程标准，构建了一套完整的工程标准体系，服务于国家数字复合出版工程的项目验收、集成开展测试等工作。这套标准对于国家数字复合出版工程的开发具有重要的规范、支撑作用。

38项工程标准分别为：

GC/FH 1—2017 工程标准体系表

GC/FH 2—2017 工程术语

GC/FH 3—2017 出版发行机构分类与代码

GC/FH 4—2017 资源类型分类与代码

GC/FH 5—2017 资源标识应用规范

GC/FH 6—2017 名称标识应用规范

GC/FH 7—2017 复合出版公共标签

GC/FH 8—2017 版权资产数据管理规范

GC/FH 9—2017 数据存储与备份规范

GC/FH 10—2017 数据交换规则

GC/FH 11—2017 跨媒体数据链接规范

GC/FH 12—2017 复合文档基础结构

GC/FH 13—2017 篇章复合文档结构

GC/FH 14—2017 条目复合文档结构

GC/FH 15—2017 新闻复合文档结构

GC/FH 16—2017 论文复合文档结构

GC/FH 17—2017 课件复合文档结构

GC/FH 18—2017 出版产品版式规范

GC/FH 19—2017 蒙古文出版产品版式规范

GC/FH 20—2017 藏文出版产品版式规范

GC/FH 21—2017 维吾尔文和哈萨克文出版产品版式规范

GC/FH 22—2017 傣文出版产品版式规范

GC/FH 23—2017 朝鲜文出版产品版式规范

GC/FH 24—2017 彝文出版产品版式规范

GC/FH 25—2017 壮文出版产品版式规范

GC/FH 26—2017 资源数据库管理规范

GC/FH 27—2017 工程软件系统编码规范

GC/FH 28—2017 组件注册配置规范

GC/FH 29—2017 数字出版产品封装规范

GC/FH 30—2017 工程软件系统接口描述规则

GC/FH 31—2017 工程标准符合性测试规程

GC/FH 32—2017 知识单元模型

GC/FH 33—2017 数字出版产品质量评价规范

GC/FH 34—2017 数字内容资源评估规范

GC/FH 35—2017 工程系统基本流程

GC/FH 36—2017 工程项目管理指南

GC/FH 37—2017 工程系统安全指南

GC/FH 38—2017 工程标准应用指南

三、国际标准化工作

近几年，ISO 连续发布了我国主导编制的三项国际标准，ISO 17316《国际标准关联标识符》、ISO 16763《印刷技术 印后加工 装订产品》、ISO 16762《印刷技术 印后加工 运输、处理和储存的一般要求》，2017年，新闻出版业继续加强对这些国际标准在国内外的应用推广工作，夯实拓展我国在信息、印刷标准化领域的国际影响力。

（一）中国专家积极参与国际标准制修订工作

新闻出版行政管理部门一直在积极组织有关标准化技术委员会及专家参与相关国际标准的制修订，在出版领域，有近10位国内相关机构的专家先后参与到了国际标准的制修订工作，包括国际标准书号（ISBN）、国际标准连续出版物编号（ISSN）、国际标准录音制品编码（ISRC）、国际标准文本编码（ISTC）等国际标准修订工作，并在2017年顺利参与完成了国际标准书号（ISBN）、国际标准录音制品编码（ISRC）两项国际标识符文本的修订工作。在国际标准工作组会议上，中国专家积极发言，表达中国出版业的利益诉求，培育在国际标准工作舞台上的话语权，同时也与美国、英国、芬兰等国家的标准机构与专家建立了比较畅通的沟通与交流渠道，掌握国际化标准工作的新动向。

（二）出版企业推动中国标准"走出去"

在出版业中，国内一些出版企业也积极开展标准国际输出工作，抓住"一带一路"建设等机遇，推动中国标准"走出去"。人民交通出版社为了准备更大规模的图书"走出去"与标准规范"走出去"的工作，招聘了一批英、法、美、意大利等海外高校留学回国人员，为编辑出版外文标准打基础；中国建筑工业出版社与中国建筑标准协会共同策划出版了标准规范英文版，选取使用范围最广、使用率最高的规范进行权威翻译。截至2017年5月底，英文版标准规范已出版47种国家标准，其用户主要是在国外承揽工程的建筑设计、施工企业，或者在中国中标的国外设计机构；中国水利水电出版社出版了水电行业的首套英文技术标准50项。出版企业从中国标准出版走出去推动中国标准"走出去"。

四、面临的问题和发展趋势分析

（一）主要问题

党的十九大提出，中国特色社会主义进入了新时代，我国社会主要矛盾已经转化为人民日益增长的美好生活需要和不平衡不充分的发展之间的矛盾。新时代和日新月异的技术带来的新情况与社会主要矛盾的转化，使得出版业标准化工作中的一些问题引发关注。

1. 标准化工作 VS 出版物质量

中国特色社会主义进入了新时代，在这个新时代，物质产品极大丰富、文化产品多元发展，在物质需求充分满足之后，人民群众对高质量精神文化产品的需求日益旺盛。然而，每年出版的 20 多万种新书中，低水平重复、跟风模仿、缺乏原创、精品力作少的现象屡见不鲜。这背后，是出版产品的质量、形态等还没有完全适应新时代人民群众的精神文化需求的问题。出版单位作为人民群众精神文化产品的重要提供者，精神内容的生产者，虽然积累了大量的优秀内容资源，但在传统出版环境下，仍然主要依靠分散的市场调查和工作经验进行选题开发，缺乏准确、有效、及时的信息，再加上出版周期较长，即使拥有大量的优质内容资源，也很难满足读者快节奏和个性化的信息消费需求。而标准化工作可以通过数据的沉淀与聚集，为实施精准选题策划提供便利的途径。提升出版物质量，打造文化精品，要加大力度推进新闻出版行业的标准制修订与标准化实施工作。

2. 标准化工作 VS 出版物形态

从出版产品的形态创新来讲，数字技术是出版单位转型升级，开发新形态数字出版产品的重要手段。出版单位拥有广泛的知识资源和专业性，但技术开发不足。因此，在新形态图书，如在点读设备、VR/AR 相关出版产品、数据库等内容产品的开发过程中，出版单位往往采用与技术企业合作的方式。然而，不同的技术企业拥有不同的专利技术，由此造成了读者在使用环境要求和使用体验方面的不统一。同时，由于各单位在出版资源的数字化过程中缺少对数字内容格式及精度的统一规范，从而影响了行业中资源的共享及相互授权使用用，难以对整个出版行业的数字化发展形成支撑。而标准化手段可以帮助解决出版业数字化转型过程中通用性的问题,以通用性实现对整个新兴产业良性发展的保障。因此,新闻出版行业主管部门对行业标准化工作的引导需进一步规范与加强。

(二)趋势分析

1. 标准管理范围不断扩大

长期以来,我国标准的范围主要限于工业领域,因此在我国现行的标准体系中,工业标准占73.5%,服务业和社会事业方面的标准占15.1%,农业标准占11.4%。但在国际上,服务业标准日益增多。从ISO近5年新成立的技术委员会数量来看,公共管理和社会服务业方面的技术委员会占60%,这充分说明在国际标准中公共管理和社会服务业的标准的制定已经日益受到各国的关注。在新的《标准化法》中也明确要求将标准范围扩大到农业、工业、服务业以及社会事业等领域需要统一的技术要求,改变了过去标准法中只是将标准范围主要限于工业领域的状况。对照我国出版业,近些年来我国出版业标准工作发展快,成果多,成效显著。出版业行政管理部门也一直支持行业信息化、标准化建设,并提出要加快标准化进程,包括一系列重要的国家标准、行业标准的制定、贯彻实施,通过标准与规范提高出版服务的准确性和精准性。

2. 标准国际化进程继续推进

标准是一个国家综合国力的标志,做好标准出版工作是服务于国家重大战略的基础性、前瞻性工作。目前我国正由出版大国向出版强国迈进,标准作为人类文明进步的成果,是世界通用语言,中国标准的国际化推进体现了我们的国际影响力。中国在2017年有685项新标准提案,2001年只有36项,增幅1800%,使得标准的制定数量、速度与影响力受到了国际的关注。在出版业,国内也主导制定了一些信息文献领域、印刷领域的国际标准,一些出版社也在标准的外文版出版方面做了有益尝试,在这样的背景环境下,如美国的全国信息标准组织NISO就主动提出希望与中国在信息领域方面进行中美两国国家标准的互相转化应用的建议。因此,架设标准对接平台,加强标准体系兼容,方便在国外的相关人员查阅使用标准,以及国外同行了解我国标准全貌将成为下一步出版业标准国际化进程的一个趋势。

3. 团体标准的作用更加突显

依据新的《标准化法》，我国的标准体系发生了重大变化，原来的标准体系为政府主导制定，而新法中建立的新型标准体系为政府主导制定强制性标准和推荐性标准，市场自主制定团体标准和企业标准。由此我国标准的供给结构——由原来的政府单一供给转变成为政府和市场共同供给。此外，在过去，并没有团体标准这一层级，新法中鼓励学会、协会、商会、联合会、产业技术联盟等社会团体协调相关市场主体共同制定满足市场和创新需要的团体标准。2017年12月，质检总局、国家标准委、民政部共同印发的《团体标准管理规定（试行）》也将为规范、引导和监督团体标准化工作提供有力的支撑。这对我们出版业来说将会更大的激活市场和企业在标准制定方面的积极性。

五、思考与建议

新闻出版业正在成为与科技深度融合发展的关键领域。对内，新闻出版标准化工作应继续加快数字化转型升级、传统业态与新兴业态融合发展等推动产业升级的相关标准制修订。通过先进标准提升出版业竞争力；对外，国内出版业应积极参与国际标准化活动，加强与国际标准化组织、相关国际标准联盟及有关国际组织的交流与合作，积极参与国际标准制修订工作，实现中国标准"走出去"。

（一）加强标准化战略研究

新闻出版标准化是国家标准化工作的重要组成部分，要建设新闻出版强国离不开标准化。推动出版业数字化转型升级，以标准化工作为抓手，充分发挥标准在产业发展中的引导、推动、规范作用，更应从整体考虑、长远规划。应结合产业发展、政府监管、科技进步、国际趋势等，对今后5到10年，甚至更长时间的发展方向、重点领域、实施路径和策略给出出版行业标准化工作的方案，强化新闻出版标准化工作的顶层设计。美国、日本、加拿大以及欧盟各国都将标准化作为重要的国家战略。习近平总书记也在国际标准化组织大会上指出"标准助推创新发展，标准引领时代进步"。贯彻落实国家和行业标准化发展战略，加强出版业标准化战略研究，完善标准体系建设，是"十三五"新闻出版标准化工作的重要任务。

（二）提升标准，引领质量发展

标准是质量的依据。2017年9月，《中共中央 国务院关于开展质量提升行动的指导意见》（中发〔2017〕24号）中提出了"加快培育产业计量测试、标准化服务、检验检测认证服务、品牌咨询等新兴质量服务业态"的工作要求。面对现阶段出版产品的质量、形态等还没有完全适应新时代人民群众的精神文化需求的问题，需要充分运用标准这一有效工具。比如针对出版产品要满足读者快节奏和个性化的信息消费需求，可以通过标准化工作，利用信息技术与标准中数据信息的注册管理，甚至不同标准体系之间的信息交换，实现信息内容资源数据的沉淀与聚集，针对读者需求，开发新的产品形态和服务模式，提升出版物质量，满足读者需求。出版业应从提升出版业标准自身建设水平、提升标准引领质量发展水平上，通过先进标准提升出版产品质量和行业规范，从而提升出版业竞争力，拓展国内国际市场，从而满足人民群众的精神文化追求。

（三）推进国内外标准间的转化运用

从2001年到2017年，中国主导制定的ISO/IEC国际标准从2001年的23项发展到2017年的369项，增幅超过1 504%，充分展示了中国在国际标准化舞台上发挥的作用与能力。新《标准化法》中除了鼓励积极采用国际标准外，也鼓励开展标准化对外合作与交流，参与制定国际标准及推进中国标准与国外标准间的转化运用。我国出版业目前在新技术的应用与拓展方面均做出了有益的尝试，标准作为出版业发展的基石，有效引领和规范了我国出版产业的发展，促进了出版产业的转型升级。在我国向出版强国迈进之际，针对我们的标准化工作，我们也应该选择优势领域、优势项目、领先技术，把中国标准的"软实力"带出国门，加强中国先进的出版业标准走出去，以及与国外标准间转化运用。

（香江波　中国新闻出版研究院）

第五节 2017年出版+VR/AR报告

经历了2016年的"过热期"和2017年的"冷静期",VR/AR产业发展进入去泡沫化阶段,对技术演进的思索更加理性多元。这一现象体现在了各个应用领域,对于新闻出版业而言,VR/AR出版物虽不再是各大书展的明星产品,却依然是创新的热点,出版企业从盲目跟风到回归本质,寻找适合自身的最佳切入口。随着国家和地方政府支持政策的不断出台以及技术的升级完善,VR/AR的行业应用正在蓄势中等待新一轮迸发。

一、出版+VR/AR发展现状

(一)政策持续支持为出版+VR/AR提供环境保证

政府政策在VR/AR产业的发展中起到了至关重要的作用,国务院、工信部、中共中央办公厅以及各地方政府,都针对虚拟现实、增强现实的发展推出了相关政策,为出版+VR/AR发展带来了实实在在的利好。

中共中央办公厅、国务院办公厅印发的《国家"十三五"时期文化发展改革规划纲要》中指出,要强化文化科技支撑。运用云计算、人工智能、物联网等科技成果,催生新型文化业态。加强虚拟现实技术的研发与运用。推动"三网融合"。制定文化产业领域技术标准,深入推进国家文化科技创新工程;国务院《关于印发国家教育事业发展"十三五"规划的通知》中指出,全力推动信息技术与教育教学深度融合。支持各级各类学校建设智慧校园,综合利用互联网、大数据、人工智能和虚拟现实技术探索未来教育教学新模式。鼓励高等学校基于互联网开展学历与非学历继续教育;国务院发布的《关于进一步扩大和升级信息消费持续释放内需潜力的指导意见》中明确提到:增强信息消费体验。鼓励企业利用互联网平台深化用户在产品设计、应用场景定制、内容提供等方面的协同参与，提高消费者满意度。支持企业加快线上线下体验中心建设，积极运用虚拟现实、增强现实、交互娱乐等技术丰富消费体验，培养消费者信息消费习惯。

安徽、河南、甘肃、福建、浙江、北京、上海、重庆、广东、深圳、青岛、南昌、南京、潍坊、成都等省市先后在政府工作报告和相关文件中明确提出加快 VR/AR 产业发展，在行政服务、生产场地、市场开拓、基础设施、引进人才、政策奖励等诸多方面给予支持。

（二）打造 VR/AR + 文化教育新平台，推动传统文化传播

习近平总书记指出："建立在 5000 多年文明传承基础上的文化自信，是更基础、更广泛、更深厚的自信。要让收藏在禁宫里的文物、陈列在广阔大地上的遗产、书写在古籍里的文字都活起来。"出版单位对于传承文化、传承文明有着天然的使命，利用虚拟现实、增强现实等现代科学技术与中国优秀传统文化结合，正得其时，对于推动出版融合发展具有重要意义。由出版单位主导的 VR/AR + 文化教育新平台开始涌现。

中国出版集团华文出版社承担的《红色地标 VR 及配套产品在爱国主义教育中的应用》项目成功入选 2017 国家新闻出版广电总局改革发展项目库，该项目已经开始实施；该社承担的《基于 VR/AR 等新媒体技术的中华优秀传统文化创造性传承工程》项目也成功申报 2018 国家新闻出版广电总局改革发展项目库；由人民教育出版社人教数字出版有限公司主要承担的国家文化产业发展专项资金重大项目"千年长河——京杭大运河上的文化地标 VR"项目，运用 VR 技术展现"千年长河"，对于传承京杭大运河文化遗产，讲好中国故事具有深远意义；云南教育音像电子出版社有限责任公司申报的《红色之旅——党员教育 VR 体验项目（配汉语、西双版纳傣语、德宏傣语、彝语、景颇语、佤语）》成功获批 2018 年度国家出版基金资助项目。可以看出，在国家鼓励传统文化的传播与传承以及大力推动新闻出版业融合发展的趋势背景下，利用 VR/AR 等新科技打造文化创新项目是出版单位融合发展新的切入口。

（三）VR 教育异军突起成为最热领域

在华为发布的 VR 教育白皮书中指出，教育是 VR 行业中发展最快也是最先落地的领域，随着政策的鼓励和市场的驱动，VR 教育市场潜力巨大。据教育部统计，截至 2016 年，中国已有逾 18.9 万所小学，7.7 万所中学和 3 600 所高等院校，招生总规模已达 2.25 亿人，对利用新技术不断提高教育质量和效率有着强烈诉求。中国 VR 教育市场正在快速增长。2016 年，政府公办学校 VR 教育项目总值为 6 亿元。2017 年，这一数字翻了一番，达到 12 亿。预计 2018 年将再翻一番，达到 24 亿元左右。面对广阔的市场前景，国内诸多出版集团、出版社开始布局 VR 教育并深耕于此。

青岛出版集团旗下城市传媒与青岛海逸学校联合建立了"VR 海洋教室"，立体生动的"VR 海洋国防课"和"VR 海洋仿生课"给学生们带来身临其境的学习感受，双方以"VR 海洋教室"为基础共同建设"VR 创新教育实践基地"，以海洋特色教育需求和 VR 海洋课程内容开发为结合点，共同探索 VR 技术在海洋教育中的应用和实践；安徽时代出版高度重视"数与网"融合出版的新方向，其与合肥第八中学、和思易科技（武汉）有限责任公司三方共建的合肥市第八中学 VR 实验室是目前安徽省内建成的规模最大的 VR 实验室。这也是国家出版融合发展（时代出版）重点实验室项目——虚拟实验资源出版及教学服务系统研发的重要成果；哈尔滨工业大学出版社利用 VR/AR 开发的神舟五号虚拟现实展示系统、基于空间信息模型的空间环境与效应知识服务系统以及宇航科教一体化数字综合平台，立足于宇航科教特色，打造智能化的文化教育平台，为教师和学生提供个性化、全方位、相互协作的教学解决方案；辽宁出版集团在内容产品与新媒体融合、向数字化转型方向重点发力，为世界各国出版的图书提供 AR、VR 技术支持，创作手机游戏和虚拟现实游戏，开发 AR 玩具和 AR、VR 教育产品，实现文化与科技领域的深度融合。

（四）AR 在出版业应用更加广泛多元

AR 与出版业结合始于少儿出版领域，随着技术门槛的降低和应用的普及，出版+AR 应用更加广泛多元。

首先，在童书出版领域，AR渐成标配，内容也日趋丰富。AR童书从最早的"涂涂乐""恐龙跑出来""宇宙星空"等同质化内容中解脱出来，推出各具特色的出版产品，少儿科普、童话故事、少年文学等领域都有涉及。辽宁科技出版社与西班牙派拉蒙出版集团合作，双方共同出版的第一部《小王子》AR图书实现了16个语种，全球发行数量超过10万册。双方合作陆续出版了《地球的秘密》《小故事大道理》《爱丽丝梦游仙境》等一系列少儿AR、VR图书。海豚传媒联手肯德基推出定制版《什么是什么·儿童版》系列图书，引入了AR技术，每本书都设有一个AR互动的主题，不仅可以听到生动的百科小知识，还能看到奇妙的立体场景。还有AR地球仪，可以选择在地球仪上显示的立体画面，可选国家、著名建筑物、动物、恐龙、天体运行、甚至天气预报模式，这些内容以立体画面模式投射到地球仪中，好玩有趣，加深记忆。目前，大多数出版童书的出版社都或多或少的尝试过AR童书的出版，但因为内容、定价、营销等因素的不同而有着不同的市场收益。

其次，大众类读物融入AR技术。以人民文学出版社为代表，这家老牌出版社相继出版了《朗读者》《开学第一课》《谢谢了，我的家》《经典咏流传》等热播人文类综艺节目的同名图书，还在书中融入了AR技术，用手机扫描书中的任一图片，就能看到相应的节目视频。一档人文类综艺节目在电视上最多也就播几次，而AR能让读者随时利用碎片时间观看。《朗读者》是人文社第一次尝试使用AR技术将电视节目出成书，从2017年8月出版，不到一年销量超过150万册，可见读者对这种新型的出版方式的认可和肯定。值得一提的是，人文社从读者需求出发，推出了"人文AR"把带有AR技术的人文社图书一网打尽，改变了过去一本书下载一个APP的尴尬局面。

第三，AR在出版业的应用开始渗透到期刊领域，效果良好。《今日重庆》杂志在全国外宣期刊中率先推出了AR杂志，用手机或平板电脑的摄像头对准《今日重庆》杂志封面时，封面上的人物会从静态的杂志封面里走出来，两侧同步弹跳出相应背景视频，图中原型人物用重庆话绘声绘色讲解起杂志封面上的内容。《消费电子》杂志于2017年亚洲消费电子展的"人工智能技术高峰论坛"上发布了全球第一本消费电子类AR杂志。《三联生活周刊》也利用AR展示其杂志内容"我们为什么爱宋朝"。《摄影之友》探索AR和艺术的交融方式，推出首本AR封面杂志，扫描之后可以感受不一样的视觉艺术。常州《翠苑》试水江苏省第一本 AR 杂志，通过手机或平板电脑扫描后可以欣赏 10 种乐器的演奏。将 AR 技术嵌入刊物中的这一尝试，开启了"视、听、玩"立体阅读新模式，带给读者全新的阅读体验，刊物中的内容"活了起来"。

（五）ISLI + AR 出版将全面落地

国家新闻出版广电总局下发《关于实施〈中国标准关联标识符（ISLI）〉国家标准的通知》，决定设立"中国 ISLI 注册中心"，要求自 2017 年 7 月 1 日起，在我国境内（不含港澳台地区）出版的正式出版物（包括图书、报纸、期刊、音像制品、电子出版物、互联网出版物，含重印、再版）应在首次出版时申领 ISLI 标准标志码及图标并在出版物中使用，以此为新闻出版企业进行关联构建等数字化应用奠定基础，促进信息内容资源管理编码化。为加速推进"ISLI + AR 出版"的全面落地。天朗时代科技有限公司，广东省出版集团、南方出版传媒股份有限公司数字出版有限公司，苏州梦想人软件科技有限公司研究达成"ISLI + AR 出版"合作关系，共同推进 ISLI 标准在 AR 出版领域的落地，率先实现 ISLI + AR 在教材领域的应用，这对于 AR 技术与数字出版的深度融合具有重要意义，标志着"ISLI + AR"数字出版将全面打通并相互支撑，全面推动 AR 数字出版的标准化建设。

二、出版 + VR/AR 发展的瓶颈与问题

（一）行业整体尚未成熟，出版 + VR/AR 难获突破

VR 产业一年来发展并不乐观。极易引发眩晕感和身体不适是 VR 面临的最大问题，再加上目前 VR 内容制作生产率较低和国内 VR 设计人才、研究人才、产业化方面人才短缺等问题，都制约了 VR/AR 的应用普及。资本渐冷，行业淘汰洗牌，媒体和大众对于 VR/AR 的关注度降低，都显示着 VR/AR 行业整体上还属于发展早期，尚未成熟，出版 + VR/AR 的发展短期内取得突破难度较大。

(二) 出版+VR/AR尚未有成功模式可寻

自2012年,出版社就开始尝试出版+VR/AR,2016年时VR/AR读物更是一度受到追捧,成为各大书展的主打产品。VR/AR读物虽然吸引了读者的眼球,但除了中信社引进版权的《科学跑出来》一书实现百万册销量外,其他产品还尚未给出版社带来切切实实的收益,出版+VR/AR尚未有成功模式可寻。

随着人工智能、区块链等技术成为新的风口,使得出版机构对待VR/AR的热情减退,出版+VR/AR发展任重道远。

(三) 诸多因素制约出版+VR/AR发展

与传统出版物相比,VR/AR读物具有立体感、沉浸感、互动感等特点,给读者带来颠覆性的阅读体验,但同时这种新型出版物也受到内容有限、体验感欠佳、传播困难等诸多因素制约。

首先,VR/AR作为纸质图书的有益补充,它的体验需要下载APP来获得,目前市面上的VR/AR读物,几乎每本书都需要下载一个APP,使用起来极其不便,影响了读者购买;其次,虽然经过一段时间的发展,VR/AR读物的内容已经从"恐龙""涂涂乐"等题材开始拓展开来,但总体来看,由于VR/AR制作技术、成本和人才的原因,VR/AR读物内容都还比较简单、互动性欠佳,难以形成读者黏性;第三,依赖于网络和人员讲解的束缚,VR/AR读物的优势难以在原有的图书发行渠道得到发挥,读者尤其是家长选择图书越来越倾向于内容本身,并不会为新技术的添加而额外买单。

(四) VR/AR读物对内容管理提出挑战

技术是把双刃剑,它往往带来新的发展方式的同时也对原有模式提出挑战。对于VR/AR读物来说,它在图书中所加载的3D动画内容的合法性、标准性、规范性都有待审核和监管。一方面,此类出版物大多是儿童读物,VR/AR所阐释知识的正确性直接影响孩子们的认知,虽然出版集团大多与中国科学院等权威机构合作,但也不乏有制作不够精良、缺乏认定的VR/AR读物出现;

另一方面，体验 VR/AR 所下载 APP 中的内容，是否也应纳入监管的范围是对出版物内容管理提出的新的挑战。

除此之外，版权一直是制约数字内容发展的瓶颈，在 VR/AR 时代，面临着同样的问题。只有逐渐完善法律环境、相关法律条文，通过规范管理，才能向用户提供优质的内容和服务，引导行业健康发展。

三、出版 + VR/AR 发展前景展望

根据易观智库的行业 AMC 模型，VR/AR 行业在 2018 以前处于市场启动期，在 2019—2030 年进入高速发展期，中国潜在的 VR 用户在 4.5 亿。总体来看，VR/AR 具有巨大的市场潜力，出版单位需要审时度势，做足准备。

（一）通讯技术发展，为出版 + VR/AR 发展提供基础条件

据《2017—2018 中国数字出版产业年度报告》显示，2017 年，国内数字出版产业整体收入规模达到 7 071.93 亿元，其中移动出版收入 1 796.3 亿元，在线教育收入 1 010 亿元，网络游戏收入 884.9 亿元，网络动漫收入 178.9 亿元，四者占数字出版收入规模的比例为 54.7%。表明移动出版依然是数字出版的重要发展方向，具有雄厚的发展潜力。

移动出版的蓬勃发展与移动通信的支撑有着紧密联系，如今，移动通信的发展已逐步走向 5G 时代，5G 时代需要更多的应用探索，VR/AR 恰恰是 5G 的重要应用之一。相关研究机构发布的《5G 经济社会影响白皮书》指出，虚拟现实、增强现实是业界普遍认同的 5G 时代关键应用。虚拟现实技术拥有广阔的前景，尤其是与移动高速宽带的结合，更有可能让虚拟现实体验摆脱盒子和线材的束缚，走得更远。对于出版业而言，5G 时代的移动出版应用升级也有待探索，而 VR/AR 则是合适的切入口之一。

（二）人工智能加快出版 + VR/AR 发展

人工智能自 2016 年起进入国家战略地位，2017 年被写入十九大报告，报

告中指出,加快建设制造强国,加快发展先进制造业,推动互联网、大数据、人工智能和实体经济深度融合。人工智能作为当今最重要的技术之一,受到国家政策扶持和资本追捧,它是未来社会变革的主要方向。而人工智能的发展也必将带动 VR/AR 产业发展,他们的结合将使很多事情变得更加智能与合理,才能让这个虚拟世界真正地"活"过来,为我们创造更多不可思议的事情。例如,人工智能和虚拟现实技术结合可以快速地根据用户上传的一张照片或是一段录音来创建自身的 3D 人物形象,并将这个虚拟化身接入到 VR/AR 的虚拟环境中。通过将人工智能、声音模拟和 3D 图像重建技术的结合,虚拟人物就像另一个自己,拥有相同的脸庞和声音,还可以不断学习用户的说话、表情和动作,合成出更加接近用户真实行为的 AI 形象。有了这项技术,读者就可以看到喜爱的作家亲自推荐书目,或者听到主持人为我们朗读,增加了虚拟世界的真实感。

(三) VR 阅读前景可期

VR 阅读作为一项新应用,有着广阔的发展前景。对读者而言,一方面,VR 阅读让书本"活"起来,它将"读万卷书"和"行万里路"结合起来,带给读者身临其境的体验;另一方面,随着智能手机的普及,掌上阅读电子书对于人们来说已经成为日常。但无论是阅读传统书籍还是电子书,读者都必须选择一个合适的姿势,手捧书本或手机来进行阅读。然而,VR 科技能够帮助读者真正实现彻底解放双手,更加舒适方便的进行阅读。除此之外,VR 阅读还可以使读者进入独立的虚拟空间,屏蔽其他世界,只在一个宁静、明亮的环境中专注于一本书,这种阅读享受只能在虚拟世界中实现。

对于出版机构来说,VR 阅读带来的一方面是内容分发方式的改变,VR 阅读内容作为数字资源将放在 VR 阅读平台提供给公众,实现内容的有偿服务;另一方面,VR 阅读为出版社开展 VR 广告、VR 营销、VR 电商带来了机会,打开了更广阔的市场空间。VR 阅读不仅让内容增值,更要让出版市场扩大、增值。

(四) VR/AR 成为知识服务时代的标配

知识服务的本质,是内容生产商向用户输出有价值的知识内容或服务,以换取酬劳的商业模式。这种模式在传统的出版行业、教育行业和咨询行业早已存在。只不过，随着移动互联网的出现、智能手机的普及，用户使用知识内容和服务的场景越来越碎片化。同时，得益于移动支付、云服务和音视频技术的发展，知识服务的提供者可以改变交付产品和服务的介质、手段和场景，以满足用户变化的需求。

对于图书产品的不断精进，是出版人的使命和追求，出版社为满足用户需求，同一内容往往会推出泛读、通读、精读、有声、视频等多个版本。而用什么方式来满足用户需求，是由时代所决定的。面对技术发展和消费升级，AR、VR 有可能成为出版业新一轮的迭代产品，湛庐文化等市场嗅觉敏锐的文化企业表示将大胆尝试 AR、VR 技术。由此可见，在未来，AR、VR 技术将成为知识服务的又一主要方式，它让一些原本就应该是动态呈现的数据内容，在读者面前流动起来。

（五）回归本质与匠人精神

《2017—2018 中国数字出版产业年度报告》中关于 2018 年乃至今后数字出版产业发展趋势指出，随着产业发展的渐趋成熟，产业发展核心重新回到内容价值本身；数据和技术对产业的支撑作用将进一步加大，为提供优质、个性化的内容而服务；内容生产创作专业化程度进一步加深，优质内容持续供给能力加强。

对于出版业来说，好的内容是本质。这个内容可以是纸质的，可以是电子的，音频的，流媒体的，当然也可以是 VR、AR、MR 等等，这并没有变化。归根到底，重新回归内容本质与匠人精神，才能摆脱纯粹技术体验型的作品，打造出足以让读者耳目一新的里程碑式的产品，带动出版 + VR/AR 的良性发展。

四、结　语

如果说"互联网＋"是将传统企业信息化，那么，"VR＋"则是将传统产业进行升级换代，也有人认为它是连接传统产业深度转型的必由之路。与人工智能一样，VR/AR代表未来，而现在正是行业发展的早期，困难虽有却阻挡不住变革的趋势，每个问题的出现、解决都促使着整个产业走向成熟。出版＋VR/AR在时代进步的大趋势下，正在积累经验，积蓄能量，蓄势待发，期待"寒冬"过后的"春天"。

（王　扬　中国新闻出版研究院）

第六节 2017年出版"走出去"情况分析

一、2017年出版"走出去"取得的成绩

2017年，出版物版权引进数量变化不大，版权输出数量稳步增长，版权贸易比例进一步向好，出版物实物出口数量和金额逐年增长，出版"走出去"成效显著。据统计，2017年，全国共输出版权13 816项，较上年增长24.1%；其中，输出图书、音像制品、电子出版物等出版物版权12 651项，增长29%。出版物版权贸易逆差缩小至1.3:1，其中，图书版权输出9 811种，较2013年增长1.3倍；全国出版物出口数量2 178.4万元，出口金额持续突破1亿美元，达到10 764.9万美元。2017年国家新闻出版广电总局进口管理司正式印发了《"十三五"时期新闻出版"走出去"专项规划》，对当前和今后一段时期出版"走出去"的内容生产、渠道建设、本土化运作等各项任务作出了系统安排。

（一）出版物版权贸易结构不断优化

据统计，2017年我国出版物版权贸易引进输出比例较上一年进一步缩小，出版物版权输出地域结构、内容结构进一步优化。一大批中国当代主题图书的对外多语种版权输出，使中国主张、中国价值、中国故事获得较好的国际表达，中华文化影响力在全球范围不断提升。

版权输出语种和区域更加优化。从语种上看，在英文、阿文、法文、西文等大语种版权输出不断增长的同时，越南文、泰文、俄文、尼泊尔文等"一带一路"沿线国家多语种、小语种版权输出实现了较快增长。2017年，中国图书

版权输出语种前十位是：英文、繁体中文、阿拉伯文、越南文、韩文、泰文、法文、俄文、日文、尼泊尔文、印尼文，其中，英文2 300多种，阿拉伯文、越南文、泰文、俄文等"一带一路"沿线国家主要语种输出2 600多种，占比24.3%，与2016年相比增加近900种。从输出国家和地区上看，中国图书版权输出89个国家和地区，美国依然是我图书版权最主要的输出国，输出量超过1 000种；越南、印度、黎巴嫩、泰国、马来西亚、尼泊尔、俄罗斯、摩洛哥、印度尼西亚等15个"一带一路"沿线国家成为我版权输出主要国，总计输出4 000多种，占比37%。

内容结构方面，一批深入阐释习近平新时代中国特色社会主义思想的主题图书版权输出至多个国家，如至2017年《习近平谈治国理政》第一卷已出版23个语种，26个版本，共发行650万册，发行到世界160多个国家和地区，海外发行量突破50万册。《之江新语》《习近平讲故事》被施普林格自然集团、泰勒弗朗西斯等世界知名出版机构引进出版英文版。《摆脱贫困》英文版、法文版在第24届图博会全球首发，习近平治国理政新理念新思想新战略丛书、《以习近平同志为核心的党中央治国理政新理念新思想新战略》英文版正在翻译出版过程中；一批讴歌党、讴歌祖国、讴歌人民、讴歌英雄、讴歌新时代的现实题材精品力作成功输出版权，如《人民的名义》自2017年1月出版发行以来，已向12个国家和地区输出版权。

版权输出图书海外知名度不断提升，如《平易近人——习近平的语言力量》英文版海外销售3万册；《历史的轨迹：中国共产党为什么能》输出12个语种版权，海外销售50.4万欧元；《中华文明史》英文版海外销售2 000套、《三国演义》《水浒传》等四大名著连环画法文版销售均超3 000套；江苏凤凰少年儿童出版社与美国灯芯草出版社合作出版的《青铜葵花》（美国版）成功入选《纽约时报》2017年度童书榜、《华尔街日报》2017年度童书榜和《出版者周刊》最佳图书榜，是中国童书首次连续入选美国三大图书榜；大飞机出版工程英文版海外销售2 000套。

版权输出模式不断创新。"中国特色社会主义理论研究系列""中国竞争力"系列等当代中国主题图书突破单品种输出模式，多品种成规模成套系地实现版权输出。国际合作出版创新模式不断增强，共同策划选题、联合翻译出版的新方式，精准定位国际市场与海外读者。同时，"一带一路"学术出版联盟、丝路童书国际合作联盟等多边出版合作组织的建立与运转，极大促进了我与相关国家开展图书版权贸易。援南苏丹教育技术援助项目，作为我国第一个综合性文化援外项目，成功带动中国教材对外版权输出。

（二）国际书展效用日益深入

经过多年发展，北京国际图书博览会已稳居世界第二大书展，国际影响力显著提升，充分发挥了联接中外、沟通世界的对外宣传展示功能。2017年第二十四届图博会总面积9.27万平方米，参展国家和地区89个，新增3个；海内外参展商2 500多家，其中海外展商1 460家，新增102家，占比58%。展览展示精品图书30多万种，参展参观人数30多万人次。举办近千场出版文化活动，达成中外版权贸易协议5 262项，其中，达成版权输出与合作出版协议3 244项，输出引进比为1.61∶1，连续7年实现顺差。中国主题类、少儿类、文学类、文化教育类、经济类、哲学类图书排在输出前列。同时，在图博会期间，成功举办了以"砥砺奋进的五年"为主题的精品图书展，分为党的十八大以来精品图书展、国家出版基金十周年成果展、中国出版"走出去"成果展三个展区，集中展示了近千种精品图书，反映了党的十八大以来我国出版业改革发展和出版"走出去"取得的丰硕成果。

继2016年阿联酋担任北京国际图书博览会主宾国后，2017年4月阿布扎比国际书展期间，中国作为本届书展的主宾国，设立了中国主题图书展、中阿互译图书展、少儿精品图书展，展览展示中国优秀精品图书3 000多种，举办《中国梦：谁的梦》首发式、《中国发展道路》版权签约式、中阿出版论坛、中阿作家交流座谈会等出版文化活动50多场，《习近平谈治国理政》阿文版等中国主题图书在开展当天即被阿拉伯读者抢购，得到阿拉伯各界读者的高度好评。本届主宾国活动的成功举办进一步促进了中阿民心相通，厚植了"一带一路"建设民意基础。

同时，2017年组织国内出版单位参加国际书展数量增多，活动质量不断提升，2017年组织参加国际书展达40多个，除法兰克福书展、伦敦书展、美国书展、意大利博洛尼亚儿童书展、巴黎图书沙龙、莫斯科国际书展等国际性书展参展外，还组团参加了第26届古巴哈瓦那国际书展、第45届曼谷国际书展、第14届希腊萨洛尼卡国际书展、第9届沙迦童书展、第30届伊朗德黑兰国际书展、第 10 届厄瓜多尔基多国际书展、第 36 届伊斯坦布尔国际书展等；还举办了波兰华沙中国主题图书巡回展、"品读北京——北京出版集团 2017 澳大利亚精品图书展"、东南亚中国图书巡回展等图书巡回展览展销活动。

（三）出版"走出去"工程持续推进

目前，国家对出版"走出去"的资助项目甚多，涉及内容生产、翻译出版、渠道建设、本土化运作等出版全产业链，包含原国家新闻出版广电总局实施的经典中国国际出版工程、丝路书香工程、中外图书互译计划、中国出版物国际营销渠道拓展工程、重点新闻出版企业海外发展扶持计划、边疆新闻出版企业走出去扶持计划、图书版权输出普遍奖励计划，中宣部实施的中国图书对外推广计划、中国当代作品翻译工程、中国文化著作翻译出版工程，国家社科基金规划办公室的中华学术外译项目等。这些政府主导的资助项目，不仅对出版"走出去"项目提供了经费支持，同时对于出版"走出去"的实施效果及影响提出了更高的要求。

2017 年国家新闻出版广电总局首次建设了中国图书"走出去"基础书目库，经过了项目征集、专家评审，确定首批入库图书 200 种，通过集中推介，引起世界各国出版机构浓厚兴趣，实现多种图书的多语种版权输出。丝路书香工程建设优秀原创期刊"走出去"项目库，征集 140 多种优秀原创期刊，在评审后择优纳入项目库，并将在翻译出版推广等方面给予定额资助。2017 年经典中国国际出版工程面向欧美国际主流市场资助翻译出版图书 87 种，丝路书香工程重点翻译资助项目面向周边国家和"一带一路"沿线国家翻译出版 272 种图书，中国当代作品翻译工程（第五期）资助翻译出版中国优秀原创文艺图书 15 种。中外图书互译项目与希腊商签新的互译协议，中俄、中阿（盟）等项目共翻译出版 109 种图书。

中国出版物国际营销渠道拓展工程进一步升级，创新设计中国书架等新渠道新平台，中国图书海外销售渠道已覆盖全球、多点开花。由五洲传播出版社、中国图书进出口（集团）总公司实施的"中国书架"项目在埃及、阿联酋主流书店落户 4 家；亚马逊"中国书店"在线品种 68.5 万种，海外发货 37.71 万册；百家海外华文书店销售中国图书 56.8 万册，销售金额 1 490 万元；新知华文书局海外落地 8 家，尼山书屋海外落地 27 家；易阅通等外文版中国图书信息汇总整合和推送平台建设进程加快，更多中国图书进入国际主流数字营销平台。

（四）"走出去"本土化运作不断深入

据统计，目前我国新闻出版企业在海外设立各类分支机构 400 余家，与 70 多个国家的出版机构建立了合作伙伴关系。浙江少年儿童出版社在全资收购澳大利亚新前沿出版社后，在建立了跨国管理、经营、运作、选题互通、共同出版的工作模式后，于今年 3 月在英国伦敦正式注册成立了新前沿出版社欧洲公司，进一步推进其欧洲业务本土化运作。2017 年 4 月，中南传媒成功投资入股全球第一书展集团——法兰克福书展旗下的英国 IPR License 公司，以资本为纽带，引入全球最大的在线图书版权交易平台 IPR 平台，将出版业与互联网、云计算、大数据相融合，改变了传统版权贸易模式，实现了海量资源聚集、信息自由流通、流程规范管理，形成了世界范围内的版权贸易大数据，促进、优化了我国对外版权和文化交流服务。

与此同时，近年来，国内出版企业除了通过建立海外分支机构外，进一步创新合作，通过与海外出版企业开展国际合作出版项目、建立国际出版编辑部等方式，推动本土化运作不断深入。2017 年，多家国内出版企业与国外出版机构联合组建国际编辑部，通过在海外进行本土策划、翻译并出版适合当地市场和读者需求的中国图书，并借助合作伙伴的推广力量和渠道，推动中国优质图书在海外的出版与传播，增加当地读者对于中国的了解，让中国声音"走出去"，让海外读者了解真实的中国。五洲传播出版社与墨西哥二十一世纪出版合作建立了中国图书编辑部；中译出版社与罗马尼亚、印度、斯里兰卡、匈牙利、塞尔维亚、突尼斯等"一带一路"沿线国家出版社合作建立中国主题国际编辑部；中国大百科全书出版社与美国宝库山出版社和施普林格自然出版集团合作成立国际编辑部，共同探索学术出版合作发展模式；外研社先后在保加利亚、波兰、法国等国家与当地出版机构合作成立中国主题编辑部。

（五）多平台联动效用逐步显现

通过中华图书特殊贡献奖建立了丰富的、多语种的外国专家资源，培养了一支推动中华文化走向世界的海外重要力量,推动了一批代表国家水准、传承中华文明、反映时代风貌、适于国际传播的图书进入国际主流社会。截至2017年,中华图书特殊贡献奖已举办了十一届,共表彰了50个国家的108位海外作家、翻译家和出版家,如库恩、马克林、葛浩文等,凝聚了一批知华、友华、亲华的海外知名人士。由北京语言大学中华文化译研网实施的译者、作者、出版人本土化发展计划(外国人写作中国计划)则依托中华图书特殊贡献奖获奖人以及国内外向型出版企业,广泛联系和积极培养对我友好的国外汉学家和作者,扶持他们创作出版一批客观介绍中国的好书。2017年,外国人写作中国计划第一期资助了38种图书的创作出版,印度汉学家狄伯杰《中印情缘》等图书一经出版,便获得了良好的国际反响,第二期项目已完成征集评审等工作。由国务院新闻办公室和国家新闻出版广电总局共同主办,北京语言大学出版社承办的"中国图书对外推广计划"外国专家座谈会于2017年8月北京国际图书博览会前夕举办,国内外资深专家以"汉语的国际出版与推广"为主题,进行了深入探讨,通过借鉴各国语言国际化传播经验,探索破解汉语国际化出版的瓶颈,推动了中国语言出版领域更好更快的走向世界,促进了国际出版交流合作和文化交流互鉴。

除此之外,中国人民大学出版社依托与"一带一路"沿线国家建立的稳定的合作机制,发起的多个国家学术和出版机构参与的"一带一路"学术出版联盟在2017年图博会期间正式成立,通过搭建互学互鉴、互利共赢的合作平台,积极促进成员间的资源共享,截至目前,包括中国、印度、蒙古、埃及、黎巴嫩、波兰、尼泊尔、哈萨克斯坦、吉尔吉斯斯坦等在内的29个国家和地区,共有92家出版商、学术机构和专业团体参与。该联盟将通过相关人员来华培训、业务交流、合作出版、举办高层论坛等活动,传播优秀文化,弘扬丝路文明。

二、出版"走出去"现阶段存在的问题

(一)经典作品及优秀品牌稀缺

我国出版业"走出去"进入2.0时代,2016年出版物版权贸易逆差首次突

破2∶1，出版业"走出去"的发展方向将由"又快又好"向"又好又快"转变，进一步推动出版"走出去"提质增效。目前，我国出版业仍缺少一批如企鹅文库、施普林格自然等，在国际出版市场上曝光率高、认知度广，具有一定规模读者群，产生较大文化影响的图书品牌，这在一定程度上制约了中国文化的海外认知度和影响力。同时，相较于国外出版企业，国内出版企业推出的产品，如不能更加鲜明地体现中国风格、中国气派、中国精神、中国力量，则无法吸引海外出版机构目光，从而制约我国出版产品版权输出、对外出口效果，影响中国从出版大国向出版强国转变，制约我国文化软实力的传播。

（二）数字化程度仍不足

随着互联网的飞速发展，我国出版产业的内容生产、销售、传播和推广的各个环节还没有完全适应无纸化阅读的需求，以互联网为媒介进行信息传播能力仍然不足。一方面我国出版企业与亚马逊、苹果商店等国际化电子商务平台合作还处在起步阶段，纸版图书在国际电子书平台上的销售海外全面打开；另一方面国内聚合优质数字出版资源的平台有限，从而在对接国际图书馆配送平台和图书数据库经销商上略显薄弱，对准确、快捷、精准地将中国图书推送给国外读者产生制约，从而影响了中国故事、中国内容及时、有效、快速的传播推广。

（三）"走出去"专业人才稀缺

版权贸易必须拥有高素质高水平的版权代理人。一个胜任的版权经理不仅要及时了解海外的出版动态、畅销书的动向，准确地分析出海外读者的阅读倾向及畅销书流行的原因，而且要对国内出版界有较好的把握，能够准确地选书，知晓图书的出版成本和流程以便精确报价。版权经理应是一个大杂家，既要懂专业、懂法律、懂图书编辑、懂营销、精通外语，同时还要具备一定市场敏感性。同时，近年来中国图书版权输出的国际市场渠道不断拓展，对周边国家和"一带一路"上"朋友圈"国家的版权输出数量快速增长，"一带一路"沿线国家涉及语种众多，除通用语言外，众多小语种人才缺乏，图书内容如果不是由母语为授权语种、精通中文、了解中国文化的人士担纲翻译与编辑工作，或母语是中文，但熟悉授权语种目的地国家文化的人来完成项目翻译工作，则会大大影响图书在目的地国家的发行销售，进而影响中国文化的传播，甚至产生误解。

三、推动出版"走出去"的建议

（一）加强对习近平新时代中国特色社会主义思想和党的十九大精神图书国际出版推广的扶持力度

一是围绕深入宣传阐释习近平新时代中国特色社会主义思想的核心要义、丰富内涵、科学体系、理论特色、实践要求、历史贡献，开发一批高质量的外向型理论读物和通俗读物。二是翻译出版推广一批全面宣介党的十九大精神的精品图书，宣介我国推动精神社会发展的重大举措，充分反映国际社会的积极评价，生动展示党和国家良好形象。三是翻译出版推广一批生动讲述社会主义核心价值观的故事、讲好中国共产党的故事、讲好中国特色社会主义新时代的故事、讲好中国人民奋斗圆梦故事的图书。四是围绕2018年改革开放40周年、2019年新中国成立70周年、2020年全面建成小康社会、2021年中国共产党成立100周年、2022年党的二十大等重要时间节点，策划"走出去"重点内容选题，加强议题设置，组织翻译出版一批精品出版物，把我们想说的和国际社会关注的有机结合起来，及时发出中国声音、提出中国主张。

（二）推动建设出版"走出去"实施效果评估指标体系

在出版"走出去"实施十余年的进程中，从通过出版物版权输出、实物出口等数量指标评价体系判断"走出去"效果应逐步向建立影响力指标评价体系转变，从而更好地解决中国出版"走出去"过程中因市场调研不足，而造成的社会影响和经济效益无法相统一的问题。推动建立一套科学、系统的中国出版"走出去"实施效果评价指标体系，不仅是"走出去"评审和资金投放的重要依据，也是出版企业"走出去"的行动指引。通过强化出版企业的目标观念，达到"走出去"项目实施，或图书海外出版后符合当地出版市场规律，切合对象国实际需求的目的，使中国内容、中国故事得到有效的传播；通过实施出版产品从选题策划、翻译出版、宣传推广等各环节综合性、动态性全流程管理，及时有效地传播中国声音。

（三）加强出版产品内容定制化，突出目标市场差异化

从政府宏观政策角度，进一步细化指导方针，推行一国一策策略，对出版"走出去"目标对象国家，尤其是周边国家和"一带一路"沿线国家，开展详细准确的市场调研，了解对象国家出版产业政策、相关法律法规，掌握当地出版产业基本情况，制定相应扶持政策。从企业微观战略角度，客观、准确地掌握对象国出版产业各环节特点及差异，研究当地读者阅读需求，定制适应当地的个性化产品。如，针对东亚、东南亚等中华文化圈市场，要增强图书生产的内涵和层次；针对中东、非洲、拉美地区等对中华文化认知度较浅的地区，通过介绍通俗易懂的中华文化，逐层推进；针对海外华文出版市场，以对外汉语教材推广为主，并开展推广中文阅读的活动。在因地制宜的基础上，做到因人而异，针对年轻群体，通过数字出版与互联网营销渠道推送中国出版产品；针对专家学者及高校、馆藏，则偏重当代中国学者研究成果的推送与学术交流活动；针对普通大众，通过书展展销、文化活动等形式，深化其对中国文化的了解。

（四）加大力度推动人才培养

加强专业版权经理人才培养，需要通过举办各种形式的研讨班、短训班、岗位轮训、出国培训等方式，促进产业内版权经理人的相互沟通，经验分享，培养既懂外语又通晓外贸、版权、合同等方面的人才。加大翻译人才培养力度，通过丝路书香工程人才培养项目等，吸引国内外优秀翻译人才从事中华优秀传统文化图书翻译出版工作，不断扩充所涉语种范围，为更好的服务"一带一路"交流合作奠定人才基础。有效整合各方资源，借用外力，利用外国专家推动中国内容、中国文化在海外进一步推广传播。鼓励国内出版机构与海外汉学研究机构、海外翻译机构共同开展翻译出版业务，通过外国人写作中国计

划,进一步鼓励和支持中华图书特殊贡献奖获奖人面向国际市场、海外读者,多写客观介绍中国的好书,推动一批代表国家水准、传承中华文明、反映时代风貌、适于国际传播的图书进入国际主流社会。

(刘莹晨　中国新闻出版研究院)

第七节 2017—2018出版物市场治理情况

2017年,全国"扫黄打非"部门共收缴各类非法出版物3 090万件,取缔关闭网站12.8万个,查处各类案件10 300余起,有效净化了出版物市场和网络环境,有效遏制了淫秽色情等有害信息传播,有力捍卫了意识形态安全和政治安全,为党的十九大胜利召开营造了良好思想舆论氛围和社会文化环境。

一、2017年出版物市场治理成效

(一)开展"护苗2017"专项行动,持续清理妨害未成年人健康成长的出版物及网络信息

3月至10月,全国"扫黄打非"办公室组织各地"扫黄打非"部门开展"扫黄打非·护苗2017"专项行动,大力整治中小学校园周边文化市场,深入净化互联网文化环境,严厉打击制售传播非法有害少儿出版物及信息行为。

在专项行动中,各地"扫黄打非"部门高频次巡查中小学校园周边及少儿文化用品销售店档等重点部位,大力收缴含有淫秽色情、暴力、恐怖、迷信等信息的非法有害少儿出版物,及时取缔关闭销售非法有害少儿出版物的游商店档。尤其是在中小学春季开学及暑假期间,积极推动各地方新闻出版广电及相关"扫黄打非"部门彻底清查中小学周边的出版物销售店铺,坚决取缔无证照店档和游商地摊,严厉查处销售非法、有害出版物的经营场所。在此次行动中,各级"扫黄打非"部门收缴各类少儿类非法出版物20余万件。在开展网下清查的同时,组织网络内容监管和执法部门,大力清查网上妨害少年儿童健康成长的各类有害信息,重点监控以未成年人为主或主要向未成年人提供有害

信息的社交平台、QQ群组、微信群等，全年共处置网上淫秽色情等妨害青少年健康成长的有害信息100余万条，网络空间进一步清朗。

同时，严厉打击涉少儿非法出版传播活动。全国"扫黄打非"办公室发挥协调、指导、督办职能，组织各地查办了一大批制售传播非法有害少儿出版物和相关信息的违法犯罪案件，并对其中重点案件单独或联合公安部门进行督办，有效震慑了违法犯罪分子。其中，浙江丽水"12·26"特大传播淫秽物品牟利案，抓获犯罪嫌疑人14人，涉案淫秽网站会员达数十万人，其中未成年人及在校学生约1万余人；安徽六安楚某某发行非法出版物案，犯罪嫌疑人邀请学生家长来参加所谓的教育讲座，继而向学生家长兜售非法出版物及听读机，涉案总经营额达170余万元；浙江海盐"3·11"销售盗版出版物案，破获一个向学校学生销售侵权盗版出版物的违法犯罪网络，已查明涉案非法销售收入50余万元，抓获犯罪嫌疑人2名。根据家长举报，组织查办了苏州"2·08"特大微信传播淫秽物品牟利案，抓获犯罪嫌疑人9人，查获的淫秽色情群组涉及20余省10多万人，其中包括部分未成年人。同时还查办了一批专门利用网络传播儿童淫秽色情视频的违法案件，如内蒙古包头"9·11"录制传播儿童淫秽视频牟利案、上海戴某传播儿童淫秽视频案、贵州黔东南"10·06"利用QQ群传播儿童淫秽视频牟利案等。

在严打各类违法犯罪活动整治文化市场环境的同时，"扫黄打非"部门还充分发挥对未成年人的教育引导作用，坚持深入开展"绿书签"行动。精心设计印刷"绿书签"及宣传海报，向社会公众特别是学校、学生发放，倡议多读书读好书、远离有害出版物。设计制作公益宣传片《正气侠》，在中央电视台、主要网络媒体上播放，告诉大家哪些是涉"黄"涉"非"行为，引导社会公众和广大青少年积极抵制相关不合法活动。全国"扫黄打非"办公室与腾讯等大型互联网公司根据未成年人的心理发展特点合作推出"青少年网络安全课"，组织讲师深入到中小学校，通过生动有趣的课程，教育未成年人躲避网络陷阱，远离网络有害信息，引导未成年人安全上网、文明上网。并将"青少年网络安全课"制作成适合网络播放的短视频，在中小学寒假期间通过网络推送的方式在全国推广。此外，还发动各地"扫黄打非"部门，以推荐优秀青少年读物，开展文学经典诵读，举办"护苗"少儿漫画比赛，开讲"扫黄打非"第一课等创新性措施，发动社会公众和青少年参与到"扫黄打非"工作当中，形成家庭、学校、社会与政府部门共同净化文化市场环境，护助青少年健康成长的格局。

（二）开展"秋风2017"专项行动，维护新闻出版传播秩序

3月至11月，全国"扫黄打非"办公室在全国范围内组织开展了"扫黄打非·秋风2017"专项行动，重点打击"四假"（假新闻、假媒体、假记者站、假记者）、新闻敲诈及侵权盗版活动，查办大案要案，震慑违法犯罪活动。

首先，高压打击"四假"。专项行动期间，各地收缴非法报刊93万余件，查办涉假新闻、假媒体、假记者站、假记者案件61起。全国"扫黄打非"办公室联合公安部治安管理局挂牌督办13起重大案件，挂牌督办案件数量同比增长44%。一是大力惩处新闻诈骗、敲诈活动。河北省查办了衡水史兴望等人冒充记者敲诈勒索案，打掉在多地流窜作案达38次的犯罪团伙，先后抓获22名涉案人。山东省查办了青岛"9·26"假冒记者诈骗案，涉案的犯罪团伙假冒记者身份诈骗金额达83万元，主犯李京峰被判处有期徒刑11年。此外，湖南、陕西、海南等地相继查办了一批涉案金额高、影响极为恶劣的典型案件。二是严肃查处利用假媒体非法牟利活动。湖北省查办了荆州"6·22"假期刊案，该案中被侵权杂志社达1 000余家，涉案金额达1 000余万元。江西省查办了九江"1·10"假冒学术期刊诈骗案，打掉一个假借学术期刊名义组稿牟利的犯罪团伙，先后抓获6名涉案人。三是整治商业网站非法采编活动。各地"扫黄打非"办公室协调网信、通信等部门，强化网络巡查力度，处置了一批非法从事新闻采编活动的网站、网站频道及公众号。四川省关闭非法设立的47个时政类、新闻类网站。江西省及时清理"抚州城记""新余猎头"等微信公众号90余个，删除各类有害信息3.5万余条。

同时，大力惩治侵权盗版行为。专项行动期间，各地收缴侵权盗版出版物561万余件，查办侵权盗版案件2 712起。全国"扫黄打非"办公室联合公安部治安管理局、国家版权局、最高人民法院、最高人民检察院等部门挂牌督办20起大案要案。在打击网络侵权方面，山东省查办了威海张某某等人侵犯著作权案，查获通过网络平台销售的盗版音像制品达千万张。安徽省查办了合肥谢某等涉嫌销售侵权盗版图书案，摧毁一个利用淘宝平台销售盗版图书的犯罪团伙，查缴侵权盗版图书20万余册。在查处线下盗版方面，广东省查办了佛山

"6·27"存储销售盗版图书案，查获侵权盗版教材教辅81万余册，码洋1 424万余元。河南省查办了尉氏"12·15"制售侵权盗版图书系列案，收缴侵权盗版图书76种46.6万册，涉案码洋2 216万余元。

此外，严格规范电商平台经营行为。针对不法分子利用电商平台销售非法出版物行为，全国"扫黄打非"办公室组织力量监测1688网、天猫商城、淘宝网等电商平台，部署浙江省"扫黄打非"办公室协调行政执法部门予以查处。杭州市文化广电新闻出版局分别对阿里巴巴广告有限公司、淘宝网络有限公司、天猫网络有限公司予以行政处罚，督促企业落实主体责任。为打击使用虚假证照从事出版物经营活动的网店，全国"扫黄打非"办公室约谈阿里巴巴集团，要求其对下辖平台出版物网店进行全面清查。对阿里巴巴集团梳理出的3.2万余家网络店铺，相继部署江苏、湖北、四川等地开展出版物经营证照核验工作，清理1.8万余家使用虚假证照从事出版物经营活动的网店。

（三）开展"净网2017"专项行动，严打网络淫秽色情出版物及信息

2017年3月至11月，全国"扫黄打非"办公室组织各级"扫黄打非"部门开展了"扫黄打非·净网2017"专项行动。违法违规的网络直播平台、"两微一端"、弹窗广告、网络淫秽色情文学作品、VR眼镜等领域是各级"扫黄打非"部门重点整治对象，在本次专项行动中，共查办网络传播淫秽色情信息案件910起，取缔关闭6万余个淫秽色情网站，处置网络有害信息383万余条。

同年8月10日至9月30日，专项整治互联网低俗色情信息行动在全国范围内进行。此次行动由全国"扫黄打非"办公室联合中央宣传部、中央网信办、公安部、工信部、国家新闻出版广电总局、文化部、工商总局等7个部门共同开展。处罚了一批危害社会公德或者民族优秀传统文化、传播低俗信息的互联网企业，关停网站、公众号等违法违规主体6 000余个，删除低俗色情信息76万余条。北京市关闭网站12家，处罚"花椒"直播、"九秀"直播、红袖添香、小说阅读网等多家互联网企业，罚没款40余万元。江苏省查处逐浪小说网、西祠胡同、雅文言情小说等登载淫秽和低俗色情小说网站。上海市约谈阅文集团、土豆网、2345导航、巨人网络等互联网企业，对"哟趣""遮社区"等APP的运营企业进行停业整顿，关停"鱼泡泡"巨匠网等网站或APP。

广东省查处妈妈网、健康网等网站，打击"超次元AR"等利用新技术传播低俗色情信息的APP。

行动期间，通过网络监测、群众举报等渠道，全国"扫黄打非"办公室挖掘、梳理50余条直播平台传播淫秽色情信息线索下发各地查处。浙江、山东、湖南、湖北、广东等省对"老虎""月光宝盒""狼友""partylive""小牛"等20余起直播平台传播淫秽物品案进行了刑事立案侦查，全国"扫黄打非"办公室挂牌督办了其中14起。浙江省破获"老虎"直播平台传播淫秽物品案，专案组克服部分主要运营人员在境外的困难，组织百余警力统一收网，总计抓获犯罪嫌疑人36名，其中包括"黄鳝门"女主播。山东省破获"月光宝盒"直播平台传播淫秽物品案，在打击网络直播平台聚合类软件方面取得突破，打掉聚合11个淫秽色情直播平台的"月光宝盒"APP，抓获37名犯罪嫌疑人，涉案金额超过1 000万元。湖南省破获"狼友"直播平台传播淫秽物品案，抓获包括直播"车震"造成恶劣影响的主播"水仙二嫂"在内的犯罪嫌疑人12名。

与此同时，各地将查办微领域案件作为贯穿专项行动始终的任务常抓不懈，严肃整治违法违规行为，对新浪微博、凤凰网、今日头条、网易等企业进行行政处罚，查办一批通过"两微一端"传播淫秽物品刑事案件。江苏省破获"2·08"特大跨省微信传播淫秽物品牟利案，查获淫秽视频、小说、图片等电子信息数百万条，涉案微信群成员超过10万人。山东省破获青岛"1·05"利用云盘贩卖淫秽物品牟利案，犯罪嫌疑人制作、销售用于自动发送淫秽云盘账号的"QQ发卡机器人"软件200余套、淫秽云盘账号6万余个。浙江省破获丽水檀某某等人传播淫秽物品牟利案，犯罪嫌疑人檀某某招募多人作为业务员，大量购买QQ号，建立30余个成员1 500至2 000人的QQ群，在群内直播淫秽视频，非法获利数百万元。目前，公安部门已刑事拘留犯罪嫌疑人29名，冻结非法资金190余万元。安徽省破获铜陵"5·22"特大微信传播淫秽视频牟利案，犯罪团伙有多个工作团队，购买大量微信号建立400余个微信群，传播淫秽视频5万余部，牟利达80余万元。

专项行动当中，打击传播淫秽物品利益链条取得明显效果。一是打击一批VR眼镜涉"黄"商家。2017年3月20日，全国"扫黄打非"办公室召开专题会议，部署北京、江苏、浙江、山东、广东等省（市）开展集中攻坚行动，严厉打击销售 VR 眼镜赠送淫秽视频行为。各地立案查处 20 余起刑事案件，抓获 30 余名犯罪嫌疑人，网上销售 VR 眼镜赠送淫秽视频现象得到明显遏制。二是打击一批通过广告牟利的不法企业。江苏省破获宿迁王磊等人传播淫秽物品牟利案，深挖为淫秽色情网站输送利益的广告联盟，打掉"富投联盟"等 4 个广告联盟，总计抓获犯罪嫌疑人 50 人，采取刑事强制措施 33 人，涉案金额达 2 000 余万元，有力震慑了违法违规互联网广告运营企业。三是打击一批利用色情内容实施诈骗的不法分子。湖北省破获武汉魏依、曾杰等人网络传播淫秽物品牟利案，刑事拘留 35 名犯罪嫌疑人，批准逮捕其中 27 名。犯罪分子篡改人教版高中语文选修教材《中国古代诗歌散文欣赏》中提供的一个网页链接，利用遭篡改的链接推广其创办的色情网站，打着提供淫秽内容的幌子诱导网民注册、实施诈骗，非法牟利 1 000 余万元。

二、2017 年出版物市场治理典型案例

（一）北京"8·08"少儿类出版物侵权盗版案串并案件

北京市文化执法总队根据转办线索深挖彻究，协调安徽省公安、新闻出版广电、文化执法等多部门联合执法，对位于通州区施园村和碱厂村的两处库房进行现场布控，查扣《西尔斯怀孕百科》《习惯就好》等涉嫌侵权盗版出版物 154 种 19 万余册，涉案码洋 637 万余元，抓捕犯罪嫌疑人 3 名。经查，该案主要犯罪嫌疑人与 2016 年北京文化执法总队查办的"8·08"少儿类出版物侵权盗版案主犯系亲属关系。此案系新中国成立以来查处的少儿类侵权盗版出版物数量最大，码洋最高的案件。目前，法院以侵犯著作权罪已终审判处主犯赵某有期徒刑 6 年 6 个月，判处其余被告人有期徒刑 4 年至 2 年 6 个月不等，并处罚金。

（二）广东广州"3·27"少儿类出版物侵权盗版案

2017 年 3 月 27 日，根据排查线索，广州市番禺区"扫黄打非"办公室会同文化执法、公安等部门在该区洛浦街西一村查获一盗版出版物储存仓库，查

扣《现代儿童英语》等少儿类盗版图书 628 种 95 万余册，《幼儿园活动整合课程》等少儿类盗版音像制品 83 种 8.8 万余张，涉案金额 800 余万元，现场抓获犯罪嫌疑人 2 名。目前，该案正在进一步查办中。

（三）河南郑州"8·05"仓储非法出版物案

2017 年 8 月 5 日，河南省"扫黄打非"办公室组织郑州市、荥阳市相关部门联合执法，查处荥阳市广武镇一处非法出版物仓储窝点，查获非法出版物 93 种、22 万余册，总码洋 1 039 万元。2018 年 2 月 22 日，河南省郑州市中级人民法院以侵犯著作权罪判处侯某某有期徒刑三年零十个月，并处罚金六十万；判处曹某有期徒刑一年零十个月，并处罚金十万元。

（四）浙江绍兴"9·11"印制销售非法出版物案

2017 年 10 月，浙江省"扫黄打非"办公室会同省公安厅指导绍兴市公安局越城区分局破获一起印制、销售非法出版物案。以温某某为首的犯罪团伙通过境外网站下载非法出版物，在印刷厂批量印制后通过淘宝网销往全国，累计销售非法出版物 10 万余册，涉案金额 1 000 余万元。目前，该案已移送审查起诉。

（五）广东佛山"6·27"存储销售盗版图书案

2017 年 6 月 27 日，佛山市"扫黄打非"办公室根据举报线索，协调公安等部门查处一个存储非法出版物窝点，现场查获《黄冈小状元》系列教辅等涉案出版物 81 万余册，码洋 1 424 万余元。仓库负责人李某某、盗版样书提供人刘某某等 5 名犯罪嫌疑人已被批准逮捕，目前，案件在进一步侦办中。

（六）安徽肥西"12·27"侵犯著作权案

2017 年 1 月，根据群众举报线索，安徽省肥西县公安局立案查处一起跨区域制售盗版图书大案。经过侦查，共抓获犯罪嫌疑人 16 名，查明涉案金额 1 950 余万元。经查，谢某、陶某某等 8 人通过网络销售盗版图书、音像制品，2016 年 11 月至 2017 年 3 月期间，通过贝塔图书专营店、胜雪图书专营店等多个淘宝网店,销售盗版图书58.9万余册,销售金额530万余元。上游供应商北京人赵某某等4人于2016年9月至2017年3月期间销售盗版图书178万余册,涉案金额1 193万余元。河北人徐某印刷盗版图书,非法获利186万余元。山东人王某扫描排版图书,非法获利40万余元。2017年7月,该案移交检察机关。2018年4月26日,经补侦后移交给检察机关提起公诉。

(七)湖北武汉"2·24"批销盗版及淫秽光盘案

2017年2月24日,根据群众举报,武汉市硚口区"扫黄打非"办公室会同文化执法、公安等部门,对藏匿于硚口区汉中路一处非法批销盗版光盘窝点进行检查,现场抓获犯罪嫌疑人戴某,收缴侵权盗版音像制品3万余张、淫秽音像制品5千余张。9月8日,武汉市硚口区人民法院对该案作出判决,戴某因犯侵犯著作权罪、贩卖淫秽物品牟利罪,被判处有期徒刑十一年,并处罚金人民币五万元。

(八)江西九江"1·10"假冒学术期刊诈骗案

2017年1月,九江市、修水县"扫黄打非"、公安部门查处一起假冒学术期刊诈骗案。经查,郭某某、钟某某等人自2016年7月起,开设淘宝网店假冒《中国现代医学》等10余种知名学术期刊编辑部,采取代写论文、伪造学术期刊用稿通知等方式诈骗,非法交易177笔、非法牟利30余万元。办案部门以涉案假冒期刊为突破口,查获一条假冒学术期刊"编辑、出版、印刷、发行"黑色产业链,分别在江西、重庆、北京、河北抓获杨某某等8名主要犯罪嫌疑人,查证涉案非法经营金额1.2亿余元,捣毁假冒学术期刊非法窝点3处。目前,该案已移送检察机关审查起诉。

(九)湖北荆州"6·22"假期刊案

2017年6月,荆州市及公安县"扫黄打非"办公室协调文化执法、公安等部门破获一起假冒学术期刊案。经查,2014年以来,郑某、阳某某招募人员在网络上制作钓鱼网站,假冒全国各大杂志社工作人员,以杂志社名义非法组稿,骗取投稿人"审稿费""版面费"。截至案发,被侵权杂志社总计1 000余家，受害人 1 万余名，涉案金额 1 000 余万元。2017 年 8 月，郑某、阳某某等 10 人被刑事拘留。目前，案件已移送起诉，正进一步办理中。

（十）河北衡水史某某等人冒充记者敲诈勒索案

2016 年 12 月至 2017 年 4 月，衡水市公安部门侦破一起假记者团伙敲诈勒索案。经查，犯罪团伙成员自 2016 年 3 月以来，通过史某某以 2 万元至 4 万元不等的价格办理"中国新闻播报社"记者证，先后驾车流窜至石家庄、衡水、沧州等地作案 60 余起。公安机关共刑事拘留 21 人，执行逮捕 13 人，查实该团伙实施敲诈勒索案件 27 起、涉案金额 32 万余元，查扣作案用手机 26 部，证件、车牌、胸牌等作案工具 50 余个。部分涉案人员已移送检察机关审查起诉。2018 年 1 月 25 日，武邑县人民法院开庭审理此案。

（十一）陕西西安"1.28 假记者招摇撞骗案"判决

2016 年 1 月 28 日，自称是《检察风云》杂志社西部工作站负责人的张某、张某某，到公安莲湖分局反映桃园路派出所越权干预经济纠纷扣押结算条据问题。警方经与《检察风云》杂志社核实，发现西部工作站系假冒，还曾在山东、河北等多地冒充该杂志进行违法犯罪活动。在警方调查案件时，同伙董某某来到莲湖分局，要求警方停止调查工作并立即将二人释放，警方当场将董某某抓获。经查，张某、张某某、董某某均为无业人员，自 2015 年 7 月假冒成立了某杂志社西部工作站，张某为站长、张某某为常务副站长、董某某为副站长，此外他们还假冒中国检察出版社西安办事处及检察院工作人员进行招摇撞骗。2017 年 3 月 31 日，西安市莲湖区人民法院判决：被告人张某、张某某两人均因诈骗罪被判处有期徒刑四年，并处罚金人民币各 3 万元；被告人董光龙因诈骗罪被判处有期徒刑一年又六个月，并处罚金人民币 2 万元；依法返还被害人赃款 63 000 元。

（十二）广西河池周某某假冒记者诈骗案判决

2014 年至 2015 年，周某某假冒"中国时事新闻社"副总编、"中国案件监督中心"监督员、"中国案与法内参编辑部"新闻工作者、"中国中央数字电视城市建设频道"采编部副主任、央视十二频道法律专家,以帮群众争取到2 000万元赔偿为诱饵,前后9次骗取河池罗城县某村村民8万余元。2015年5月,周某某被公安机关抓获。2017年1月20日,广西河池市罗城县人民法院一审对"河池周某某假冒记者诈骗案"作出判决:判被告人周某某犯诈骗罪,判处有期徒刑二年零六个月,并处罚金人民币五千元;没收周某某持有的各类虚假新闻从业人员证件及复印件等材料;责令被告人退赔群众二万五千元。

(十三) 浙江绍兴"老虎"直播平台传播淫秽物品牟利案

2017年5月,绍兴诸暨市"扫黄打非"办公室协调诸暨市公安局破获一起网络直播平台传播淫秽物品牟利案。经查,2017年2月,方某、戚某等人组织段某某等人开发"老虎"直播平台,赴境外运营该平台,并通过中介在境内招募主播利用该平台、进行淫秽直播。截至案发,该平台累计充值金额780余万元,注册用户108万余人。公安机关共抓获戚某、段某某等运营人员、中介及主播36名,其中包括"黄鳝门"女主播。目前,案件已移送审查起诉。

(十四) 山东泰安"月光宝盒"直播平台传播淫秽物品牟利案

2017年9月,泰安市、新泰市公安部门破获一起直播平台聚合软件传播淫秽物品牟利案。经查,"月光宝盒"平台运营者利用黑客技术破解各类淫秽色情收费直播平台,聚合了"夜狼"等46个直播平台,其中"夜狼""觅爱"等11个平台大量传播淫秽色情视频。"月光宝盒"平台犯罪团伙有运营、技术人员6名,一级代理商、广告商46名,涉及13个省份、40余个地市,该团伙通过销售会员账号、收取广告费等方式非法牟利1 000余万元。公安部门抽调100余人组成48个抓捕小组,分赴23个地市,共抓获54名涉案人员,刑事拘留其中53人。目前,案件在法院审理中。

(十五) 湖南岳阳"狼友"直播平台传播淫秽物品牟利案

2017年7月,岳阳市"扫黄打非"部门立案侦查一起网络直播平台传播淫秽物品牟利案。经查,岳阳隆顺网络科技有限公司开设"狼友"直播APP传播淫秽色情信息，其中包括"水仙二嫂勾引司机"等不雅视频。经营人员不断变换APP名称和下载地址躲避侦查，在"狼友"APP停播后，先后启用"梦幻""逆境"等直播APP，涉案金额1 000余万元。公安部门抓获包括公司经营者、运营人员、涉案主播"水仙二嫂"在内的犯罪嫌疑人12名。2018年6月6日，岳阳楼区人民检察院移交岳阳楼区人民法院提起公诉，择期开庭审理。

三、2017年出版物市场治理特点

（一）紧紧围绕主线，服务党和国家工作大局

2017年出版物市场治理工作紧紧围绕迎接宣传贯彻党的十九大精神这条主线，更加突出打击非法出版物及信息，全力维护意识形态安全和政治安全。开展迎接党的十九大集中整治，全面清查出版物市场，收缴各类非法出版物，清理互联网有害信息，保持"扫黄打非"高压态势。强化督查监管，实现了对全国31个省（区、市）全覆盖式督查以及全方位交叉互检。同时，将出版物市场治理工作与净化舆论环境专项整治、打击网络谣言"清风行动"有机结合，有力服务了党和国家工作大局。

（二）积极统筹协调，增强综合治理能力

充分发挥"扫黄打非"体制机制优势，召开协调会30余次，有力推进有关重点工作的开展。强化治理工作的协作协同，进一步整合资源、综合施策、系统治理，严控流通渠道、严查制售环节、严格纪律约束，综合运用多种手段打击非法出版传播活动，有力提升了治理工作实效。进一步提高联防协作水平，拓展区域合作的广度和深度，细化强化了京津冀、湘鄂赣等协作机制，推动建立了"淮海工程""大别山工程"等小区域联防协作工程。

（三）深化指导督办，提高案件查办水平

各地"扫黄打非"部门主动监测发现线索，搜集固定证据，同时加强指导

督办，有力推动了案件的快查快办。拓展案件查办类型，2017年相继查办了非法印制、代购代销、网络销售等多种形态的非法出版物案件，实现了对非法传播渠道的全链条打击。加强联合挂牌力度，联合公安等部门挂牌督办重点案件147起，对违法犯罪行为形成了有力震慑。积极拓宽举报受理渠道，2017年以来，全国"扫黄打非"办公室协同举报中心受理12万余件举报，形成1 100多条重要案件线索，共发放100多万元奖励金给举报有功群众。

（四）密切协作配合，在网上主战场打好主动仗

各地"扫黄打非"部门着力提升网上有害出版物及信息发现、处置能力。积极发挥网上"扫黄打非"联席会议作用，和相关成员单位在共享信息、日常查删、应急处置等方面加强协作。建立省级网上"扫黄打非"联席会议制度，加大对互联网企业的监管力度，进一步发挥政企直通车等协调机制作用，应急处置能力显著提高。

（五）突出示范带动，全面推动"扫黄打非"行动走进基层

截至目前，全国建成47.5万个"扫黄打非"基层工作站点，"扫黄打非"全面覆盖基层已初步实现，基层治理工作新格局正逐步形成。"扫黄打非"进基层示范点创建工作在全国范围内开展，确定300个第一批示范点，包括街道社区、学校、乡村、企业等多种类型，起到了示范带动作用。

（六）创新方式方法，加大宣传发动力度

全国"扫黄打非"办公室全年策划10批次30余项主题宣传，积极动员群众参与支持"扫黄打非"工作。利用微访谈、网络直播等形式开展宣传，参与网民达400多万人次，全国"扫黄打非"办公室官方微博等阅读量近千万人次。指导各地开通微博、微信等新媒体，构建"扫黄打非"新媒体矩阵，扩大宣传效应。积极推进信息化建设，全国"扫黄打非"信息管理系统（一期）已开始全面使用，二期即将投入使用。

四、2018年出版物市场治理重点

（一）深入打击危害青少年身心健康的非法有害出版物及信息

组织开展"护苗2018"专项行动。专项行动对象包括非法有害少儿出版物、非法网络应用程序、音视频、小说、动漫等，主要清查其中是否含有淫秽色情、暴力恐怖、校园欺凌、自杀自残等非法信息。加大监管惩处力度，完善法律法规，建立长效机制。大力净化中小学校园周边出版物市场。以"绿书签"系列宣传活动为载体，组织中小学校开展公益读书讲座、经典诵读、读书征文比赛、网络安全教育进课堂等活动，引导少年儿童自觉远离和抵制非法有害出版物及信息。

（二）深入打击网络淫秽色情低俗信息

组织开展"净网2018"专项行动。深入清查网上淫秽色情信息，大力查处传播淫秽色情信息的网络直播平台、应用商店、群组、弹窗、云盘等。坚决切断网络淫秽色情信息传播的利益链条，严厉打击淫秽色情信息制作者、传播渠道提供者以及利用其牟利的网络平台。专项整治违法违规网络游戏。采取综合手段有效治理网络低俗问题。

（三）深入打击假媒体假记者站假记者和侵权盗版行为

组织开展"秋风2018"专项行动，深入整治新闻敲诈、假媒体假记者站、假记者，依法打击境外媒体非法采编活动，专项整治假冒学术期刊及网站，专项整治网站、公众账号违规采编、转载时政新闻，专项整治"黑电台"、非法卫星地面接收设备。深入打击网上网下侵权盗版活动，专项整治复印店盗版盗印行为、仓储运输侵权盗版出版物行为。推进核验网店证件执照工作，防范出版物在网上违规，依法查处利用网站、微店等销售侵权盗版出版物活动。加大新闻作品版权保护力度，专项整治网站、移动客户端、社交媒体以及新闻信息聚合类平台等侵犯新闻单位版权问题。

(四) 深入治理问题多发地区

针对非法出版物在中小城市和农村多发易发问题，加强对印刷复制发行经营行为的执法检查，加大市场清理整治力度。实施国家级风景名胜区、高速公路服务区、候车候船候机场所"扫黄打非·净化工程"，严格规范窗口地带出版物市场秩序。

(五) 深入推进基层建设

进一步推动"扫黄打非"进基层，制定进基层规范化标准化建设实施办法。充分发挥进基层示范点引领带动作用，选取100个乡镇（街道）、村（社区）和基层单位作为第二批"扫黄打非"进基层全国示范点。动员社会力量，加强对出版物市场、网络企业的监督。夯实"扫黄打非"督察员、信息员、网格员、志愿者和网上巡查员等工作基础。

（张　姝　原国家新闻出版广电总局）

第八节 2017年编辑学理论与实务研究综述

习近平总书记在党的十九大报告里对"新时代中国特色社会主义思想"做了完整表述,"新时代中国特色社会主义"是党中央对当前中国发展作出的重要判断,并据此提出了新时代的发展方向和战略方略。"新时代中国特色社会主义思想"为我国在新时代的发展提供了理论指导和行动指南,也为编辑学研究提出了新的要求。

随着现代意义上书、报、刊的兴起,20世纪40年代末,我国的编辑学研究开始了初期的创建。直至20世纪80年代初期,我国的编辑学研究逐渐有了起色。随着社会经济文化的发展,我国的编辑学的研究也逐渐发展和深化起来。关于编辑学的研究范围,一般来讲,包括编辑史、编辑理论、编辑实务三个领域。这三个领域既互相联系、互相渗透,又各自独立,形成了编辑学研究的整体系统。[1] 新时代的判断,对编辑学理论和编辑实务而言,可以从两个方面来考虑:一是社会人文环境的发展变化,二是行业技术升级的转型期所带来的各种挑战。而当前尤为突出的是第二个方面,即随着数字技术的发展,传统出版业和出版业中的编辑遭遇前所未有的挑战。"2011年,亚马逊开始自出版的尝试。所谓自出版基本上完全颠覆了传统出版的运作模式,作者的参与度更高,基本贯穿出版的整个流程:作者不仅要承担写作的任务,还要承担原来由出版社负责的一些职责,比如组织编辑、校对,亲自与设计人员沟通确定封面、与排版公司直接沟通设计版式,制定营销方案,深度参与营销等。自出版完全跳过出版社这一环节,使作者获得更多的利润。有数据显示,在Kindle上排行前100名的畅销书中,有28种是作家以自出版模式出版的;排行前50名

---

[1] 《出版词典》编委会. 出版词典(修订本)[M]. 中国书籍出版社,2015:2.

的图书中，也有 11 种采用自出版模式。"[1] 面对这些前所未有的现象，业内外人士众说纷纭：一些技术派认为，传统出版没有未来，编辑终究要被技术和机器替代；而一些出版人则力挺阅读不灭，编辑就不会消失。技术对传统出版行业进行了彻底革命，在新媒体与传统媒体融合、新媒体与新媒体融合的环境下，编辑如何定位自己在出版过程中的地位和作用，是当前很多学者关注的主要问题。

综观 2017 年编辑理论与实务的研究，可以看出，学界对编辑理论的研究热情不高，对编辑的基本概念、基本规律、学科属性等问题，基本上没有更深入的讨论，仅有寥寥几篇文章，点到为止。而对编辑实务方面则有更多的关注，特别是对媒介融合背景下的编辑培养、编辑职业等问题尤为关注，对科技类、学术类的编辑实务技能有较多的总结。在编辑史方面，则主要是以人为主，深入挖掘出版人物的编辑思想等内容。

一、编辑学研究

经过多年的积累和发展，我国当前在世界出版领域，在出版数量上看，属于出版大国的行列。但是从内容质量上来看，如国际影响力的成果方面、文献引率方面、畅销书方面等都不属于出版强国。针对这种现象，中国大百科全书出版社龚莉在《编辑研学正逢时》一文中指出："造成这种局面的原因……还有一个不容忽视的方面，这就是编辑学研究。"而要突破当前的困局，首先要有"对编辑的规律的认知，对相应学问、理论、知识的探索和掌握。编辑学研究已迫在眉睫"[2]。作者就此提出了编辑学的三个方面内容，首先是知识方面。在网络化智能化的条件下，出版单位必须努力为人才成长创造条件，编辑本身也必须要有自主的学习能力。其次是从编辑教育课程设置来看，要把基础研究和当今的难点、热点相结合。三是借鉴英美编辑学科的归属与课程设置。

《编辑之友》1985 年第 4 期开设理论专栏——开展建立社会主义编辑学的

---

[1] 赵明霞. 互联网环境下编辑的价值思考 [J]. 出版广角，2016 (3) 上.
[2] 龚莉. 编辑研学正逢时 [J]. 中国编辑，2017 (5).

讨论，专栏中冯国祥先生的《图书编辑力浅论》一文，首次提出"图书编辑力"的概念。近年来，学界对编辑力的研究已不仅限于对编辑的基本概念，以及基本规律的探究，转而开始关注编辑个体，力求通过考察编辑个体的主体能力，找到培养和提升编辑人员能力的现实效用。河南师范大学学报编辑部晋海学通过对"编辑力"概念的梳理和辨析，提出："首先要做的就是开放理论观念、扩大理论视野，将编辑力之'力'从'能力'这一固定的用法中解放出来，让编辑之'力'回到特定的语境之中，让其具有历史的和现实的质感。其次，要让编辑力讨论与现实中的编辑主体发生切实的关联。'编辑力'不仅是知识生产的结果，也是日常出版活动经验的积累和反映。'编辑力'与现实的出版活动之间形成了力场，在这个场域当中，现实出版活动必然要求与它匹配的词语，'编辑力'与编辑经验发生紧密关联，在日常工作中适时地进行自我的充实和调整。"[1]

二、编辑实务

2017年12月，中国新闻史学会编辑出版研究委员会协同多家单位举办了"媒介融合时代的编辑出版学与出版业"论坛，全国70多所高等院校以及出版企业的专家学者与会，围绕融合背景下的编辑出版教育与业务进行交流和研讨。媒介融合背景下的编辑实务，是当前编辑领域、出版领域乃至整个传播领域主要讨论的问题之一。与此同时，学术期刊和科技期刊的编辑问题也受到普遍的关注。

西北政法大学宣海林在《媒体融合时代行业期刊编辑思维的再定位》中分析了现实中传统媒体面对媒介融合的不同应对方式：有些媒体难以针对市场和技术的变革作出及时调整，面临发展的危机。有些媒体融合新闻传播规律和新媒体发展规律，走进发展的新时代。根据我国行业期刊独特的行业价值和功能，作者归纳出媒体融合时代行业期刊面临的十项挑战：信息的海量性带来挑战、信息的易获得性带来挑战、信息的迅捷性带来挑战、信息传播的难控性带

---

[1] 晋海学. 当代编辑学研究中的"编辑力"讨论及其思考[J]. 编辑之友，2017 (1).

来挑战、信息传播的互动性带来挑战、信息传播的跨国性带来挑战、信息传播的丰富性带来挑战、信息传播的技术性带来挑战、信息传播的规模效应带来挑战、信息传播的行业价值属性带来挑战。据此，作者提出了行业期刊编辑思维的再定位的观点：编辑功能定位的全面化、编辑职业能力的全面化、实现用户思维、编辑功能的智能化、编辑思维的与时俱进。[①]

华中农业大学吴平对 2016 年我国编辑学研究进行了详细地梳理和回顾，撰写了《媒介融合背景下的理性思考：编辑是什么》，作者不认同"传统出版没有未来，编辑终究要被技术和机器替代"的观点。而是赞同：阅读不灭编辑就不会消失，无论是自出版，还是其他任何形式的出版，都不可能取代编辑在出版中的作用。相反，在新媒体的技术背景下，编辑的价值将更加得到彰显。作者提出以下观点：第一，媒介融合背景下，编辑是有明确编辑思想的人。支持作者这个观点的成果有：《青年毛泽东编辑实践与编辑思想研究（1918—1927)》《青年毛泽东编辑思想模式及其现代价值研究》《论叶圣陶编辑理论的现实指导意义》《魏晋南北朝编辑思想研究》等。第二，媒介融合背景下，编辑是具有创新意识与工匠精神的人。支持作者这个观点的成果有：《媒介融合视域下编辑活动主体论》《大数据时代看现代期刊编辑意识形态的转变》《互联网＋在科技期刊办刊模式中的应用及问题分析》《科技期刊青年编辑综合能力的培养与实践》等。第三，媒介融合背景下，编辑是数字出版重要的人力资源。支持作者这个观点的成果有：《我国数字编辑职业化历程回顾与价值分析》《论公平理论视角下的出版社编辑部门内部竞争》等。第四，在媒介融合的技术环境下，出版更需要编辑的具体实践工作作为支撑，对作者这个观点提供正面论证的成果是：《论编辑理论与实践的关系调适》《学术编辑在"互联网＋"转型中的变与不变》《教材编辑的数字出版转型与实践》等。第五，新媒体的出现，编辑实际上是在高校的教学中的第一手实践经验的来源。支持作者这个观点的成果有：《论全媒体时代报刊实践教学的"六个转变"》《数字出版时代编辑出版专业实践教学研究》等。第六，媒介融合背景下，编辑是创造出版历史的人。支持作者这个观点的成果有：《编辑出版专业现代汉语教学与编辑实践之对接》《编辑学研究的集成与创新》《长三角区域作者发表编辑学论文的

---

① 宣海林．媒体融合时代行业期刊编辑思维的再定位［J］．出版科学，2018（3）．

统计与分析》等。①

《岭南学术研究》编辑部吴美英提出，大数据时代，学术期刊出版业务发生了重大变革，期刊的出版流程由单线性转向立体化，出版工作数据依赖性加强，发行工作向数字化发展，编辑工作外向性越趋明显。基于这一新形势，需重构学术期刊编辑素质：一方面要正确看待传统的编辑素质，对优秀的要继承与发扬；另一方面构建与大数据出版相适应的编辑素质，如数据处理能力、内容整合能力、全方位的沟通能力和数据时代的创新能力。在编辑能力提升上，要树立大数据学术期刊出版理念和数据处理能力养成理念，苦练编辑业务基本功并坚持学术研究，要走出去，培养大数据视野。②

北宋思想家张载曾有一段关于草书的论述，后来被郭沫若和沙孟海以及很多著作者误认为是南宋张栻的言论。《滁州学院学报》编辑部李应青撰写文章，从编辑学的角度，考察了这段以讹传讹的引用，分析造成这种以讹传讹的原因，并从编辑实践意义上概括在引文运用上需要注意的四个方面的教训：不能尽信书和盲从名人，人云亦云；引用时应查核原文，特别是心中有疑时更要核实；要有严谨的学术态度，扎实的学术功底，要具备跨专业领域的知识；引用要准确，领会含义，不可误读。③

中国食品药品检定研究院的陈唯真，根据自己从事科技期刊编辑的工作实践，从重塑科技论文特性的角度，梳理并归纳了科技论文编辑加工的各方面常见问题，讨论科技论文的创新性和可读性、提高科技论文的质量、可传播性的编辑加工思路：一是对论文创新性的提炼。作者提出，期刊发表的文章是否有创新点，要看四个方面：题名、引言、素材、讨论。二是对论文可读性的雕琢。这方面包括文章的层次结构、章节标题、数据图表、语言规范。三是对论文传播性的提升。编辑需要在文章的摘要、关键词、参考文献、数据关联，这几方面下功夫，提升文章的传播性。④

学术论文选题的确立，需要大量的知识储备和丰富的社会实践，是撰写论文过程中需要确定的第一环节，恰当的选题是决定论文质量的重要因素之一。

---

① 吴平. 媒介融合背景下的理性思考编辑是什么[J]. 出版科学, 2017 (2).
② 吴美英. 大数据时代学术期刊编辑素质重构与能力提升[J]. 出版科学, 2017 (11).
③ 李应青. 从编辑学视角考察一段草书史资料以讹传讹的引用[J]. 出版科学, 2017 (6).
④ 陈唯真. 从优质文章特性谈科技论文的编辑加工[J]. 编辑学报, 2017 (4).

南方医科大学南方医院的江霞，总结了自己十几年的科技期刊责任编辑经验以及撰写编辑出版类论文的实践，提出了如何在学习与实践的契合点中，利用敏锐的信息意识寻找论文选题的观点。一是带着问题参加学术会议。将学术会议上获取到的信息结合参会之前思考的问题，在两者的共同点之中，确定论文选题。二是将选题的目标定在工作实践中。结合在工作实践的思考，总结期刊工作中的经验并确定选题，这种方式不但可以使其他同行有了可借鉴之处，其实也是各种杂志之间交流和学习的途径，而事实上读者也会喜爱这样的文章。三是经常会有针对性地上网学习。从新闻浏览和文献学习中获取信息寻找论文选题，利用碎片时间在公众号中浏览得知许多行业动态与新闻信息。四是培养和提高科技期刊编辑的信息意识。①

三、编辑史研究

商丘师范学院李静于2017年发表了《近五年我国编辑史研究综述》，从编辑学学科史学术史研究、编辑思想史研究、图书文献研究、编辑家研究、编辑学家研究等五个方面系统地梳理了近5年来我国编辑史的研究成果：学科史学术史的代表成果，有《中国编辑学研究60年》《中国编辑思想史》《中国编辑史研究30年回顾》等；编辑思想史方面的代表成果有《编辑思想的实践性探讨》《中国古代编辑思想叙略》《魏晋南北朝编辑思想研究》《中国编辑思想史》等；图书文献研究方面的代表成果有《〈吕氏春秋〉编辑思想新探》《〈古今图书集成〉体例探析》《以史为镜，看当下女性杂志的编辑经营之道》《论"孤岛"时期〈文汇报〉的编辑出版文化》《〈千家诗〉的版本流传与编辑特点》等；编辑家研究的代表成果有《叶圣陶编〈十三经索引〉给当代编辑的启示》《基于孔子编辑思想观其在中国文化史上的作用》《青年毛泽东编辑活动的特色》《杜亚泉编辑思想及其当代价值》《试析柳诒徵的期刊编辑思想》等；编辑学家的研究成果有姬建敏：《刘杲编辑史研究思想述评》《论王振铎的编辑学研究及其理论建树》《论宋应离的编辑出版史学研究及其成就》《试论

---

① 江霞. 从信息意识与职业实践的契合点中寻找论文选题［J］. 编辑学报，2017（6）.

杨焕章的编辑学研究及其贡献》《戴文葆先生与编辑史研究》等。[①]

刘光裕在山东大学执教的30余年中，曾两度主持《文史哲》的编辑出版工作。1984年，他开始研究编辑学理论，兼及中国出版史，著有《编辑学论稿》和增订再版本《编辑学理论研究》等论著。河南大学传媒研究所姬建敏专门撰文，对刘光裕的"编辑和编辑学"进行总结：刘光裕的编辑学研究主要集中在编辑学基本理论和编辑出版史两个方面。刘光裕的编辑学思想主要表现为：以出版编辑为本位；学科思想较为系统；开创编了"中介服务派"和"有出版才有编辑"的编辑史观。[②]

四、编辑职业及人才培养研究

我国编辑出版高等教育经过几十年的发展，在学科建设与课程体系、师资队伍与人才培养、教材建设与学术研究等方面，进步较大。但从学科来看，虽然许多学校都有编辑出版学专业，但侧重的方向不同，例如一些院校侧重于编辑学、一些侧重于出版发行，还有的侧重于编辑出版，因此，不同高校编辑出版学的课程体系建设也有所不同。黑龙江工程学院王欣提出："编辑出版学的学科建设应紧跟时代发展，结合'大文化、大编辑、大媒体'的理念，与时俱进地做好学科建设，适应社会发展的新要求。"作者分析了我国当前编辑高等教育面临的问题："一是编辑出版工作者的工作环境和社会环境发生较大变化。二是在中国出版业急剧转型时期，社会亟须各类'复合型'出版人才。三是编辑出版的教育体系仍然不完善。"作者据此提出我国编辑出版教育发展的策略："加强师资队伍建设、注重课程设置建设、坚持学产研结合的编辑出版人才培养模式。"[③]

暨南大学新闻与传播学院甘险峰、邵延鹏认为："新媒体"并不指具体的媒体形态，而是强调新媒体塑造的泛媒体环境、媒介化社会，以及"人媒合

[①] 李静. 近五年我国编辑史研究综述［J］. 河南大学学报（社会科学版），2017（1）.
[②] 姬建敏. 论刘光裕的编辑学研究和编辑学思想［J］. 出版科学，2017（5）.
[③] 王欣. 我国编辑出版教育的学科发展现状及未来展望研究［J］. 齐齐哈尔大学学报，2017（4）.

一"的趋势。执行媒体功能的不再只有专业机构，而是"所有人对所有人的传播"，人人都有成为媒体的可能；另一方面，新媒体环境改变着人们对世界的认识途径和体验方式，进而改变人们的思维方式。作者系统梳理了新媒体环境对编辑活动、编辑关系的影响的必要，并探讨了对编辑出版教育的启示：一是在新媒体环境下，专业培养的"宽度"和"长度"需要重新考量、设计。编辑出版专业培养内容需要更新、拓展，培养对象也要根据社会需要进行拓宽，这也就增加了编辑人才培养的时间。二是新媒体环境下编辑人才培养的理念转变：要从知识驱动转变到素养驱动、从文字素养教育转向数字素养的培养、注重职前教育与职后教育分工协作。[①]

山东工商学院人文与传播学院刘菡详细回顾了我国编辑出版学专业的创立及发展历程：萌芽时期（1949年至1961年）：此阶段编辑出版教育尚处萌芽阶段，在现实条件的制约下，仅限于短期培训，虽未能正式开启编辑出版学高等教育，但是为提高出版社工作人员的专业素养发挥了重要作用；停滞时期（1962年至1977年）：自1957年开始，政治运动逐渐增多，出版领域也受此牵连。1958年开始的"大跃进"运动促成了文化学院的创办，阴差阳错地使编辑出版学专业昙花一现，直至1961年。其后的几年至"文化大革命"期间，整个出版教育停办，编辑出版学专业的发展也处于停滞状态；起步时期（1978年至1996年）：1992年，国家教委进行文科专业目录修订时，有决策者主张取消或合并编辑出版学专业，新闻出版署、出版界和高校共同争取，在新修订的本科专业目录中，将编辑学、图书发行学正式列入本科专业目录，成为编辑出版学专业发展中的一次重要转折；发展时期（1997年至2009年）：2002年，教育部在研究生培养学科、专业设置方面有所改变：允许具有一级学科授权点的培养单位自行设置该学科下的二级学科专业并招收研究生。武汉大学即在"图书馆、情报与档案管理"一级学科下成功备案"出版发行学"博士、硕士学位授权点，中国传媒大学、北京大学、复旦大学也分别依托优势学科备案了"编辑出版学"博士、硕士学位授权点。至此，编辑出版学专业设置从本科到研究生层次基本完备，为学科发展提供了有利条件。再发展时期（2010年至今）：随着数字技术的不断发展，数字出版逐渐成为出版产业的重要组成部分。

---

① 甘险峰. 新媒体环境下编辑人才培养的再认识［J］. 现代传播，2017（5）.

与传统出版模式相比，数字出版需要从业人员同时具有理论知识与实践能力，数字技术与编辑技能。传统的专业培养难以满足数字出版产业对人才的能力要求，面对新需求，2012年，武汉大学率先获批开办数字出版专业，完善扩充了编辑出版学专业。同年9月，教育部印发的《普通高等学校本科专业目录》中将数字出版专业修订为特设专业，满足新兴行业的需求，培养能够从事数字出版产品内容资源获取、生产管理和营销运营等工作的专业人才。迄今为止，全国已有11所高校开设了数字出版专业，其中不乏具有相当深厚的传统出版积淀的院校，如武汉大学、北京印刷学院等，其开设的数字出版专业是基于对传统出版专业在信息化、网络化、数字化条件下的发展和延伸，具有较强的行业和学科优势，既能为行业发展提供智力和技术支持，也为编辑出版学专业再发展提供了动力。①

河南大学刘红芹结合有关档案史料，对河南大学编辑出版教育专业的发展进行了分析探讨：河南大学编辑出版教育从1986年招收专业研究生算起，到2016年，已经走过30年一段开拓创新、奋发进取的辉煌历史。在这部凝聚了河南大学几代学者心血汗水的史册中，经历了三大跨越式发展：从学报编辑部时期编辑出版教育的发端和初步发展，到中文系时期编辑出版教育的正式创办，再到新闻与传播学院时期编辑出版教育发展成为省级特色专业，河南大学编辑出版教育的发展轨迹呈现出起步早、阶段性发展、影响大的发展特色。②

陕西师范大学王勇安撰文，从编辑活动的本质和规律出发，全面分析了媒介内容生产方式变化对编辑职业的影响。从编辑的职业内涵出发，提出适应媒介内容生产方式变革，打造全新编辑职业的原则："一是重新进行角色定位，努力成为原创内容生产者、多中心媒介内容生产的组织者和社会阅读的引领者。二是坚持内容创新，守住文化缔构的根本，充分运用互联网思维和大数据技术满足读者需求，努力成为移动互联网时代阅读内容原创者和阅读产品生产者。三是站在人类知识生产和文化传承的高度，努力让自己成为社会阅读的组织者，把编辑工作前移至社会阅读的引导中。四是努力让自己成为社会阅读的

---

① 刘茵、张勇. 我国编辑出版学专业的发展及展望［J］. 出版发行研究，2017（4）.
② 刘红芹. 河南大学编辑出版教育30年档案史研究［J］. 河南大学学报（社会科学版），2017（7）.

服务者，以阅读服务贯通文化生产和文化消费。①

媒介融合时代的编辑客体趋于复杂，对于编辑的主体性也有着更高的要求，因此适应时代要求的编辑人才培养必须有所创新。河南大学新闻与传播学院王志刚认为，我国目前的编辑出版教育，不仅在一定程度上存在人才培养与产业发展相对脱节的问题，而且对媒介融合视域下的编辑人才需求市场认识不足，因而在培养目标、培养方式和培养体系建设等方面亟须改善。他提出："媒体时代仍须坚持培养专业型编辑、重视培养编辑人才的主体性、人文性和技术性素养。"同时，要通过课程体系的科学调整和培养方式的适当创新，从理论和实践技能两个方面提升学生的专业素养。具体的方法是："科学调整课程体系：减少总课程门数，降低传统编辑理论课数量或学分，同时增加'新媒体编辑概论'等课程；创新人才培养方式：利用研讨式教学提升人文素养、利用工作坊机制提升技术实践素养；在配套培养机制上，实行对内配套实践教学考核制度、对外建立实践基地互动机制。"②

（于秀丽　中国新闻出版研究院）

---

① 王勇安，郑珂. 媒介内容生产方式变革与编辑职业的前途[J]. 编辑之友，2017 (7).
② 王志刚. 媒介融合视域下编辑人才培养反思[J]. 中国编辑，2017 (3).

第四章　中国香港特别行政区、澳门特别行政区、台湾地区出版业发展报告

第一节 2017年中国香港特别行政区出版业发展报告

2017年，香港出版业市道没多大好转，仍然持续低迷。香港出版业已进入了这种"新常态"，有人更形容是处于冰河时期。一些出版社调整并减少出书、重印减少、出版集中于书展前夕等，成为近年来的经营规律。同时，业界似乎已适应了这种不景气势头，反而力求"行稳致远"，尽力改变格局，力求突破。业界还是努力不懈，在发掘选题、提升专业、创新转型上有新意。

本文从2017年整体的图书销售趋势，以及综合和教科书出版等情况来概述香港出版业的发展情况。

一、图书销售情况

与前两年类似，香港的零售业仍处艰难，出版业综杂书的书店经营也不例外。虽然偶有出现一些还算畅销的图书，或部分分类稍有升幅，但整体图书经营仍大受城市生活习惯改变、接收资讯渠道不同、租务压力等因素影响。

（一）本地出版量减少

市道欠佳，本地出版数量明显减少，港版书销售并不理想。回顾年度畅销书排名，《鼎爷厨房：家传粤式手工菜》（万里机构）成为近年来罕有的热卖书，出版后短时间内已破万册。另一畅销书是《郭鹤年自传》（香港商务）。此书除香港外，在新加坡和马来西亚也受到极大关注。其他个别分类如经济及旅游，销售板块向来以本地出版物支撑。经济类受惠于金融环境，升幅理想；旅游书则持续下跌，市民普遍皆以手机及网络获取最新资讯，不如昔日般依赖纸本旅游书。不过，纵使大环境不利于图书市场，不少本地独立出版社仍努力前行。例如格子盒、文化工房、香港人等，出版物皆各具特色，个别品种的动销力强，成为同业欣喜乐见的新兴力量。

（二）产品组合延伸拓展

为适应市场及顾客购物的变化，传统书店亦作出不同程度的转型。以香港商务印书馆为例，除图书仍作为核心业务以外，亦开始扩展非书销售。例如邀请不同合作伙伴于重点门市推出"期间限定店"，推出独家非书产品，外界反映理想；同时亦刻意把书及非书结合推广，打破固有销售模式，务求令图书与非书产品一同前进。

（三）外文书更趋萎缩

上一年以销售外文书为主的书店 Page One 及 Metrobooks 陆续关门，足见本地外文书市场进一步萎缩。细分析，阅读人口减少可能并非主因，反而是大量网上渠道经常割价促销，又采取免运费等优惠形式，对实体书店的影响尤深。

（四）童书市场兴旺

全球出版市场皆聚焦于儿童书，香港亦然。港人对孩子的知识增长甚为重视，除一般阅读外，亦强调品德及人际关系等技巧的培养。香港童书于实体书店的陈列比例，以至实际销售比例愈来愈大。媒体倾向于推介童书及相关产品，网上家长群互相分享讯息，使童书及儿童产品资讯加速流通。同时，书店举办关于儿童的活动愈加频密，除传统的讲故事分享外，还增加了不少体验活动，例如亲子工作坊、书店小店长体验等，通过不同方式，让小朋友更加亲近书本和文字。

（五）特区政府教育政策的推动

近年来，特区政府大力推广 STEM（科学、科技、工程和数学英文首个字母的简称）学习概念，学校对 STEM 图书的需求愈来愈大，使出版社更积极地组织选题；书店也重点展示科普图书及非书产品，令该类别的销售大为提升；特区政府又尝试推动全民阅读，例如图书馆推广、与民间团体合作推广、恢复学校购书津贴等，这对日后整体购书率提升将有一定的帮助。

（六）书店转型及重新定位

不少本地书店落户于大型商场。近年来，大型购物中心为制造新鲜感以吸引客流，频密改装。在此形势下，商户别无选择，只有无奈搬迁或配合业主装修。书店无论是暂停营业，还是迁址及重开，均大大增加了营运成本。

网络和社交媒体逐渐成为资讯的主要传播方式，传统阅读模式难免受到影响。面对这种压力，实体书店只有纷纷转型，寻找出路，例如投入资源开发会员制及网上平台，加强与读者联系等。尽管如此，业界还深信，只要书本和书店犹存，纸本书仍会被爱书人珍惜，不会被取代。

二、综合出版方面

面对图书销售的不景气，出版社以审慎乐观的态度应对。严控出版规模，不多出书，同时追求具备销售力的选题，争取资金回笼，减少库存等措施，成为出版人经营的重中之重。香港受市场狭小、出版资源有限的限制，较多的出版选题为香港题材、生活实用等。因童书市场逆市上升，此类别出版物的增幅较为明显。近几年来，一些新兴出版社成立，为香港业界注入新动力。在行业层面，香港出版总会和香港出版学会均尽推动之责，努力团结业界，提升专业和行业地位，又致力推动阅读，为未来"行稳致远"做出努力。

（一）香港出版学会举办首届"香港出版双年奖"

首届"香港出版双年奖"于2017年举行。香港出版学会获特区政府创意香港资助，筹备出版双年奖。经过多年的努力，该奖由海峡两岸约20名著名出版人和学者评选，2017年6月得奖作品正式公布，颁奖典礼于7月20日在香港会议展览中心举行。香港特别行政区行政长官林郑月娥女士出席并颁奖，为首届双年奖画上圆满句号。"香港出版双年奖"项目筹委会主席及香港出版学会会长李家驹博士指出，双年奖获得业界的鼎力支持和认同，成为香港出版最权威、最专业和最具认受性的奖项。评选以意念技巧、出版经营和设计装帧三大范畴作为准则。举办这个奖项的初心，不仅是为了对香港优秀出版物给予肯定，更重要的是推动专业水平，为优质出版树立客观标准，达到激励业界奋进的效果。

该奖共有十个类别，分别是文学及小说、艺术及设计、社会科学、商业及管理、生活及科普、心理励志、语文学习、儿童及青少年、图文书以及电子书，超过80家出版社，逾400种图书参评。除电子书类未有作品达入围水平外，其余9个类别在海峡两岸的资深出版人及其他界别评审的严格把关下，选出9部作品获"最佳出版奖"，包括魏时煜的《王实味：文艺整风与思想改造》、赵广超的《紫禁城100》、苏美智的《外佣：住在家中的陌生人》、钟宝贤的《太古之道：太古在华一百五十年》、刘斯杰的《香港百年变变变》、郭斯恒的《我是街道观察员：花园街研究案例》、陈晓蕾的《香港好走系列》、由郑政恒主编的《青春的一抹彩色：影迷公主陈宝珠》、朱少璋的《悦心文言读本（全两册）》。设立"香港出版双年奖"是数代香港出版人的夙愿，2017年终于实现，为香港出版史写下重要一页。

（二）香港全民阅读调查报告

香港出版学会已是第三年发布"香港全民阅读调查"。2017年学会成功访问了2 063人，为历年人数最多。调查显示，香港的整体阅读习惯与前两年相近，近70%受访者表示过去一年有阅读印刷书籍，剩下30%未有阅读实体书的受访者中，近40%表示从来没有阅读习惯，其余表示主因是"无时间或工作太忙"。有阅读印刷书籍习惯的受访者一周阅读中位数（平均数，下同）为3小时，每月阅读中位数为2本书，一年购买书籍中位数为5本书，与前两年数据相近。超过半数受访者表示，阅读是为了求知识，也有部分人表示为娱乐放松而阅读。

值得注意的是关于电子书阅读的变化。有接近30%认为"网上阅读已经足够"，比率较上一年上升7.6%；选择印刷本的受访者也从6.8%下跌至5.5%；但有上网阅读的人士中，仅有12.1%选择阅读"看电子书"，其他则分别是"看新闻或新闻评论"与"上社交媒体阅读贴文"。以上数字证明，网上阅读电子书仍未成主流。

李家驹博士表示，2017年的调查结果与前两年接近。香港作为一个国际现代化城市，有超过30%的受访者一年内未读过纸本书，而在不阅读群组中有近40%表明一向无阅读习惯，数字偏高，值得反思检讨。出版业应为全民阅读加倍努力。更重要的，离校的年龄群不阅读比例升高，反映出社会要更重视培养阅读风气，要有针对性地解决阅读动机不足的问题。

（三）推动全民阅读

不少本地出版人认为香港业界正面临着"两难"局面：一方面是纸本书收入下跌，另一方面是电子书还未能填补纸本书面临的困境。换言之，香港出版业面临的挑战，不是以往所说的电子书是否取代纸本书，而是读者阅读习惯变弱。不论是纸本书还是电子书，或已不再是读者汲取知识养分的主要途径？香港出版学会为香港持续进行阅读调查，追踪阅读趋势，目的就是为业界提供更多重要的参考资料，并推动特区政府为阅读多做事情。

香港出版总会致力推动香港的全民阅读。总会会长李家驹博士率领各属会向特区政府提出一套全年的行动方案，希望其带头推动阅读风气，投入资源，打造书香城市。业界认为，提振阅读，是令行业进一步发展的重要内容。

（四）为争取授借权而努力

香港出版界多年来努力向特区政府争取承认授借权，要求投入额外资源，弥补业界因公共图书馆借书而影响卖书收入，2017年终有突破进展。由业界组成的授借权关注联盟由香港出版总会牵头，并得到立法会马逢国议员的鼎力协助，与特区政府民政局及康乐及文化事务署高层会面，原则上确认了特区政府推行授借权的意愿，议定双方再谈细则。业界由提出概念走到这实质性的一步，前后已接近五年。

三、教育出版方面

（一）学生人数变化带来的影响

2017年，香港小学生人数仍然继续上升，中学仍然下跌，对教育出版都有重要的影响。

2012—2018 香港中小学学生人数表

单位：人

年级	2012—2013	2013—2014	2014—2015	2015—2016	2016—2017	2017—2018
小一至小六	322 052	325 299	335 367	342 992	354 553	367 722
中一至中三	197 667	187 631	180 153	170 113	164 955	164 366
中四至中六	219 261	205 655	190 842	180 286	170 934	164 090

资料来源：香港特别行政区政府统计处

由于小学生人数持续上升，家长对子女成绩要求殷切，令教辅出版仍有较大空间。但是，由于社会存在"减功课"的诉求，部分家长及教育界人士提出要实行"快乐学习"，要求学生减少操练，令小学教辅的整体需求不及之前。

高中学生人数近年来跌至谷底，对教科书和教辅影响尤其突出。教科书方面，即使出版社能取得相同的学校采用率，实际销售册数却因人数下跌而减少；教辅方面，人数下跌加上学校积累数年文凭试考卷可用、补习社的竞争等，令销售情况更加严峻。

（二）教育政策推陈出新

2017年新一届特区政府上任后，加强了对教育的投入。2017年10月特区政府行政长官发布的施政报告，对教育政策着墨甚多，其中包括以下这些。

1. 推动STEM发展

加强在不同学科中推行STEM教育。例如在初中科学科、中小学数学及小学常识科课程中包含STEM的元素。此外，特区政府教育局又向中小学提供额外资源，包括加强小学的计算思维及编程教育，为学校领导和中层管理人员提供进一步培训，以及为学生举办相关的学习活动等。

2. 推动学生认识中国历史和文化

特区政府教育局落实初中中国历史于2018—2019学年开始成为独立必修科的计划，继续更新和优化中国历史科目及世界历史科目的课程内容，同时提供学与教资源，丰富学生的学习经历，提升学生对中国历史与文化的兴趣和认识，开阔学生的国际视野。

3. 加强《中华人民共和国香港特别行政区基本法》教育

以往的中小学课程已包含有关香港基本法以及"一国两制"概念的学习元

第四章 中国香港特别行政区、澳门特别行政区、台湾地区出版业发展报告

素。特区政府教育局继续大力鼓励学校加强校本规划，持续提供多方面的支援，包括校长及教师培训、提供学与教资源、多样化的学习活动等。

4. 继续推行"第四个资讯科技教育策略"

香港大部分公营学校已按计划完成无线网络校园工程。特区政府教育局从2017—2018学年起，提供一笔额外经常现金津贴，加强所有公营中小学（包括特殊学校）的资讯科技人手支援，以实践电子学习。

（三）新课程改革实行

2017年，特区政府教育局公布了多个新课程，包括常识科（小一至小六）、普通话科（小一至中三）及数学科（小一至中六）；初中中史及初中世界历史的新课程则计划于2018年定稿；按教材送审时间表，配合普通话科及常识科的新课本将要在2018年送审，2019年正式出版；数学科方面，小学及高中延伸单于2018年送审、2019年出版，初中于2019年送审、2020年出版，高中必修课本则预计于2022年送审，2023年正式出版。新课程的推出，意味着教育出版社又要为编订教材而忙碌，也将开展新一轮的市场竞争。

（四）最新教科书送审及出版情况

送审方面，2017年有4家出版社参与初中科学科新教材送审，另有两家出版社送审新英文课本，其中一家同时送审小学及初中，另一家则只送审初中。

出版方面，主要集中在英文科目。有4家出版社推出新版或修订版的初中英文教科书，其中3家出版社同时出版两套，共计7套（包括一套电子书），市场竞争十分激烈。其中一家出版社送审时已"纸电同步"，正式出版时亦同时推出学生适用的纸本和电子课本。此外，还有两套新的小学英文课本面试。

经过多年的试验，香港的教育出版大抵已做到纸电教材同步送审。这也意味着未来香港教育出版的进入门槛又进一步抬高，风险和竞争程度也进一步增加。

（五）电子教学的推行情况

1. 学校使用电子教科书及教材的情况

特区政府积极推动电子学习学校支援计划，资助学校铺设无线网络

(WIFI900 计划)。在 2017—2018 学年间,全港 900 所公营中、小学已完成了无线网络的铺设工程。学校方面,随着基建和流动学习装置采购完成,软件平台和学习资源内容的需求较以往增大。大部分学校目前仍以出版社提供的电子配套资源为主要来源,如题目库、学科资源网站、翻转课堂平台、扩增实境(AR)、学习工具 APP 等。不过,随着新一届特区政府对教育投入的增加,特别是在教师培训、资助学校课程校本等方面,更多学校要求学习内容需更有针对性,使出版社的配套资源不能完全满足学校的需求。由于上述原因,一些走在较前的学校已采用其他学习平台,如 Edmodo、Google Classroom、Schoology、Kahoot 等,在平台上建立自己的校本学习内容,进行更具互动性的电子教学。

2. 出版社的配合、电子教材的出版类型

2017 年,教科书修订版或新版较上一年少,加上市场的注意力集中在 STEM 或 STEAM 教学(在 STEM 之上加上 A,即艺术 ART)之上,令教科书竞争较为缓和。电子教学方面,大多出版社未有增加电子教学平台或 APP 的投入,主要在教科书资源网站上发放资源,如以工作纸、简报、题目库、教学视频等为主。

电子课本方面,特区政府教育局虽然于 2014 年起已实施送审机制,但在课本和学材拆分定价的政策下,学校独立采购电子课本的意愿不大,2017 年只有一家主流出版社送审主要科目的电子课本。

在之后两年,即 2018—2019 学年及 2019—2020 学年,将是送审的高峰年。不少中小学主要科目将有新课程实行,如初中中文、初中数学、小学常识,以及中史成必修科目等,预计市场竞争将极为激烈。2017 年,各大出版社已紧锣密鼓,在电子课本的开发、AR/VR(AR 扩增实境,VR 虚拟实境)的开发方面,积极寻找合作伙伴。个别出版社的学科资源网更做了很大的结构和资源调整,配合日后送审书推出。

3. AR/VR 依然引领潮流

在科技应用上,近年 AR/VR 在教育出版方面依然引领潮流。但从内容看,多属旧酒新瓶,多数内容仍为全景图、全景视频或资源通过 AR 取得等,未有互动教学模式的突破。学校有意愿通过 AR/VR 来提升学生的学习兴趣,但整体普及率仍然较低。估计随着 2017 年 WIFI900 布署完成,电子教学将有较实质性的发展,特别是中学的需求会明显提高。

（六）校本课程推行的趋势

据估计，全港大约有 5% 的学校施行校本教学，令校本版教材市场持续增长，遍及不同学科。其中少数学校不用教科书，改由老师自行编写教材，自行印予学生。大部分采用校本课程的，是继续采用出版社的课本，但要求出版社因应学校课程而重新编排，特别是常见于中文科及中史科。由于印刷量偏少，加重出版成本，毛利极低，出版社愿意承担这些，只是为了服务或与学校保持关系。

小学的校本问题情况更为复杂。为了争取更大的市场占有率，出版社各出奇谋。小学的所谓校本，不单是教科书，而是要按每所学校的要求去编写不同学习程度的工作纸，或为学校编写校本题目库等。更甚者，个别出版社还成立了支援团队，协助处理及跟进学校的校本教材及活动。这种情况，与传统教材的出版和服务，在定义和范围上已经很不同了。

从以上可见，香港出版业，无论是书店、综合或教育出版，都面临着各种困难与挑战。前两三年出版量一直减少，不少人担心及判断香港出版业是否有进一步萎缩的现象。今天看来，这更似是业界一种应环境自我调节的过程。综合出版业审慎和优化选题、教育出版重新定位、书店转型与改变产品组合等，这些都是根本的转变。其中出版从传统形式，改变为融合科技、网络，更多利用大数据，因应读者和客户需求，发掘新的商业模式将成为转型的关键；出版人才的提升和培训，仍然是重中之重。从更大的视野，配合国家发展大局，粤港澳大湾区迎来新的机遇，香港出版在于出版人能否把握好变化。2018 年 6 月，香港出版总会组织了一次大湾区考察，访问了多家与出版业相关的大型企业，如腾讯、华为、东莞松山科技园，开阔了眼界，也激荡了思路。

2018 年香港出版业有何突破之处，我们拭目以待。

［李家驹　刘美儿　梁伟基　罗海玲　香港联合出版（集团）有限公司］

第二节 2017年中国澳门特别行政区出版业发展报告

澳门特别行政区政府为了实现经济多元化的政策，大力推动文创产业，出版业也属其中。本文为2017年澳门特区的出版业发展状况。

一、出版品统计

综合澳门公共图书馆、澳门大学图书馆及几家主要出版机构网上目录的统计资料。截至2018年6月21日，澳门出版具有国际书号、国际期刊号及较重要的出版品共计650种。在这个小城市，每天约有1.78种书刊出版。

（一）主题分类数量

表1为2017年澳门书刊的主题分类数量。从中可见，艺术类共有147种，排在榜首；第二为文学类，有64种；第三为历史类，有63种；第四为政治及公共行政类，有55种；第五为法律类，有53种。其他主题依次为旅游44种，社会及经济各43种，教育28种，科学18种，语文16种，医学及音乐各11种，宗教10种，人口7种，交通6种，博彩及戏剧各5种，统计及图书馆各4种，饮食及传播出版各3种，体育、心理及地理各2种，电影、综合各1种。

表1 2017年主题分类数量

排行	主题	数量（种）
1	艺术	147
2	文学	64
3	历史	63

续表

排行	主题	数量（种）
4	政治及公共行政	55
5	法律	53
6	旅游	44
7	社会	43
7	经济	43
8	教育	28
9	科学	18
10	语文	16
11	医学	11
11	音乐	11
12	宗教	10
13	人口	7
14	交通	6
15	博彩	5
15	戏剧	5
16	统计	4
16	图书馆	4
17	饮食	3
17	传播出版	3
18	体育	2
18	心理	2
18	地理	2
19	电影	1
19	综合	1

（二）主题内容分析

从内容看，排名第一的艺术类图书，验证了近年来得到特区政府大力推动文创产业及展览业的成果。其内容主要有由特区政府文化局出版的国内外知名的艺术家来澳门所展出的作品集及场刊。由于设计精美、内容充实，这些出版品成为澳门图书市场的热点，除在两岸出版业界中获得良好的口碑外，海外及其他地区市场销售亦不错。另外，澳门基金会亦出版了本地艺术家作品系列，让本地艺术家作品得以结集出版。

排在第二位的文学类图书有64种，主要来自特区政府文化局及澳门基金会出版的不同的文学系列作品集；其次是文学社团及机构，出版了不少新生代作家作品集，如澳门故事协会、澳门日报出版社等。

排在第三位的历史类图书，以澳门历史为主要内容。如澳门理工学院开展澳门地方史的研究工作，并将多种研究成果结集出版；澳门国际研究所出版有关土生葡人的历史专著，特区政府文化局亦出版大型历史展览及口述历史丛书等著作。虽然历史类题材以澳门为题，但是作者在内容上引入较多新元素及第一手数据，加上排版精美悦目，有利读者阅读及欣赏，在市场销售上有较好的发展。

第四位的政治及公共行政领域，其作品内容以特区政府部门的年度工作报告及宣导政制为主。其中审计署出版的多种审计报告最具参考价值。

第五位的法律著作，主要为特区政府立法会出版的澳门法律与法规专书。由于澳门法律书刊往往成为本地法律从业人士及修读法律系学生的教材与参考书，所以在内销市场有一定的需求。

第六位的旅游类，主要为旅游产业研究及旅游指南。

第七位的社会类及经济类，前者主要是以社团特刊、社会调查为主，后者以各类统计调查报告、商业机构或社团的年度报告及特刊为主，题材以澳门本土为主。

第八位的教育类，以学校年度特刊、校内通讯、教科书及学生作品集等内容为主。

第九位的科学类，主要以科普作品为主。

第十位的语文类，主要为澳门理工学院出版的近10种学习葡语的教科书系列。

（三）语　种

在书刊语种方面，中文有372种、中葡文有123种、中英文有60种、英文有43种、葡文有48种、葡英文有3种、英立陶宛文1种。参见表2。

2017年，除了立陶宛的外文著作外，并没有出版韩文、法文、日文等语种。多语种出版依然是澳门在华文地区出版的特色。

第四章 中国香港特别行政区、澳门特别行政区、台湾地区出版业发展报告

虽然澳门定位为国际休闲中心，外资博彩业在澳门有一定的影响力，澳门又为葡语地区交流的平台，但是外文著作多集中在文学、法律、语文、艺术及旅游方面，比例仍然偏低，未能有条件打进国际市场。

表2　2017年语种数量统计

语种	数量
中文	372
中葡文	123
中英文	60
英文	43
葡文	48
葡英文	3
英立陶宛文	1
总计	650

二、出版单位类型及出版数量

（一）概　况

2017年，澳门共有217个出版单位出版书刊。参见表3。从不同类型出版单位来看，政府部门40个单位出版书刊278种，出版数量最多；其次为社团组织，共107个单位出版192种书刊；第三为私人出版单位，共43个，出版147种；第四为个人自资出版，16人出版18种；最后为学校，11个单位出版15种。

表3　2017年各类型出版单位数量及出版数量

出版单位类型	单位数量（个）	出版数量（种）	百分比
政府部门	40	278	42.8%
社团	107	192	29.5%
私人出版单位	43	147	22.6%
个人自资出版	16	18	2.8%
学校	11	15	2.3%
总计	217	650	100%

(二) 特区政府出版单位出版数量排行

表4为特区政府部门出版单位数量排行前五位。依次为旅游局及澳门理工学院，各36种，并列第一位；立法会排第二位，共35种；第三位为文化局，共34种；第四位为统计暨普查局，共22种；第五位为澳门基金会，共17种。前五位的出版量总计为180种，占政府出版品数量的64.5%。其中旅游局出版了《澳门旅游业发展总体规划》等多份报告，加上有三种语文分别出版，所以高居榜首；立法会主要出版法律条文的单行本；澳门理工学院及文化局的书刊则以单行本为主；统计暨普查局以年度统计资料为主。另外，由于本年度澳门大学出版中心正式停业，该校的出版品数量锐减，基本上退出了澳门出版市场。

表4 特区政府部门出版数量排行榜前五位

排行	单位名称	数量（种）
1	旅游局	36
1	澳门理工学院	36
2	立法会	35
3	文化局	34
4	统计暨普查局	22
5	澳门基金会	17
总计		180

(三) 社团出版单位出版情况

表5为社团出版单位出版情况。澳门故事协会出版16种，排在首位；第二位为全艺社，以出版本地艺术家的原创作品为主，共7种；第三为澳门书法篆刻协会及圣公会，各5种。总计33种。

表5 社团出版单位出版数量排行榜前三位

排行	单位名称	数量（种）
1	澳门故事协会	16
2	全艺社	7
3	澳门书法篆刻协会	5
3	圣公会	5
总计		33

（四）私人出版单位出版情况

表6为私人出版单位出版情况。以两家在2017年新成立的出版单位为主。排在第一位的是澳门安德文化产业有限公司，共31种；第二位为澳门启元出版社，共24种；第三位为中国艺术出版社，共8种；第四位为新纪元国际出版社，共7种；第五位为人民科学出版社有限公司及澳门日报出版社，各6种。私人出版单位在澳门的出版规律，大致是刚创立时经常怀有雄心壮志，但经过数年营运，便会走向下坡，甚至结束。出版数量均有大幅下降趋势，全年只出版一至两种书刊。出版社没有出版业务难以维持生计，所以部分出版社转以协助本地机构排版及制作工作。

表6 私人出版单位出版数量排行榜前五位

排行	出版单位	数量（种）
1	澳门安德文化产业有限公司	31
2	澳门启元出版社	24
3	中国艺术出版社	8
4	新纪元国际出版社	7
5	人民科学出版社有限公司	6
5	澳门日报出版社	6
总计		82

三、新成立出版单位情况

2017年，澳门共新成立各类出版单位31家，包括个人自资出版、社团、私人出版社等。见表7。

表7 2017年新成立出版单位

序号	出版单位属性	名单
1	个人自资出版	官宏滔
2	个人自资出版	João Miguel Vieira Santos de Barros
3	个人自资出版	João António Valente Torrão

续表

序号	出版单位属性	名单
4	个人自资出版	杨俊荣
5	个人自资出版	郑文高
6	个人自资出版	李静仪
7	个人自资出版	林凤仪
8	个人自资出版	林登科
9	个人自资出版	何炽銮
10	个人自资出版	建烨
11	个人自资出版	郑宁人
12	社团	寻艺会
13	社团	桂粤中华文化交流促进会
14	社团	新生代青年文化会
15	社团	青年创业智库协会
16	社团	澳门动画暨漫画创作人协会
17	社团	澳门社区发展新动力
18	社团	澳门社会服务发展协会
19	社团	澳门老中青义工协会
20	社团	澳门广州社团总会
21	社团	澳门公务人员联合总会
22	社团	当代艺术研究协会
23	社团	风盒子社区艺术发展协会
24	社团	澳门文化艺术学会
25	社团	澳门纯艺美术协会
26	私人出版社	澳门安德文化产业有限公司
27	私人出版社	当代澳门出版社
28	私人出版社	环宇出版社
29	私人出版社	南澳科技有限公司
30	私人出版社	澳葡社会科学出版社
31	私人出版社	澳门启元出版社

四、报纸及期刊出版情况

澳门出版的报纸及期刊约有 200 种,大部分以机构的通讯为主。其中较重要的有报纸 10 种及期刊 30 种,题材以澳门旅游、时事为主。学术期刊有 60 多种,内容以文史研究、法律、经济、教育等类别为主。2017 年创刊的期刊有 5 种。其名称为《幸福家》《特研》《IT 快讯》《体育频道》及《游澳假期》等,全部为机构的通讯类期刊。

五、出版业界交流

澳门从事图书出版的从业者不足 2 000 人,分别在近 300 个出版单位工作。其中有近 40% 为社团及业余性质的出版人。另约有 500 人从事报刊的出版与编辑工作。

澳门每年的三次大型书展,分别在 3 月、7 月及 11 月举行,先后由澳门出版协会及一书斋举办,每次均展出逾万种图书,平均每次入场人数约 2 万人。其主要客源为图书馆及个人读者。2017 年 11 月举行的书展由澳门出版协会主办,台湾图书出版事业协会合办,书展展出台湾出版及教育用品逾千种。全年交流活动的具体情况见《2017 年中国澳门特别行政区出版业大事记》。

六、书店业

2017 年,澳门书店业的格局基本依旧,没有太大变化。有的门店数量有所变化。2017 年,澳门共有门市书店及代理公司 37 家,包括澳门文化广场(3 家分店)、宏达图书中心(2 家分店)、澳门星光书店(2 家分店)、葡文书局、文采书店、一书斋、珠新图书公司、资讯店、环球书局、耶路撒冷书城、浸信书局、圣保禄书局、活力文化、新城市图书中心、环亚图书公司、大丰啤令行、竞成贸易行、学术专业图书中心、澳门政府书店、乐知馆、大众书局、悦学越好有限公司、Milestone、井井三一儿童绘本书屋、正能量、游乐、慢调书旅、文化公所、边度有书、愉阅屋及开书店等。其中有两家新开的书店。先有葡文书局的前经理自资开业的书店，之后有澳门文化广场在澳门大学开设的第3家分店。另外，学术专业图书中心因人力资源问题，其在澳门大学的门市停业，转为网购服务；边度有书及愉悦屋均搬进了店租较平宜的营业之地。澳门的二手书店约有10家、漫画店约30家、报刊批发商约6家。本年度对书店业最大的打击是8月台风"天鸽"带来的灾害。灾害使位于低洼地区的书店不少图书被水浸坏，损失至为惨重。

七、结　语

2017年，澳门传统的图书出版没有显著突破点，书店业也没有因为澳门每年有近3 000万的游客到访而业绩大幅进步。但是，以出版对象为游客的旅游指南、地图及期刊从业者，因主要得到商号的赞助刊登各种广告，业绩良好。此外，特区政府非常关注本地文化及创意产业，期望日后制定有效的良策。预计未来两年，澳门回归20周年的效应，将带动读者或图书馆研究澳门的热潮。澳门出版事业将有更大的发展，有望开创新里程。

（王国强　澳门出版协会、澳门大学）

第三节 2017年中国台湾地区出版业发展报告

一、出版产业轮廓

(一) 总体描述

台湾地区出版产业根据产业链结构可以分为上游的创作端,包含作者与支持创作服务的版权经纪公司;中游的生产端,如负责编务与发行的出版社(台湾地区重要的出版社有城邦、远流、联经等),以及负责制版、印刷与装订的印刷厂;中下游的图书经销公司(台湾地区重要的图书经销公司包括联合发行、红蚂蚁、黎铭图书经销、翰芦图书等);以及下游的销售端,如连锁书店(金石堂、诚品、三民书局、垫脚石图书文化广场、诺贝尔等)、网路书店(博客来网路书店、读册、PChome24h购物书店等)、独立书店(茉莉二手书店、虎尾厝沙龙、三余书店、洪雅书房等)、小说漫画及杂志出租店、电子书销售平台(如Google图书、Readmoo、Kobo、Pubu电子书城、远传电信E书城、台湾大哥大myBook、中华电信HAMI书城,以及偏向机构服务的电子书平台,如凌网Hyread、华艺airiti以及联合线上UDN读书吧等)以及与图书馆密切合作的台湾云端书库。

更迭是市场运作的不变特征。以图书通路为例,2017年,台北市仁爱路"亚典书店"、竹苗地区大型连锁书店"展书堂"竹东店、嘉义市"敦煌书局"、华文世界第一家女性主义书店"女书店"、桃园"读字书店"、台南市"草祭书店"等书店均因市场竞争而结束营业。虽有些著名书店继续营业,但也有业者以新的复合式方式进入图书市场,如无印良品在新光三越信义新天地

A11馆所开设的"Cafe MUJI",设有"MUJIBOOKS"并推出"喝咖啡阅读的书"选书服务。而由诚品书店接手的台北捷运中山地下书街则以"地下阅读丰聚落"为定位,打造"诚品R79"提供丰富的中外诗集与人文社科书籍。至于高雄市立图书馆则是与三余书店、等闲书坊、小房子书铺、城市书店、参捌旅店、茉莉二手书店、诚品书店大远百店、粮光书房、政大书城及MLD台铝生活书店等10间书店合作,以"高雄·行旅·记忆"为主题,推出特色选书主题书区与精彩讲座。

此外,在图书杂志经销方面,2005年由统一超商子公司大智通文化行销公司与台湾英文杂志社合资成立的高见文化行销公司于2018年起终止所有杂志图书漫画经销发行业务。虽然高见出版品经销在台湾地区出版业界的杂志代理品种占市场第一,并供货给全台最大图书通路博客来与5 000家7-11门市,以及经销部分外部通路,但因杂志销售数量逐年萎缩,因此高见文化决定结束相关杂志代理业务。

(二) 主要通路

图书通路包含销售与借阅。前者是指一般的实体或网路书店,后者则是指图书馆。网路书店已经成为台湾地区图书最重要的销售通路,主要的网路书店有博客来网路书店、金石堂网路书店、读册、诚品网路书店、PChome网路家庭等。台湾地区最重要的电商平台momo购物也开提供网路购书服务,且这些网路书店都有提供24小时取货的物流服务。此外,台湾地区的博客来网路书店、金石堂网路书店、诚品网路书店与三民书局也都有与香港的7-11与OK便利商店合作,让香港的读者可以在台湾地区网路书店购书,香港便利店取货。除了传统的实体书店外,便利商店还是台湾地区最重要的杂志销售以及网路购书的物流取货管道。

(三) 连锁书店

2017年,台湾地区主要的连锁书店状况及格局基本没什么变化,有的是门店数发生了变化。连锁书店仍以拥有47家门市的金石堂以及拥有43家门市的诚品为主(包括诚品在大陆苏州以及香港的太古、尖沙咀、铜锣湾各有的一家门市），垫脚石文化广场拥有12家门市，以中部为核心的诺贝尔书店则有13家门市。2017年，台湾地区主要的连锁超商还是四家，均有销售杂志与图书，并都与网路书店合作，提供消费者网路购书，便利店取货的服务。大致情况与上一年基本相同，数字有一些变化。统一超商（5 221家）、全家便利商店（3 105家）、莱尔富便利商店（1 340家）以及来来超商（920家）。而原本台湾地区两大便利商店统一超商（7-11）以及全家便利商店也都在图书产业结构中建立杂志经销业务，统一超商有高见行销，全家便利商店则有日翔文化，这两家公司都是负责便利商店的图书与杂志的销售业务，但因为杂志市场长期不景气，这两家由便利商店业者建立的杂志经销业务也暂停运作。此外，全家便利商店也与大陆的淘宝商城以及日本的amazon合作，可以为台湾地区的读者提供在祖国大陆的淘宝商城以及日本的amazon购书，再选择台湾地区的全家便利商店取货的物流服务。

二、新书出版数据分析

（一）各类型统计

根据台湾地区"国立中央图书馆"书号中心的统计分析，台湾地区出版机构总数达4 987家。在这些出版社中，以年出书仅1种的比例最高，达到2 823家（占整体出版社的57%），而年出版2—5种的出版社有1 232家（占整体出版社的25%）。也就是说，年出书不超过5种的出版社占整体出版社的82%，而每年出版超过100种新书的出版社只有59家，占整体出版社的1%。

根据"全国新书资讯网ISBN/CIP各年度统计"的数据，2017年，台湾地区的图书出版种数达到40 401种。这是继2015与2016年连续两年出版种数均未达到4万种后，台湾地区新书种数又再度达到4万种的水平。从各类出版机构的情况来看，"一般出版社"出版36 052种新书，占整体新书的89.24%；其次为"'政府'机构"的3 376种，占整体新书的8.36%；"个人出版"的新书有973种，占整体新书的2.41%。

表1是以出版业常用的图书分类来描述2015—2017年台湾地区的出版轮

廊。由表1可以发现，2017年图书出版类型以"小说"（含轻小说）最多，共有4 459种，占整体新书总种数的11.04%；第二至第四依序为"人文史地"（含哲学、宗教、史地、传记、考古等），共有4 156种，占整体新书总种数的10.29%；"儿童读物"（含绘本、故事书等），共有3 487种，占整体新书总种数的8.63%；"社会科学"（含统计、教育、礼俗、社会、财经、法政、军事等），共有3 362种，占整体新书总种数的8.32%；第五则是"艺术"（含音乐、建筑、雕塑、书画、摄影、美工、技艺、戏剧等），共有2 923种，占整体新书总种数的7.23%。这五类图书占整体新书总种数的45.51%。

另一个值得关注的现象是，在2017年的博客来、诚品与金石堂网路书店的十大畅销书中，有4本是与心理学相关的图书，然而"心理励志"图书的出版量统计却仅占5.12%，为2 070种，"商业管理"图书也有同样情况。

表1　2015—2017年台湾地区图书出版类型统计

序号	图书类型	2015年	2016年	2017年
1	文学	2 341（5.90%）	2 300（5.93%）	2 781（6.88%）
2	小说	4 705（11.85%）	4 471（11.52%）	4 459（11.04%）
3	语言	1 747（4.40%）	1 931（4.98%）	1 408（3.49%）
4	字典工具书	205（0.52%）	171（0.44%）	271（0.67%）
5	教科书	2 082（5.25%）	1 801（4.64%）	1 647（4.08%）
6	考试用书	2 134（5.38%）	2 247（5.79%）	2 391（5.92%）
7	漫画	2 407（6.06%）	2 325（5.99%）	2 419（5.99%）
8	心理励志	1 981（4.99%）	1 660（4.28%）	2 070（5.12%）
9	科学与技术	1 985（5.00%）	1 831（4.72%）	2 320（5.74%）
10	医学家政	2 398（6.04%）	2 187（5.64%）	2 584（6.40%）
11	商业管理	1 588（4.00%）	1 592（4.10%）	2 166（5.36%）
12	社会科学	2 536（6.39%）	2 346（6.05%）	3 362（8.32%）
13	人文史地	3 008（7.58%）	3 025（7.79%）	4 156（10.29%）
14	儿童读物	2 863（7.21%）	3 336（8.60%）	3 487（8.63%）
15	艺术	3 039（7.66%）	2 931（7.55%）	2 923（7.23%）
16	休闲旅游	1 253（3.16%）	1 071（2.76%）	938（2.32%）
17	"政府出版品"	1 179（2.97%）	2 089（5.38%）	340（0.84%）
18	其他	2 266（5.71%）	1 493（3.85%）	679（1.68%）
合计		39 717	38 807	40 401

注：文学：包含文学史、文学评论、散文、诗、剧本等；小说：包含轻小说；语言：包含语言学及世界各国语言学习读本；字典工具书：包含字典、参考等工具书；教科书：包含各学程、领域教科用书；考试用书：包含升学、"国家"考试、就业、自修等参考用书；科学与技术：包含自然学、电脑通讯、农业、工程、制造等；医学家政：包含医学、保健、家事、食品营养、食谱等；商业与管理：包含工商、企管、会计、广告等；社会科学：包含统计、教育、礼俗、社会、财经、法政、军事等；人文史地：包含哲学、宗教、史地、传记、考古等；儿童读物：包含绘本、故事书等；艺术：包含音乐、建筑、雕塑、书画、摄影、美工、技艺、戏剧等。

第四章 中国香港特别行政区、澳门特别行政区、台湾地区出版业发展报告

（二）"适读对象"情况

根据《儿童及少年福利与权益保障法》第44条的规定，"国图书号中心"会要求出版业者自行填写新书的"分级注记"与"适读对象"。表2为2015—2017年台湾地区出版图书"适读对象"的统计分析。根据表2可以知道，尽管台湾地区已经迈入高龄化，但是属于"乐龄"（一般指60岁以上，被称为开心年龄）类型的图书却仍是最少。对比2016年的数据可以发现，"乐龄"图书由2016年的48种下降到2017年的20种，仅占全部新书总种数的0.05%。这显示台湾地区出版社并未针对高龄化社会的现状提供相对应的出版规划。此外，注记"限制级"图书共有691种，占2017年台湾地区全部新书总种数的1.71%。

表2 2015—2017年台湾地区出版图书"适读对象"分类情况

适读对象	图书出版"适读对象"分类数量与比例（种,%）		
	2015年	2016年	2017年
成人（一般）	25 786（64.93%）	24 947（64.28%）	27 631（68.39%）
成人（学术）	6 188（15.58%）	5 910（15.23%）	5 451（13.49%）
青少年	4 166（10.49%）	3 897（10.04%）	3 347（8.28%）
学龄儿童	2 502（6.30%）	2 893（7.45%）	2 827（7.00%）
学前幼儿	1 016（2.56%）	1 112（2.87%）	1 091（2.70%）
乐龄	58（0.15%）	48（0.12%）	20（0.05%）
其他	1（0.01%）	—	34（0.08%）
合计	39 717	38 807	40 401

（三）语言及翻译书

2017年，台湾地区出版新书所使用的语言有94.93%以正体（繁体）中文为主（共38 351种），简体中文有430种（占1.06%），较2016年增加140种。其他出版新书所使用的语言以英文的738种最多，占整体新书的1.83%，其他语言则有日文（134种）、德文（27种）、法文（19种）以及韩文（12种）。

表3为台湾地区翻译书出版类型的统计。可以发现，"漫画"是翻译书比例最高的种类，共2 168种（占所有翻译书的22.31%），且漫画书种类的翻译

书占所有漫画书的比例达到近90%（89.62%），其来源几乎是日本漫画；其他翻译书超过该类图书比例约为30%的类型依序有"儿童读物"（占38.60%）、"医学家政"（占34.98%）、"心理励志"（占29.13%）与"小说"（占29.04%），而"商业管理"的翻译书比例则由2016年的31.22%下降到24.93%。翻译书占整体新书比例最高的前三名分别是"漫画"（22.31%）、"儿童读物"（13.85%）以及"小说"（13.33%）。

表3 2017年台湾地区翻译书出版类型统计

单位：种,%

	新书总数	翻译书总数	该类占翻译书比例	翻译书占新书比例	翻译书来源国				
					日本	美国	英国	韩国	其他
文学	2 781	304	3.13%	10.93%	102	78	38	4	82
小说	4 459	1 295	13.33%	29.04%	834	218	116	20	107
语言	1 408	111	1.14%	7.88%	26	9	7	61	8
字典	271	13	0.13%	4.80%	6	2	3	2	0
教科书	1 647	99	1.02%	6.01%	3	86	7	0	3
考试用书	2 391	42	0.43%	1.76%	11	28	0	3	0
漫画	2 419	2 168	22.31%	89.62%	2 120	14	4	20	10
心理励志	2 070	603	6.21%	29.13%	195	254	35	25	94
科学技术	2 320	424	4.36%	18.28%	122	210	54	15	23
医学家政	2 584	904	9.30%	34.98%	561	178	30	77	58
商业管理	2 166	540	5.56%	24.93%	267	186	18	17	52
社会科学	3 362	450	4.63%	13.38%	107	205	62	16	60
人文史地	4 156	621	6.39%	14.94%	141	250	78	22	130
儿童读物	3 487	1 346	13.85%	38.60%	291	233	194	225	403
艺术	2 923	419	4.31%	14.33%	222	72	42	27	56
休闲旅游	938	209	2.15%	22.28%	139	18	9	27	16
"政府出版品"	340	1	0.01%	0.29%	0	1	0	0	0
其他	679	167	1.72%	24.59%	79	34	6	30	18

（四）电子书

表4为2015—2017年台湾地区电子书出版类型的统计。由结果可以知道，2017年电子书新书由2016年的2 002种，增长两倍达到4 136种（占全部新书出版总种数的10.24%）。在电子书类型方面，以"商业与管理"（含工商企

| 第四章 中国香港特别行政区、澳门特别行政区、台湾地区出版业发展报告 |

管、会计、广告等相关用书）的692种最多（占电子书总种数的16.73%）；其次为"人文史地"（含哲学、宗教、史地、传记、考古等）的577种（占电子书总种数的13.95%），第三为"心理励志"的458种（占电子书总种数的11.07%），第四为"医学家政"（含医学、保健、家事、食品营养、食谱等），共431种（占电子书总种数的10.42%）。由2016年"政府出版品"的电子书出版比例高达第二，到2017年仅占该年的1.72%，而一般出版社出版的电子书新书种类达到3 984种，占电子书全年总种数的96.32%，说明台湾地区2017年电子书种类的大幅增长与博客来网路书店开始提供电子书服务后，许多出版社开始配合提供数位内容的服务，进而形成一个正向的良性循环有关。此外，"漫画"可以说是最可能具有规模经济的图书类型。但是，因为台湾地区出版的漫画几乎都是日本作家作品，加上并没有得到电子书版权的关系，"漫画"电子书只有7本。此外，属于阅读大宗的"文学"以及"小说"类电子书也分别由2016年的66本与103本，增长到2017年的408本与343本。2017年所出版的电子书，有51.18%的格式为PDF，EPUB的比例则为47.63%，与2016年相比增加了40.24%。

表4　2015—2017年台湾地区电子书出版类型统计

序号	电子书类型	2015年	2016年	2017年
1	文学	107（4.99%）	66（3.30%）	408（9.86%）
2	小说	72（3.36%）	103（5.14%）	343（8.29%）
3	语言	362（16.86%）	526（26.27%）	137（3.31%）
4	字典工具书	4（0.19%）	11（0.55%）	4（0.10%）
5	教科书	32（1.49%）	42（2.10%）	20（0.48%）
6	考试用书	109（5.08%）	101（5.04%）	139（3.36%）
7	漫画	3（0.14%）	2（0.10%）	7（0.17%）
8	心理励志	306（14.26%）	72（3.60%）	458（11.07%）
9	科学与技术	178（8.29%）	79（3.95%）	124（3.00%）
10	医学家政	209（9.74%）	108（5.39%）	431（10.42%）
11	商业管理	133（6.2%）	110（5.49%）	692（16.73%）
12	社会科学	118（5.5%）	91（4.55%）	374（9.04%）
13	人文史地	146（6.8%）	135（6.74%）	577（13.95%）
14	儿童读物	80（3.73%）	115（5.74%）	147（3.55%）
15	艺术	108（5.03%）	50（2.50%）	93（2.25%）

续表

序号	电子书类型	电子书出版数量与比例（种,%）		
		2015 年	2016 年	2017 年
16	休闲旅游	47（2.19%）	95（4.75%）	96（2.32%）
17	"政府出版品"	76（3.53%）	258（12.89%）	33（0.80%）
18	其他	57（2.66%）	38（1.90%）	53（1.28%）
合计		2 147	2 002	4 136

三、图书馆借阅数据分析

（一）借阅人次

表5为2016—2017年台湾地区图书馆使用情况。从中可以知道，2017年台湾地区读者进入各地公共图书馆全年约8 622万人次，比2016年增加992万人次，平均每人每年进入公共图书馆3.7次，而利用图书馆网站查询资料人次则是达到60 375万人次（增长2.45%）。台湾地区每人平均向图书馆借阅图书册数为3.2册。在电子书借阅方面，2017年"国立图书馆"及各"县市"公共图书馆共提供175万册电子书，比2016年增加101万册（增长幅度为136.49%），借阅电子书总人次达到133万人次。

表5 2016—2017年台湾地区图书馆使用统计

单位：万人次，万册,%

	2016 年	2017 年	增加量	增长比例
网站查询资料人次	46 986	60 375	13 389	28.50
进馆总人次	7 630	8 622	9 92	13.00
借阅图书总人次	2 001	2 050	49	2.45
借阅图书总册数	7 168	7 493	325	4.53
借阅电子书人次	128	133	5	3.91

（二）性别比例与年龄层次

在最常借阅图书的性别与年龄层分析方面，女性读者（60%）较男性读者

（40%）更常使用图书馆并借阅图书；35—44 岁的读者向图书馆借阅图书的比例最高（借阅册数占整体的 28.47%）；其次是 45—54 岁的读者（借阅册数占整体的 16.37%）。分析原因，可能这些年龄的族群除了休闲工作的需要外，也会因亲子阅读的需求而前往图书馆借阅图书。

（三）图书借阅类别

2017 年，台湾地区读者在图书馆借阅最多的图书类别为语言文学类，全年借阅册数达到 3 674 万册，占年度总借阅量的 49.03%；其次是艺术休闲类图书（借阅率为 11.85%）。

（四）电子书借阅排行榜

在电子书借阅方面，时报文化出版的《每天来点负能量》是借阅率最高的电子书；排名第二的是《华尔街操盘手给年轻人的 15 堂理财课》；第三是漫画《百鬼夜行志》。见表 6。

表 6　2017 年台湾地区图书馆电子书借阅排行榜 TOP10

排名	书名	作者	出版社
1	每天来点负能量	键人（林育圣）	时报文化
2	华尔街操盘手给年轻人的 15 堂理财课	阙又上	远流
3	百鬼夜行志	阿慢	时报文化
4	只买一支股，胜过 18%	施升辉	时报文化
5	每天 30 分钟培养英文口语力	朴光熙	人类智库
6	被讨厌的勇气	岸见一郎、古贺史健	究竟
7	雷浩斯教你 6 步骤存好股	雷浩斯	财信
8	NEW TOEIC 900 分核心单字	张小怡、JohnsonMo	布可屋
9	你只是看起来很努力	李尚龙	今周刊
10	每天听一点职场英文	Joseph	凯信企管

四、结　语

综合分析及展望，2017 年台湾地区出版的新书数量在连续两年衰退后终于又站上4万种新书的门槛,而电子书的出书种类也比2016年增加一倍。这可以说是近两年台湾地区出版产业在历经产值衰退后,开始有良性循环与调整的契机。同时,近年来台湾地区出版环境仍处于很艰难的环境,数位化的冲击并没有带来新的商务模式,出版社仍处于摸索阶段。出版社面临"少子化"与"高龄化"的趋势,对现状所作出的反应仍有所不足。台湾地区图书市场小,高度依赖翻译书仍是不变的特征。因此,当局的有关政策、出版机构成员的异业结合创造新的商务模式,仍将是2018年台湾地区出版产业的核心策略课题。

(黄昱凯 台湾南华大学)

第五章 出版业大事记

第七章 出版业大事记

第一节　2017 年中国出版业大事记

1 月

3 日　全国宣传部长会议在京召开。中共中央政治局常委、中央书记处书记刘云山出席会议并讲话，强调要深入贯彻落实以习近平同志为核心的党中央各项决策部署，牢固树立政治意识、大局意识、核心意识、看齐意识，以高度政治责任感做好宣传思想工作，为迎接党的十九大胜利召开提供有力思想舆论保证。

6 日　国家互联网信息办公室发布《2016 年互联网新闻信息服务单位年检工作情况通报》。通报显示，此次年检中，237 家网站依法准予通过年检，责令新浪网、网易网等 8 家网站限期整改，2 家网站被注销许可。

6 日—7 日　新疆新闻工作者协会第七届理事会第一次会议在乌鲁木齐举行。会议通过了关于新疆新闻工作者协会第六届理事会常务理事会工作报告的决议，修订了新疆新闻工作者协会章程，选举产生了新疆新闻工作者协会第七届理事会领导机构。

10 日　以中国出版集团公司为依托单位的出版融合发展重点实验室挂牌仪式在中国出版集团公司举行，这也是国家新闻出版广电总局批准建立 20 家出版融合发展重点实验室中首家挂牌运行的实验室。时任国家新闻出版广电总局副局长孙寿山，中国出版集团公司总裁谭跃为实验室揭牌并讲话。

12 日　"中华优秀科普图书榜"评选在京启动。活动由中国出版协会、中国科学技术协会科普部、韬奋基金会、中国大百科全书出版社联合发起，《中国科学报》、《中国新闻出版广电报》、人民网、科学世界杂志社协办，百科知识杂志社承办。

同日　中国出版高层论坛在中国国际展览中心举行，论坛以"北京图书订货会 30 年，出版业演进逻辑与深改走向"为主题，倡导出版业坚定文化自信、铸造出版高峰。

12日—14日　2017北京图书订货会在中国国际展览中心举行,据了解,本届订货会参展单位737家,举办文化活动200余场,编辑馆配可供书目11万种,现场馆配采定码洋1.14亿元。

13日　第三十次全国"扫黄打非"工作电视电话会议在京召开。中共中央政治局委员、中宣部部长、全国"扫黄打非"工作小组组长刘奇葆出席第三十次全国"扫黄打非"工作电视电话会议。他强调要深入学习贯彻习近平总书记系列重要讲话精神,紧紧围绕迎接宣传贯彻党的十九大这条主线,坚持专项治理与综合治理、集中行动与日常监管、依法管理与教育引导、网下清查与网上净化相结合,扎实做好各项工作,营造风清气正的社会文化环境。

19日　国家新闻出版广电总局公布"2016年优秀网络文学原创作品推介活动"推荐名单,向社会推介《南方有乔木》《大荒洼》等18部原创佳作。

20日　由全国人大教科文卫委员会主办的宣传贯彻《公共文化服务保障法》座谈会在京举行。该法律已于十二届全国人大常委会第二十五次会议通过,于2017年3月1日起施行。

22日　由国家新闻出版广电总局全民阅读活动组织协调办公室主办,中央部分主要媒体和网站参与的2016年度"大众喜爱的50种图书"推荐活动入选图书在京正式揭晓。《习近平总书记系列重要讲话读本(2016年版)》《中国共产党的九十年》《望春风》《古书之爱》《小家,越住越大》《一百个孩子的中国梦(彩绘本)》等50种图书上榜。

本月　国家新闻出版广电总局启动2017年经典中国国际出版工程、丝路书香工程重点翻译资助项目、中国当代作品翻译工程项目申报工作。

本月　国家新闻出版广电总局公布"质量管理2016"少儿、养生保健和重大选题备案类编校质量不合格出版物名单,涉及18家出版单位的22种出版物。总局对相关出版单位给予警告的行政处罚,要求在30日内全部收回不合格图书。

2月

6日　国家统计局发布的调查数据显示,2016年全国规模以上文化及相关产业5万家企业实现营业收入80 314亿元,比上年增长7.5%(未扣除价格因素),增速比上年加快0.6个百分点。

8日—13日 2017台北书展在台北世贸中心举办,书展吸引了59个国家和地区的621家出版社参加,共设1 780个摊位,举办活动450余场。其中简体馆共计10个展位,近百家大陆出版社参展,共计展出近3 000种、8 000册优质图书。

16日 "中国文化2017迎春图书展"在美国休斯敦中国人活动中心多功能大厅拉开帷幕,中国国家新闻出版广电总局副局长孙寿山、中国驻休斯敦总领事李强民等应邀参加了开幕式。

同日 2016年度"大众喜爱的50种图书"宣传推广座谈会在国家新闻出版广电总局举行。推荐活动自2010年以来,已经成功举办了7届,共推荐优秀图书350种。

17日 民进中央与媒体座谈暨两会新闻通气会在京召开,会上重点介绍民进中央提交全国政协十二届五次会议的提案情况,在46件党派提案中,有关文化出版类5件。民进中央常务副主席刘新成出席会议并回答记者提问。

19日 古巴文化部长阿韦尔·普列托在第26届哈瓦那国际书展闭幕式上宣布,作为古中两国传统友谊和文化合作的象征,中国将成为2018年第27届哈瓦那国际书展的主宾国。

20日 2017年度国家出版基金拟资助项目共534项,项目由国家出版基金评审专家评审并报国家出版基金管理委员会批准。

21日 全球最美插画展——博洛尼亚插画展中国巡展在成都文轩美术馆开幕。这是继北京、上海、深圳之后,博洛尼亚插画展中国巡展的第四站。

25日 国家新闻出版广电总局出版融合发展(武汉)重点实验室揭牌暨首届出版融合技术编辑创新大赛启动会在武汉理工大学举行。

26日 由中国教育装备行业协会、中国出版协会共同主办的"2017年幼儿园图书配备推荐书目"发布会在北京师范大学国际学术交流中心举行。按照"凸显原创品格,传播世界经典"两大原则,专家们从数百家出版社推荐的9 000余种图书中遴选了1 448种,《兔儿爷丢了耳朵》《外婆住在香水村》《雨伞树》等入选。

28日 全国"扫黄打非"办公室公布了北京、广东、浙江等多地利用网络直播、VR眼镜等新应用传播淫秽色情信息的典型案件的查处情况。

本月　国家新闻出版广电总局开展的第二批学术期刊认定及清理工作结束，确定产生的第二批712种学术期刊，自2月6日起向社会进行公示。

本月　针对目前县级文化馆图书馆服务能力不强、县域内公共文化资源缺乏整合、城乡公共文化服务发展不均衡等突出问题，文化部、国家新闻出版广电总局、国家体育总局、国家发展改革委、财政部五部门印发《关于推进县级文化馆图书馆总分馆制建设的指导意见》，着力推进县域公共文化资源共建共享和服务效能提升。

本月　国家新闻出版广电总局与海关总署联合公布《出版物进口备案管理办法》，该办法自2017年3月1日起施行。

3月

1日　由中国社会科学院世界社会主义研究中心、社会科学文献出版社共同举办的"2016—2017世界社会主义黄皮书"发布会在京举行。

此次发布的《世界社会主义跟踪研究报告（2016—2017）——且听低谷新潮声》为"世界社会主义黄皮书"系列的第13本。

5日　第十二届全国人民代表大会第五次会议在人民大会堂开幕。国务院总理李克强向大会作政府工作报告时指出："大力推动全民阅读，加强科学普及"。这是"全民阅读"第四次被写入政府工作报告。

23日—24日　2017年度数字出版管理工作暨知识服务经验交流现场会在湖北武汉召开。时任国家新闻出版广电总局副局长孙寿山对当前数字出版产业发展形势进行了深刻分析，代表总局党组对新年度数字出版工作提出新的要求。

24日　第33届突尼斯国际书展开幕，中国展团展出了近600册种类丰富的中法文图书，其中包括150余册传统连环画，受到连环画爱好者们的关注。

28日　中国人民大学人文社会科学学术成果评价发布论坛暨学术评价与学科发展研讨会在京召开。论坛发布了《2016年度复印报刊资料转载指数排名研究报告》和《复印报刊资料重要转载来源作者（2016年版）》。

同日　由中国书刊发行业协会、陕西省新闻出版广电局主办的第九届"三秦书月"·2018年春季全国图书馆采购会在西安绿地笔克国际会展中心隆重开幕。来自全国的500余家出版单位、1 000余家图书馆参会，展示新书20余万种。

29 日—30 日　全国地方党刊学习贯彻习近平新时代中国特色社会主义思想和党的十九大精神暨中国期刊协会党刊分会第三届换届会在重庆召开。

31 日　国务院法制办公室向社会发布了《关于〈全民阅读促进条例（征求意见稿）〉公开征求意见的通知》，旨在进一步增强立法的公开性和透明度，提高立法质量，这意味着全民阅读立法正在"换挡提速"。

4 月

当地时间 3 日—6 日　第 54 届博洛尼亚国际童书展在意大利博洛尼亚会展中心举办。由 35 家出版单位组成的中国联合展团第四次如期赴展，此行预计输出版权 700 多项，比之 2016 年的 490 项大幅提升。

9 日　"行走中国——2017 海外华文媒体高层重庆行"正式启动，来自美国、加拿大、日本、澳大利亚等 16 个国家的 19 家华文媒体高层人士，在渝聚焦渝新欧国际铁路联运大通道建设，赴沙坪坝区、江津区、两江新区等进行实地参观访问，借助笔头和镜头，记录重庆对外开放建设。

10 日　中国社会科学出版社法国分社在法国波尔多政治学院揭牌。分社将以中国社会科学院中国研究中心为依托，凭借社科出版社强大的学术出版能力和法国波尔多政治学院在欧洲的学术地位及影响力，推选优秀的学术出版成果在法国翻译出版，并让海外读者及时、准确、全面、连续地了解当代中国政治、经济、社会、文化等领域的发展与走势。

12 日　中国记协新闻道德委员会向全国新闻工作者发出《践行"四向四做"，做党和人民信赖的新闻工作者倡议书》，号召广大新闻工作者牢记习近平总书记嘱托，以"四向四做"为职业标杆，忠诚担当，履职尽责，努力做党和人民信赖的新闻工作者，为迎接党的十九大胜利召开营造良好舆论氛围。

13 日—15 日　中国出版协会文学艺术出版工作委员会 2017 工作年会在江西南昌市召开。中国版协文工委各成员单位及行业专家共 70 余位代表围绕当前文艺出版和创作的问题、发展方向，互联网时代纸质图书与电子图书的共存生态等话题展开讨论。

14 日　以"新阅听·新梦想"为主题的 2017 中国数字阅读大会在美丽的杭州西子湖畔拉开帷幕。大会发布了《2016 年度中国数字阅读白皮书》和中国青年阅读指数。

14日—15日 以"跨界融合 创新发展"为主题的第十四届中国民营书业发展高峰论坛暨2017全国知名实体书店CEO峰会在西安举行。全国人大教科文卫委员会主任委员、中国出版协会理事长柳斌杰出席论坛并发布主旨演讲,中国新闻出版研究院院长魏玉山在会上发布《2016年中国民营书业发展报告》。

17日 "书香承载梦想 阅读点亮人生"——全国优秀盲人读者读书交流活动在京举办。活动由中国盲文图书馆主办,来自39家图书馆和盲校的工作人员及盲人读者参加。

18日 北京市版权局世界知识产权日宣传活动在北京市通州区宋庄镇启动。围绕"打造版权保护示范区,助力城市副中心建设"工作,北京市版权局联合通州区政府举办了以"创新改变生活,版权创造财富"为主题的系列宣传活动。

同日 湖北省第三届农民读书节暨"书香门第·耕读人家"农家书屋农民读书用书赶集活动在黄冈市红安县举行。长江文艺出版社、长江少年儿童出版社、湖北科学技术出版社、华中科技大学出版社,以及湖北省新华书店(集团)有限公司、湖北省出版物发行业协会等单位现场摆摊,推介送书。

19日 "2017书香中国"全民阅读系列活动启动仪式在湖南卫视演播大厅举行。在启动仪式上,文化学者、作家、文艺工作者等围绕共读诗书、共读经典、共读中国梦,分享阅读故事,畅谈阅读感受,倡议阅读行动。

同日 中国版权协会版权监测中心平台上线发布会在京举行,中国版权协会版权监测中心官网(www.12426.cn)正式上线。预示着版权方可通过线上进行版权认证、预警、监测、下线等系列维权工作。

20日 为期两天的2017中国知识产权保护高层论坛在京拉开帷幕。论坛由中国知识产权报社、世界知识产权组织中国办事处主办,共设1个主论坛和6个分论坛,内容涉及互联网创新与知识产权保护、知识产权助力区域经济发展、智能终端产业发展与知识产权保护、WIPO全球知识产权体系发展新动向、知识产权保护与制度创新等多方面的热点话题。

21日 由全国妇联和国家新闻出版广电总局共同主办的2017年"书香飘万家"全国家庭亲子阅读活动在京启动,并向全国广大家庭推荐210种亲子阅读优秀书目。

23日 第七届"书香中国·北京阅读季"启动仪式暨"读北京·游北京·讲北京·爱北京"项目发布会在北京宋庆龄故居举办。北京阅读季活动将从4月持续到12月,全年围绕"联结阅读力量、创变阅读价值"主线,春夏秋冬四季分别以"创新""关爱""唯美""传承"为关键词进行主题阅读推广。

同日 《北京市西城区"十三五"时期全民阅读推广规划》对外发布,这是北京市首部区级全民阅读推广规划。规划以"将书香西城打造为整合西城区全民阅读工作的品牌"为总体目标,分三个阶段执行,力争在"十三五"期末,基本形成与全面建成小康社会发展要求相适应的以人为本、面向基层、惠及群众、兼顾重点的西城区全民阅读推广服务体系。

25日 国家新闻出版广电总局系统亲子阅读大赛启动仪式在京举行,来自总局系统各单位工会、妇工委的百余人与会。大赛共为0—10岁的少年儿童推荐了400余种图书。

同日 全国质检文化建设暨"书香质检"阅读活动工作会议在大连召开。会议对2016年"书香质检"阅读活动优秀组织单位以及质检图书出版发行先进集体进行了表彰,对全国工会职工书屋示范点和质检职工书屋示范点进行了授牌,并举行了书香质检——质检职工书屋电子阅览室启动仪式。

26日 第27届阿布扎比国际书展在阿联酋首都阿布扎比开幕,中国主宾国开幕式同时举行。本届中国主宾国活动共有3 000多种精品图书参展,其中阿文版图书700多种,以及50多场版权签约、新书首发、互译研讨等专业出版活动。

同日 在2017中国网络版权保护大会上,人民日报社等10家主要中央新闻单位和新媒体网站联合发起的"中国新闻媒体版权保护联盟"宣告成立。宣言表示,中国新闻媒体版权保护联盟将在新闻作品版权统一管理、制定版权合作规则、组织共同议价、支持成员单位维权等方面扮演重要角色。

同日 以"国际动漫,拥抱世界"为主题第十三届中国国际动漫节在杭州开幕,本届国际动漫节共设置了1个主会场,16个分会场,59项活动。来自美国、德国、日本、新加坡等82个国家和地区的国际企业和动漫机构来杭参展参赛。

26日—30日 第31届瑞士日内瓦国际图书沙龙在日内瓦Palexpo展览中心开幕。由中国人口出版社、党建读物出版社、云南出版集团、中国中福会出版社有限公司等单位组成的中国出版代表团参展。日内瓦国际图书展是瑞士重要书展活动之一，从1987年起每年举办一次。

27日 广东省新闻出版广电局与广东省作家协会举行战略合作框架协议签订仪式，标志着双方正式建立战略合作关系。

5月

3日 由中国出版协会少儿读物工作委员会主办、湖南少年儿童出版社承办的2017全国少儿图书交易会在湖南长沙开幕。开幕式上，34家专业少儿出版社通过湖南省红十字会联合向湖南贫困地区中小学捐赠了价值172万余元的图书，并启动"百社千校书香童年"阅读推广活动。

当地时间8日 "加强国际合作，实现共赢发展——'一带一路'图片展"在位于纽约的联合国总部开幕。图片展为期一周，由中国常驻联合国代表团和新华社北美总分社共同举办，展览全方位展现"一带一路"的发展理念、阶段性成就和深远意义。

9日 由青岛市文化广电新闻出版局、青岛出版集团、青岛大学联合发起的青岛全民阅读研究院在青岛出版集团揭牌成立。目前已聘请全国相关领域专家30余人，研究员20余人。

9日—10日 2017年第一期全国版权执法监管培训班暨全国版权执法监管工作座谈会在上海召开。来自31个省（区、市）版权局、4个直辖市文化市场执法总队及部分重点地市版权执法部门相关负责同志等200余人参加培训班。

11日 中宣部在深圳召开深化文化体制改革座谈会。中共中央政治局委员、中央书记处书记、中宣部部长刘奇葆出席会议并讲话，强调要深入学习贯彻习近平总书记关于文化改革发展的重要讲话精神，更加注重方向导向，更加注重精准发力，更加注重统筹协调，更加注重督察落实，推动文化改革发展各项任务落地见效。

同日 第十三届中国（深圳）国际文化产业博览交易会在深圳会展中心开幕。据统计，本届展会实质性成交2 240.848亿元，比上届增长10.28%。其中，合同成交2 064.348亿元，零售及拍卖成交176.500亿元。

16日　由中华出版促进会和斯里兰卡大使馆联合主办的中斯文化出版交流研讨会在京举行，斯里兰卡总理拉尼尔·维克拉玛辛哈出席研讨会。

17日　2017中国报业融合创新大会暨全国媒体看廊坊活动在河北廊坊中信国安第一城启幕。来自全国各地的100多家主流媒体围绕"坚守传播阵地，加快融媒发展"探讨新趋势、推介新技术，推动媒体融合发展。

当地时间18日　中国主题图书巡回展在波兰华沙国际图书展揭幕。巡回展为当地读者带去了300多种500多册中国图书，图书内容广泛，涵盖中国政治、经济、文化、历史、教育等各个方面。书展将持续到5月21日。

18日　纪念新华书店成立80周年座谈会在京举行。中共中央政治局委员、中央书记处书记、中宣部部长刘奇葆出席座谈会并讲话。

同日　2016年度"中国原创游戏精品出版工程"入选作品发布会在京举办。《列王的纷争》《球球大作战》《放开那三国2》等30个作品入选2016年度"中国原创游戏精品出版工程"。

同日　北方联合出版传媒（集团）股份有限公司（股票简称：出版传媒）召开2016年度股东大会，通过了《关于变更部分募集资金投资项目及拟收购控股股东所属三家出版社的议案》。此举标志着辽宁出版集团完成了全部图书出版企业的整体上市，出版传媒编、印、发、供一体化运作的出版产业格局进一步壮大。

22日　国家数字复合出版系统工程V1.0成果发布会在京举行。国家数字复合出版系统工程（以下简称复合出版工程）包括一系列数字复合出版标准规范的制定、数字出版工具系统平台的研发、六大技术体系的构建，形成三套系列化技术装备，开展六类典型应用示范。自2015年年初正式启动至今，工程已研发并发布了七大类共38项工程标准。

25日　上海期刊第六届论坛召开，论坛主题是"融合创新：人才、内容与品牌"。来自全国的近200位期刊从业者、学界专家围绕这一主题，为中国期刊出版业的发展出谋划策。

31日　由国家新闻出版广电总局、河北省人民政府共同主办的第27届全国图书交易博览会在河北廊坊拉开大幕。本届书博会设有廊坊主会场、唐山会场和西柏坡专题展区，共设置展位2 700个，参展单位代表7 980人，全国共有45个代表团、960家出版发行单位携25万种图书参展，新书达15万种。

同日　中华全国新闻工作者协会（中国记协）通过官网正式发布《中国新闻事业发展报告（2016年）》。这是中国记协第三次发布关于中国新闻事业发展总体情况的报告。报告显示，截至2016年底，全国共有223 925名记者持有有效的新闻记者证，其中报纸记者84 130人，期刊记者6 007人，通讯社记者2 801人，电台、电视台和新闻电影制片厂记者129 829人，新闻网站记者1 158人。

同日　国家新闻出版广电总局在第27届全国图书交易博览会上召开新闻发布会，向全国青少年推荐百种优秀出版物和百种优秀报刊。总局向全国青少年推荐百种优秀出版物活动已经开展了14届，百种优秀报刊推荐活动已经举办了8届，累计推荐了1 400种出版物、150余种报刊。

本月　中央宣传部、中央编办、财政部、人力资源社会保障部联合印发《关于深化中央主要新闻单位采编播管岗位人事管理制度改革的试行意见》。《意见》旨在深化中央主要新闻单位采编播管岗位人事管理制度改革，是贯彻落实习近平总书记重要讲话精神、加强新闻舆论工作队伍建设的重大举措。

本月　国家出版基金规划管理办公室近日正式发布《2018年度国家出版基金项目申报指南》。资助重点包括8个方面的内容：一是中国特色社会主义理论体系，二是社会主义核心价值观，三是经济社会发展，四是哲学社会科学，五是自然科学与工程技术，六是文化建设和中华优秀文化传承，七是对外交流，八是专项主题。

6月

当地时间6月1日—2日　2017年美国书展在位于纽约的贾维茨会展中心举行。由北京新闻出版广电局组织的北京出版代表团在此次美国书展设立了"北京出版代表团联合展台"，展台总面积近40平方米，展示了《大国外交》《班门》《人民币崛起》等108种图书，种类涵盖小说、传记、社科、哲学、少儿、政治等方面。

6日　2017亚洲媒体峰会在青岛举行，国务院副总理刘延东出席开幕式并致辞，强调要强化媒体责任，促进媒体合作，为落实联合国2030年可持续发展议程、构建人类命运共同体注入更多"正能量"。本次峰会以"媒体新时代、全球共发展"为主题，有48个国家和7个国际组织的450多名代表参加。

8日　以"深化金砖国家媒体合作，促进国际舆论公平公正"为主题的金砖国家媒体高端论坛在北京开幕。中共中央政治局委员、中央书记处书记、中宣部部长刘奇葆出席开幕式并发表题为《深化媒体交流合作 助力金砖国家发展》的致辞。论坛由新华社倡议并联合巴西、俄罗斯、印度、南非主流媒体共同发起。

9日　首届中国报业版权大会在京召开。会议以"保护、合作、共赢"为主题，主要目的是加强中国报业版权的保护力度，提升中国报业版权制度化、规范化管理水平，提升各报业媒体的安全运营水平，为中国报业提供媒体版权服务，促进中国报业健康持续发展。

13日　中英版权研讨会在京召开。研讨会由中国国家版权局和英国知识产权局、英国驻华大使馆共同主办，主题为"数字环境下中英版权交流与合作"。来自中英两国的版权管理者、专家、学者，共同分享了数字环境下中英版权保护经验，探讨了版权制度建设、权利管理、国际合作等重要问题。

11日—15日　第28届耶路撒冷国际书展在耶路撒冷的第一火车站展览中心拉开帷幕。中国图书展首次在这一书展上亮相。耶路撒冷国际书展由以色列出版协会主办，每两年举办一次，是具有一定国际影响力和行业号召力的国际书展。

17日—18日　第二届中国四库学高层论坛在北京举行。中共中央政治局原委员、全国人大常委会原副委员长李铁映出席论坛开幕式，为首都师范大学四库学研究中心揭牌并发表主旨讲话。

19日　由中国国家版权局与世界知识产权组织（WIPO）联合主办、上海市版权局承办的"保护创作者权利 推动文化和电影产业发展版权论坛"在上海开幕。来自法国、英国、墨西哥、韩国、哥伦比亚、肯尼亚等近30个国家的版权主管部门相关负责人、驻华使节，以及世界知识产权组织高层官员、著作权涉外认证机构、著作权集体管理组织、版权企业、权利人代表等100余人汇聚上海，共同关注对表演者权利的保护，探讨、交流版权保护和电影产业的未来与发展。

同日　国家新闻出版广电总局出版融合发展（郑州）重点实验室揭牌仪式在中原出版传媒集团举行。作为总局出版融合发展重点实验室获批单位之一，主要开展的研究方向包括：ISLI（国际关联标识符编码标准）的产业化应用、人工智能在出版领域的产业化应用、美钥二维码技术应用与平台建设、大象智慧教育融媒出版平台的普及与推广等。

22日 全国"扫黄打非"办公室组织开发的"网络有害出版物及信息样本特征值共享数据库系统"正式上线运行。首批加入"网络有害出版物及信息样本特征值共享数据库系统"的，有百度、阿里巴巴、腾讯、新浪网、新浪微博、今日头条、金山、奇虎360、YY直播等9家互联网企业。

27日 国家新闻出版广电总局出版融合发展（辽宁）重点实验室在辽宁出版集团揭牌。出版融合发展（辽宁）重点实验室依托辽宁出版集团、东软集团和大连理工大学出版社的产业资源和研发力量，并广泛引入国内优秀人才，力争构建服务辽宁、东北乃至全国出版传媒产业的"互联网+"科研平台，为推动传统出版和新兴出版在内容、渠道、平台、经营、管理以及体制机制的融合发展方面，提供智力支撑、技术保障和示范经验。

当地时间6月29日—7月3日 "感知中国·湖南文化走进芬兰"活动在芬兰赫尔辛基举办。活动启幕当天，中南传媒旗下湖南少年儿童出版社与芬兰邦尼集团在芬兰首都赫尔辛基达成系列合作。该活动由国务院新闻办公室和中国驻芬兰大使馆共同主办，其中"感知中国·芬兰行"开幕式由湖南省政府新闻办承办。

本月 国家版权局就规范电子版作品登记证书的有关事项下发通知。通知要求，电子版作品登记证书须按照国家版权局《关于规范作品登记证书的通知》（国版函〔2016〕1号）制发、出具，不得改变、增删任何信息。电子版作品登记证书样本须通过国家版权局网站下载使用，不得擅自变更、制作。此外，根据司法、海关等机关规定或者要求以及相关权利人请求，作品登记机关出具电子版作品登记证书的同时，应当出具纸质版作品登记证书。

7月

1日 以"深度融合 创新发展——党报网站如何找准角色定位"为主题的2017全国党报网站高峰论坛暨内蒙古自治区成立70周年媒体融合研讨会在呼和浩特举行。

3日 尚斯博库中国文化周暨中国主题图书展在俄罗斯莫斯科开幕，492种俄文版中国主题图书、近万种中文版中国主题图书和中国文化类图书同时展出。尚斯博库书店是俄罗斯第一家中国主题书店,由浙江出版联合集团与俄罗斯尚斯国际出版(集团)公司共同建设。

4日 以"中俄合作新未来与媒体使命"为主题的第三届中俄媒体论坛在俄罗斯首都莫斯科举行。两国相关部门负责人,全俄国家广播电视公司、"今日俄罗斯"电视台、俄罗斯塔斯社和人民日报社、新华社、中央电视台等两国75家媒体代表120余人出席论坛。双方在论坛上签署了17项新闻领域合作协议。

7日—8日 以"媒体深度融合与大数据"为主题的第十二届中国传媒年会在贵州贵阳举行。年会开幕式上发布了中国传媒融合创新报告(2016—2017)、视听媒体发展报告、内容大数据助力主流新闻客户端报告等研究成果,通过了第十二届中国传媒年会《贵安共识》。

11日 以"深化转型、创业发展"为主题的第七届中国数字出版博览会在北京国际会议中心隆重开幕。本届年会由中国新闻出版研究院主办,会上发布了《2016—2017中国数字出版产业年度报告》。时任国家新闻出版广电总局党组成员、副局长、国家版权局专职副局长周慧琳出席开幕式并作主旨报告。

同日 北京市新闻出版广电局发布了媒体融合发展重点实验室申报公告,并采用计算机随机抽签的方式在专家库中确定了评审专家,经专家独立、客观的评审,确定了北京日报报业集团等20个通过评审的申报项目。

同日 全国"扫黄打非"办公室公布"护苗2017"专项行动第一批典型案件。7起案件中包括网络案件4起、非法出版物案件3起。

12日 数字版权保护技术应用产业联盟在京成立,该联盟由中国新闻出版研究院发起,业内外100多家单位共同参与。国家新闻出版广电总局电影数字节目管理中心、中国文字著作权协会、北京东灵通知识产权服务有限公司现场分别与中国新闻出版研究院签订了数字版权保护技术服务合同。

同日 出版融合发展(华东师大社)重点实验室举行揭牌仪式。该实验室是国家新闻出版广电总局公布的首批20家出版融合发展重点实验室之一,也是上海地区唯一入选的一家。

13日 第二届中国互联网纠纷解决机制高峰论坛在2017中国互联网大会期间举行。会上,18家企业共同发起成立中国网络版权产业联盟,并发布《中国网络版权与数据信息使用规则及竞争规范》。

14日—15日 第32届全国少年儿童出版社社长年会在四川成都举行。会议围绕供给侧改革、规范少儿出版秩序、走出去三个议题进行了研讨。时任国家新闻出版广电总局副局长、国家版权局专职副局长周慧琳出席会议并讲话。

14日 由中国版权保护中心与深圳市罗湖区政府共同建设的粤港澳版权登记大厅在深圳市罗湖区正式启用。这是继去年西南版权登记大厅落户成都、今年华东版权登记大厅落户上海后，中国版权保护中心在"十三五"时期推进区域版权服务窗口体系建设的第三个落地项目，是国家版权公共服务向重点地区和核心城市延伸的重要举措。

19日 以"智能环境下的中韩著作权产业发展"为主题的第13届中韩著作权研讨会在辽宁省大连市举办。研讨会由中国国家新闻出版广电总局（国家版权局）、韩国文化体育观光部主办。

同日 第28届香港书展在香港会议展览中心开幕，四川首次作为主题省，围绕"人杰四川，书香天府"的参展主题向海内外展示四川的独特魅力与文化成果。据了解，四川16家出版社共带来了1 063个品种11 604册、合计码洋近40万元的图书。

24日 国家新闻出版广电总局发布《2016年全国新闻出版业基本情况》。《情况》显示，2016年，全国共出版图书、期刊、报纸、音像制品和电子出版物512.53亿册（份、盒、张），较2015年降低6.90%。其中，出版图书499 884种、重版、重印237 469种，重版、重印率达47.5%。

同日 国家新闻出版广电总局发布《2016年新闻出版产业分析报告》。《报告》显示，去年全国出版、印刷和发行服务共实现营业收入23 595.8亿元，较2015年增加1 939.9亿元，增长9.0%。

25日 全国人大常委会著作权法执法检查组第二次全体会议在京举行。会议研究讨论了执法检查报告（讨论稿）。全国人大常委会副委员长王晨、吉炳轩、陈竺出席会议。

26日 中国音像与数字出版协会游戏工委联合专业机构发布《2017年1—6月中国游戏产业报告》。《报告》显示，2017年上半年，中国游戏市场实际销售收入达到997.8亿元，同比增长26.7%，产业依然保持高增长。997.8亿元的销售收入包括客户端游戏、网页游戏、社交游戏、移动游戏、单机游戏、电视游戏收入，其中，移动游戏市场实际销售收入占56.3%。

28日　由中国版权协会主办、中国版权产业网承办的"互联网+图片版权保护与产业发展"研讨会在京举行。研讨会围绕图片版权的分类、流向、保护、监测、商业模式等问题展开探讨。

8月

3日　国家新闻出版广电总局出版融合发展（咪咕数媒）重点实验室揭牌仪式在浙江杭州举行。咪咕数媒实验室是全国唯一一家数字阅读领域的重点实验室，以咪咕数字传媒有限公司为依托，以浙江出版联合集团、浙江大学出版社、浙江传媒学院为共建单位。

4日—5日　第十八次全国皮书年会在青海西宁举行。年会以"皮书专业化二十年"为主题，全面总结20年来皮书系列取得的成就，深入探讨进一步发展方向，来自全国社科院、研究机构等500余人参会。

7日—9日　中国音像与数字出版协会有声读物专业委员会在杭州召开常务理事扩大会议。2016年，全国有声阅读市场比上年增长48.3%，成为出版行业增长最快的一个领域。

9日　8家互联网听书平台与中国盲文出版社签订《盲人数字有声阅读》战略合作框架协议，支持盲人阅读公益事业的开展。

10日　2017南国书香节暨羊城书展在广州琶洲会展中心开幕。本届书香节以"把读书作为一种生活态度"为年度口号，参展面积4万平方米。广东省委常委、宣传部长慎海雄在开幕当天下午到主展场参观。

11日　以"网络正能量 文学新高峰"为主题的首届中国"网络文学+"大会在北京亦创国际会展中心开幕。大会由国家新闻出版广电总局、北京市人民政府指导，北京市委宣传部、中国音像与数字出版协会、北京市新闻出版广电局、北京市互联网信息办公室、北京市文学艺术界联合会、北京经济技术开发区管理委员会主办。

同日　第15届北京国际图书节新闻发布会在京举行。本届图书节将举办"喜迎十九大 浓墨颂辉煌"主题出版物展，设置"喜迎十九大书香阅读区"。

16日—22日　2017上海书展暨"书香中国"上海周拉开帷幕。本次书展汇集了全国500多家出版社的15万多种图书，举办阅读文化活动950余场。

16日　上海、江苏、浙江、安徽、山东、福建、江西等华东六省一市期刊协会成立协作共同体——华东地区期刊协会联盟,并在沪举行了联盟首届大会。

19日—21日 由山东出版集团有限公司主办、山东出版传媒股份有限公司承办的中国·山东"一带一路"图书版权贸易洽谈会在济南举行,版贸会以"书香一带一路,文化交汇融通"为主题。来自35个国家的近百家国外出版机构、51家国内出版机构以及4家版权代理机构,共400余人,共商"一带一路"文化产业发展,加速"一带一路"版贸畅通,推动山东出版乃至中国出版走出去。

18日 国家新闻出版广电总局出版融合发展(北师大出版社)重点实验室揭牌仪式在京举行。该实验室是全国首批20家出版融合发展重点实验室之一,以科大讯飞股份有限公司、北京凤凰师轩文化发展有限公司为共建单位。

22日 第十一届中华图书特殊贡献奖颁奖仪式在人民大会堂举行,中共中央政治局委员、国务院副总理刘延东代表中国政府会见20名获奖的外国专家,并向他们颁奖。

同日 以"'一带一路'倡议与国际出版合作"为主题的2017北京国际出版论坛在京举行。全国政协常委、民进中央常务副主席蔡达峰,中宣部副部长、国务院新闻办副主任崔玉英,国家新闻出版广电总局副局长吴尚之致辞。

23日 第15届北京国际图书节启动仪式在中国国际展览中心(新馆)举行。本届图书节由北京市委宣传部、北京市新闻出版广电局(北京市版权局)、顺义区人民政府联合主办,共有来自89个国家和地区的2 400多家参展商亮相展会。

同日 "2017国际出版企业高层论坛"在京举行。来自中国、伊朗、捷克、匈牙利等国家和地区的200余位出版行业高层人士出席论坛,共同探讨中国与"一带一路"沿线国家的出版合作模式创新。

23日—27日 为期5天的第24届北京国际图书博览会(BIBF)在中国国际展览中心(顺义新馆)开幕。据统计,本届图博会共达成中外版权贸易协议5 262项,同比增长4.9%。其中,达成各类版权输出与合作出版协议3 244项,同比增长5.5%;达成引进协议2 018项,同比增长3.9%;引进输出比为1∶1.61。

27日 当当网首次发布当当童书原创市场5年销售报告。数据显示,当当童书连续5年保持了销量35%的高增速。数据显示，虽然童书销售总量在增长，但全国各省份"阅读购买地图"并不相同，南方比北方更爱原创。

30日　国家新闻出版广电总局在湖北省襄阳市谷城县庙滩镇黄畈村农家书屋开展2017年"我的书屋·我的梦"农村少年儿童阅读实践示范活动。一场诵读示范培训——《阅读时代》读者朗诵会火热进行。

本月　内蒙古自治区党委宣传部、自治区新闻出版广电局等11部门联合出台《内蒙古自治区关于支持实体书店发展的实施意见》，明确提出到2020年实现千人拥有出版物发行网点数达到全国平均水平0.15个的目标，全区实体书店达到3 900家。

9月

1日　浙江省新媒体专业委员会在杭州成立。这是中国记协在国内首个省级新媒体专业委员会试点。成立会上通过了《浙江省新媒体专业委员会规程》《浙江省新媒体自律公约》等。

6日　第30届俄罗斯莫斯科国际书展在全俄展览中心75号馆开幕。此次中国出版代表团参展的展台面积比上届扩大一倍，除传统的图书展示外，还组织了105平方米的中国原创插画展，集中展示中国当代优秀插画作品。精心选择展出的精品图书，包括主题图书、传统文化、中国文学、人文社科、少儿读物、语言学习等类别近1 150种。

7日　中国版权协会软件工作委员会在京成立。中国版权协会理事长阎晓宏等参会并为委员会揭牌。

11日—13日　第十二届中国北京国际文化创意产业博览会拉开帷幕。13场推介交易活动、6场论坛会议、9场创意活动以及52个分会场同期举办。来自联合国教科文组织、欧盟－中国"一带一路"文化旅游发展委员会等4个国际组织，俄罗斯、美国、德国、法国等63个国家和地区的86个境外代表团组，天津、河北、山西等23个省（区、市）及计划单列市组团参展参会。

12日　第四届北京市文化融合发展项目合作推介会在京召开。18个文化融合发展项目在会上签约，签约额突破65亿元。

13日　由中宣部、财政部、文化部、国家新闻出版广电总局、中国残联组织实施的"盲人数字阅读推广工程"在国家图书馆启动。中共中央政治局委员、中央书记处书记、中宣部部长刘奇葆出席启动仪式,并向图书馆和盲人教育机构代表发放智能听书机、盲用电脑等盲用阅读设备。

同日 "中国图书对外推广计划"工作小组第十三次工作会议在上海召开。会议由国务院新闻办公室、国家新闻出版广电总局主办,上海世纪出版(集团)有限公司承办。中宣部副部长、国务院新闻办公室副主任崔玉英,国家新闻出版广电总局副局长吴尚之出席会议并讲话。

20日—22日 第18届大陆书展在台北举行。本次书展由中国出版协会及台湾图书出版事业协会共同主办,中国图书进出口(集团)总公司承办,台湾华品文创出版公司协办。书展以"美书·阅读"为主题,集中展示了近3年来大陆34家出版社出版的反映大陆经济社会发展成就的新书。

25日 全国"扫黄打非"办公室对外公布了由中央八部门联合部署开展的整治互联网低俗色情信息专项整治行动取得的成果:截至9月25日,全国共处置、删除色情低俗等有害信息超2 000万条,成功查办了一批网络传播淫秽物品牟利案件,整治行动收到阶段性成效。

当地时间27日 第20届内罗毕国际书展开幕。中国出版代表团带着3 000多册图书,包括非洲常见病防治、汉语教学和中国书法等书籍参展。

28日 吉林省典籍博物馆推出首场展览"墨雅余香 纸润流芳——吉林省图书馆藏珍籍展",标志着吉林省典籍博物馆正式对外开放。这是继国家典籍博物馆后国内第一家依托于图书馆馆藏建立的省级典籍博物馆。

同日 国家新闻出版广电总局出版融合发展(中文传媒)重点实验室在江西南昌揭牌。该实验室以中文天地出版传媒股份有限公司为依托单位,以南昌航空大学为共建单位。

29日 "青春心向党,喜迎十九大"全国青少年漫像大赛在京启动。大赛面向全国漫画家及青少年漫画爱好者征集各类漫像作品,获奖作品将于今年12月进行全国巡展。

30日 以"喜迎十九大"为主题的首届荆楚书香节在武汉启幕。本次书香节将持续至10月31日,主会场设在武汉,襄阳、宜昌、荆州、十堰、恩施、孝感、咸宁等地设立分会场,湖北省227家新华书店同步开展主题活动。

10 月

1 日　北京市新华书店首家 24 小时书店——新华书店花市书店开业。这也是继三联韬奋 24 小时书店、中国书店雁翅楼 24 小时书店之后，北京第三家 24 小时书店。

10 日　第 69 届法兰克福国际书展在德国法兰克福会展中心拉开帷幕。本届书展的主题为"法兰克福说法语"，主宾国由法国担任，本届书展共吸引全球 102 个国家和地区的 7 300 多家参展商。

同日　为迎接宣传贯彻党的十九大，认真落实《全民阅读"十三五"时期发展规划》，国家新闻出版广电总局指导，中国新闻出版传媒集团主办，《中国出版》杂志社承办了"迎接宣传贯彻党的十九大主题阅读征文活动"，征文时间为 2017 年 10 月 10 日—2018 年 7 月 10 日。

13 日　第十三届海峡两岸图书交易会在福建厦门开幕。湖北作为主宾省，共携 30 家出版单位近 4 000 种、2 万余册精品图书及一批电子音像、数字产品参展，充分展现了荆楚文化特色和出版成就。

18 日　《决胜全面建成小康社会 夺取新时代中国特色社会主义伟大胜利》报告，蒙古、藏、维吾尔、哈萨克、朝鲜、彝、壮等 7 种少数民族文字单行本已由中国民族语文翻译局翻译，民族出版社出版，即日起向全国公开发行。

26 日　国家新闻出版广电总局与全国老龄工作委员会办公室在京召开新闻发布会，发布 2017 年向全国老年人推荐优秀出版物。

同日　湖北省大学生全民阅读示范基地在华中师范大学挂牌，来自武汉大学、华中师范大学、湖北大学等高校的大学生代表，共同发出阅读宣言。

27 日　由国务院新闻办主办、新华通讯社协办的中拉媒体论坛在北京举行，来自拉美 11 国 19 家主流媒体及中国媒体代表 50 余人，围绕中共十九大后中拉合作前景等议题进行了热烈讨论。

同日　中亚地区首家中文暨中国主题书店——尚斯书店在吉尔吉斯斯坦首都比什凯克开业，这是尚斯国际出版集团继在俄罗斯开办的尚斯博库书店后的第二家实体书店，也是中亚及吉尔吉斯斯坦有史以来第一家中文主题类书店。

30 日　国家互联网信息办公室公布《互联网新闻信息服务单位内容管理从业人员管理办法》。办法提出，互联网新闻信息服务单位内容管理从业人员，不得利用互联网新闻信息采编发布、转载和审核等工作便利从事广告、发行、赞助、中介等经营活动，谋取不正当利益等。

同日　由国家新闻出版广电总局主办的党的十九大文件及学习辅导读物首发式在北京图书大厦举行。国家新闻出版广电总局副局长周慧琳出席首发式并讲话。

本月　《国际出版业发展报告（2016版）》发布。报告由中国新闻出版研究院国际出版研究室组织撰写，中国书籍出版社出版。

本月　吉林省十二届人大常委会第三十七次会议通过了《吉林省全民阅读促进条例》。该条例于2017年12月1日正式实施。

本月　2017年全国出版物发行单位年度核验已经完成。全国共有119 430家发行单位参加了年度核验，其中，112 169家通过核验，4 471家暂缓通过，2 790家被注销登记。2016年，全国出版物发行单位实现出版物销售总额3 498.69亿元，比上年增长7.2%。

11月

1日　第36届沙迦国际书展在阿联酋沙迦开幕，中国图书进出口（集团）总公司携"一带一路"国家主题图书巡展项目参展。本届书展为期11天，主题是"我书中的世界"。来自60个国家和地区的1 650家出版商将展出150多万册图书。

2日　由中华全国新闻工作者协会主办的第二十七届中国新闻奖揭晓。来自全国报刊、通讯社、电台、电视台和新闻网站的287件作品获中国新闻奖，其中特别奖4件，一等奖50件（含10个新闻名专栏），二等奖90件，三等奖143件。

同日　中国出版协会出版材料工作委员会2017年年会暨产品推介交流会在福建厦门召开。年会发布了"汝阳书香满校园"公益行动倡议书。

3日　由国家新闻出版广电总局全民阅读活动组织协调办公室主办的2017年度"大众喜爱的50种图书"推荐活动在京启动。本次活动首次广泛邀请出版社自荐图书，并启用微视频等创新措施吸引民众参与。

4日　《中华人民共和国公共图书馆法》由十二届全国人大常委会第三十次会议表决通过。该法律是公共文化领域继公共文化服务保障法之后的又一部重要法律，对于进一步健全我国文化法律制度、促进公共图书馆事业发展、保障人民群众基本文化权益具有重要意义。

5日　以"出版人才专业培养与继续教育"为主题的第六届韬奋出版人才高端论坛在山东济南举行。百余位业界、学界代表围绕新时代背景下高校如何进行出版人才专业培养、出版单位如何进行继续教育培训等话题，进行了深入探讨。

7日　以"新时代新气象新作为"为主题的学习宣传贯彻党的十九大精神座谈会在国家新闻出版广电总局召开。

同日　第40届克罗地亚国际图书与教育展在首都萨格勒布开幕，吸引了来自16个国家的300多家参展商。

同日　广西出版传媒集团首个海外阅读体验中心在越南河内正式启用。阅读体验中心分为中越两国图书展示区、阅读体验区、小型活动区和电子阅读区，图书种类有文化、艺术、生活、科技、教育、少儿等，首批展示图书约7 000册。

8日　国家新闻出版广电总局司局级干部学习宣传贯彻党的十九大精神培训班在总局研修学院开班。总局党组成员、副局长、直属机关党委书记张宏森出席开班式，并代表总局党组对培训工作作出部署，提出明确要求。

9日　由国家新闻出版广电总局数字出版司指导，中国音像与数字出版协会暨中国ISLI注册中心主办的中国标准关联标识符（ISLI）国家标准应用培训班在京开班。来自全国50余家新闻出版单位的100余名业务骨干参加了培训。

10日　国家新闻出版广电总局副局长、国家版权局专职副局长周慧琳在京会见英国知识产权局局长提姆·摩斯一行。双方就数字环境下的版权执法、著作权集体管理等共同关注的问题进行了友好会谈，并围绕巩固和加强中英双方在版权领域合作交换意见，确定了2018年中英版权工作计划。

13日　2017年度"中国最美的书"评选揭晓，来自全国各地22家出版社的25种图书荣膺本年度"中国最美的书"称号，并将代表中国参加2018年度的"世界最美的书"评选。

同日　全国文学报刊联盟第三次理事会会议暨全国文学报刊主编论坛在湖北武汉举行。会议就学习贯彻党的十九大精神进行座谈，围绕"新时代·新使命·新作为"主题展开讨论。

14日—15日　2017博鳌全民阅读论坛在海南省博鳌亚洲论坛国际会议中心举行，来自全国各地致力于推动全民阅读的人士汇聚一堂，共话新时代的全民阅读话题。

15日　国家新闻出版广电总局出版融合发展（中国建筑工业出版社）重点实验室暨"新闻出版业科技与标准重点实验室"揭牌仪式在京举行。实验室首批成果"建筑施工专业知识资源库"和"建筑结构与岩土工程专业知识资源库"项目宣布上线。

16日　第四届陈伯吹国际儿童文学奖颁奖礼在上海宝山举行。少年儿童出版社《梦想是生命里的光》、江苏凤凰少年儿童出版社《童眸》、阿尔班·米歇尔少儿出版社（法国）《缎带》、烛芯出版社（美国）《这是什么？》等15本图书荣获大奖。年度作家奖获得者为中国儿童文学作家秦文君，特殊贡献奖获得者为英国儿童文学翻译家汪海岚。

同日　国家新闻出版广电总局出版融合发展（中南传媒）重点实验室揭牌仪式在湖南长沙举行。

17日　全国精神文明建设表彰大会在京举行，新闻出版广电行业50家单位及9人获表彰。

17日—19日　2017中国上海国际童书展在沪举行。本届童书展吸引了360余家国内外童书出版和文化创意机构，以及来自全球近50个国家和地区的1 000余位国内外童书作家、插画家和出版专业人士，3天之中共开展100余场阅读推广和专业交流活动。

18日　"我爱大自然"书香机关亲子读书会在商务印书馆举办。活动是北京阅读季·书香机关系列活动的一部分，由北京市新闻出版广电局等主办。

20日—21日　国家新闻出版广电总局基地（园区）工作交流会暨优秀产业示范项目推广会在江苏镇江举行。新闻出版广电基地（园区）产业联盟成立。

22日　全国"扫黄打非"办公室对外公布近期侦破的8起重点"扫黄打非"案件，这批案件具有涉案人数众多、涉案金额高等特点，其中多起案件涉案金额超1 000万元。

23日　"我的书屋·我的梦"农村少年儿童阅读实践活动征文评审会在京举行。会议评选出480篇优秀作品，其中包括2016年小学组和中学组、2017

年小学组和中学组各120篇。

24日　由中国版权协会主办的第十届中国版权年会在京举行。会上颁发了2017中国版权最具影响力企业奖、2017中国版权卓越成就者奖和中国版权年度特别贡献奖。

24日—26日　首届东南亚中国图书巡回展泰国站在曼谷诗丽吉王后国家会展中心举办，5万余册中国图书首次通过境外跨国巡回展的形式在湄公河流域国家展出。

25日　第31届瓜达拉哈拉国际书展在墨西哥第二大城市瓜达拉哈拉开幕。本次书展持续9天，吸引了47个国家的2 000多家出版机构以及700多名作家参展。

27日　由中央宣传部组织的学习宣传贯彻党的十九大精神"新时代新气象新作为"主题采访活动在上海中共一大会址纪念馆启动。中宣部、中央网信办、国家新闻出版广电总局、中国记协、各省区市宣传部有关负责同志、23家中央和地方媒体的负责同志及骨干编辑记者中的党员代表共约130人参加启动仪式。

28日—30日　2018年度国家出版基金项目终评大会在京召开。这是国家出版基金成立10年来第十次年度评审。国家出版基金从立项、年检、结项到成果管理的全程绩效管理措施，是财政资金管理上的机制创新。自2014年以来，国家出版基金列入财政部和国家新闻出版广电总局财务司综合绩效考核重点项目，连续3年均为优秀。

29日　上海市新闻出版局发布2017年"上海翻译出版促进计划"入选书目。《租界》德文版、《园冶》英文版、《开天辟地——中华创世神话》英文版、《上海：梦之地》英文版和《东京审判亲历记》英文版5种图书获得翻译资助。

30日　由国家新闻出版广电总局印刷发行司指导、北京市新闻出版广电局和中国新闻出版传媒集团联合主办，以"数字·贯通·融合"为主题的第二届中国出版印刷者大会在京举行。

同日　由中国图书评论学会组织的"中国好书"工作会议在京召开，来自全国141家出版集团、出版社的主要负责人参会。

12 月

1日—2日　第六届韬奋杯全国出版社青年编校大赛在京举办。来自30个省（区、市）的216家出版社446名选手参加比赛。

2日　2017菲律宾马尼拉中国图书巡展在马尼拉开幕。本次巡展由中国国家新闻出版广电总局主办、菲律宾华教中心下属的新华书城与中国教育图书进出口有限公司承办，书展为期9天。

同日　2017年中国科普作家协会年会在安徽合肥召开，长三角科普创作联盟揭牌。该联盟由江苏、上海、浙江、安徽等地的科普作家协会联合发起并成立。

同日　湖北首部文化产业蓝皮书《湖北省文化产业发展报告（2017）》在武汉发布。《报告》由社会科学文献出版社出版。

4日　上海市新闻出版局举行上海市农家书屋党的十九大文件及学习辅导读物配送仪式，为上海农村和乡镇的读者学习党的十九大文件提供学习用书保障，更好地发挥农家书屋在农民群众学习贯彻党的十九大精神中的阵地作用。

5日　第七届书香中国·北京阅读季阅读盛典在北京天桥艺术中心举办，本届阅读盛典为期4天，以"展示范例、研讨方法、总结提升、引领趋势"为主线，深度普及"联结、创变""阅读+"等阅读理念，共设置了七大板块。

7日　第二届"德译中童书翻译奖"获奖结果在京揭晓。活动由德国图书信息中心主办，德国驻华大使馆文化处和歌德学院（中国）图书馆协办。

同日　北京阅读季在京发布《2016—2017年度北京市全民阅读综合评估报告》。报告显示，北京市居民综合阅读率92.73%，高于全国平均水平12.69个百分点；纸质阅读率81.02%，高于全国平均水平22.22个百分点；数字阅读率83.98%，高于全国平均水平15.78个百分点。北京市居民人均纸书阅读量为10.97本，比全国人均纸书阅读量（4.56本）高出6.41本。

11日—12日　第二十七届中国新闻奖获奖者研讨班在京举办。研讨班以"保持人民情怀，记录伟大时代"为主题。中国记协主席张研农、中国记协党组书记胡孝汉参加研讨班，并就如何做好评奖工作同与会人员座谈。

14日　"首届出版融合技术编辑创新大赛"颁奖大会在京举行。活动由国家新闻出版广电总局出版融合发展（武汉）重点实验室、中国期刊协会、湖北省新闻出版广电局主办。

15日 由全国政协办公厅主办的第二十二届全国政协好新闻评选结果于近日揭晓，来自中央新闻媒体和地方新闻媒体的78件作品获奖。

16日 国家版权局下发通知，决定从12月16日开始，在全国开展北京2022年冬奥会会徽和冬残奥会会徽版权专项保护工作。通知强调，除法律法规另有规定外，未经北京冬奥组委许可，任何单位或个人不得擅自使用北京冬奥会会徽。

同日 新中国第一套专门为少年儿童编写的百科全书《中国少年儿童百科全书》座谈会在京举行。与会者认为，"中少百科"使一个具有历史感的中国文化品牌延续至今，展现了中国文化人坚守文化使命、直面时代挑战的责任担当。

17日 中共中央宣传部、中央网信办、教育部、文化部、国家新闻出版广电总局、共青团中央近日联合印发通知，要求通过加强网上主旋律宣传、深化网上主题教育活动等进一步加强社会主义核心价值观网上传播。

19日 2017年度中国游戏产业年会在海南省海口市拉开帷幕。会议由国家新闻出版广电总局主管，中国音像与数字出版协会、海南省文化广电出版体育厅等主办，中国音数协游戏工委等共同承办。

23日 由中国行业报协会主办的第二届中国产经媒体融合发展高峰论坛在京召开。会上，中国行业报协会倡议发起并牵手各财经主流媒体成立"中国财经媒体版权保护联盟"。

25日 中国记协正式发布2017年中国新闻工作者援助项目援助名单和金额，2家中央主要新闻单位、15个省（区、市）22家地方新闻单位的31名新闻工作者获得援助。

同日 由江西省"扫黄打非"工作领导小组办公室、江西省新闻出版广电局、江西省教育厅、江西省关心下一代工作委员会、江西省公安厅等10部门共同主办的江西"护苗2017·绿书签"活动走进上饶市上饶中学，这也是该省"护苗·绿书签"系列公益宣传第500场收官活动。

26日 "贯彻十九大 强军固国防——纪念建军九十周年"全国书画展在中国人民革命军事博物馆开展，该展览由新华社半月谈杂志社和中国书画报社主办。

同日 《"一带一路"文化交流蓝皮书：中阿文化交流发展报告（2017）》新书发布会在京举行。该书是第一部以"一带一路"文化交流为主题的蓝皮书。

31日 河南省郑州市第十四届绿城读书节总结表彰会暨"书香迎新 文化跨年夜"跨年阅读活动在郑州举行。在4个小时的时间里，上千名读者在这里感受阅读的魅力，喜迎2018年。

本月 第37届圣地亚哥国际图书博览会在智利首都圣地亚哥马波乔艺术文化中心开幕，中国图书首次在该书展亮相。智利总统巴切莱特在开幕式上为图书博览会剪彩。

（邓　杨　中国出版网）

第二节 2017年中国香港特别行政区出版业大事记

1月

8日 由《亚洲周刊》评选的"2016年十大好书"揭晓。有四本香港出版物入选"非小说类"好书之列，包括香港天地图书的《倾听》（龙应台）、香港中文大学出版社的《香港的抒情史》（陈国球）等。《亚洲周刊》从2004年起每年评选出十本内地、港、台等的优秀中文出版物推介。该奖项与《联合报》"读书人周报"最佳书奖、《中国时报》"开卷周报年度十大好书"等并列为权威性的书本素质指标。

16日 特区政府统计处在新出版的2017年1月号的《香港统计月刊》中刊登专题文章——《香港公共图书馆服务概览》。其中指出，2015年香港公共图书馆的馆藏量，较2005年增加21.8%，超过1 400余万册。其中书籍藏量增加近21%，达到1 200余万册；多媒体数量则增加29%，达到近181万册。但2015年的外借书籍及多媒体数量，都分别比2005年减少748万次及219万次，跌幅为13.2%及55.9%。这说明电子装置盛行，香港人的看书习惯有所改变，公共图书馆的借书量亦大减。

2月

18日 由中华出版促进会汉字文化推广专业委员会和饶宗颐文化馆主办的"活字生香"汉字文化体验展在香港开幕。展览通过参观、游戏、互动、DIY体验等多种方式展示汉字文化底蕴。展厅分为"主题区""汉字故事""大美汉字""字在生活""汉字能量达人"和"小仓颉DIY手作艺想空间"等6个区域。为提升展出效果，展览邀请多名平面设计、剪纸、篆刻等领域的设计师创作多幅汉字作品,并配备中英文双语介绍,方便非汉字使用者更好理解汉字文化。展览长达 4 个月,其间分别举办"花花字游节""汉字缤 FUN 乐"和"汉字'家'年华"主题活动,为参观者提供不同活动和课程。

4 月

8 日 由西泠印社、集古斋、饶宗颐学术馆及中国文化院联合主办的"西泠印社创社四君子暨历任社长书画篆刻作品展"在香港中央图书馆举行开幕式。这是西泠印社文物展品首次在香港进行大型展出。西泠印社现任社长饶宗颐亲历展览开幕式,特区候任行政长官林郑月娥和中央政府驻港联络办公室副主任杨健出席主礼及致辞。本年度逢香港特别行政区成立 20 周年,又逢饶公百岁华诞,举办展览意义重大。展览共呈现 105 件艺术精品,包括西泠印社历任社长与创社四君子的书法、绘画、篆刻,印章及印稿等作品,代表了印社艺术大师的最高水平,堪称一部西泠印社的百年简史。

11 日 香港联合出版集团与招商局集团在香港签署战略合作协议。中央人民政府驻香港联络办副主任杨健、香港联合出版集团董事长文宏武与招商局集团总经理李晓鹏、副总经理胡建华等出席签约仪式。根据协议,双方将在文化业务、物流网络、文化地产、创新拓展、资本运作等领域加强合作;在内容、服务、客户、平台、经营、资本等方面建立多层次、多领域、开放式的深度合作关系。

19 日 香港出版学会举行"香港全民阅读调查发布会"。自 2016 年起,该会每年以音频电话随机抽样进行"阅读调查",以了解香港的阅读人口、阅读的次数和消费习惯、对纸本书和电子书的喜好以及读者的阅读动机等。本年度成功访问了近 1 500 人,具有一定的代表性。调查发现,有超过 30% 的受访者一年来没有阅读过印刷书籍,其中 18 岁以下的人士,近 60% 不阅读的原因是一向都无阅读印刷书籍的习惯;而其余近 70% 受访者中,近半数人过去一年平均每月只看一本书,不同年龄层的阅读习惯和动机亦有显著分别。该会同时在发布会上公布推广全民阅读的计划,希望以此带动香港全城的阅读风气,提高文化素养。

本月 香港太古集团为响应"世界阅读日",与往年一样"以书会友",在太古坊 Artistree 举行"书出爱心"活动。活动包括以十元义卖 15 万册新旧二手书，收益全数拨捐"香港小童群益会"及"义务工作发展局"，邀请爱书人共襄善举；为了提高儿童阅读的兴趣，安排一系列免费的互动讲故事等，希望增加小朋友的想象力及生活经验，家长更可以享受优质的亲子时间。

5月

25日 香港联合出版集团5年多前在北京经济技术开发区选址，打造一个高端文化创意企业集聚区，含研发设计、创意办公、艺术品收藏、教育培训、展览会议等多项功能，命名为"紫荆文化广场"，成为京港两地文化交流的重要窗口、京港两地文化产业合作的重要平台和京港两地青年创意创业的重要基地。即日，该项目举行奠基暨开工仪式。香港中联办主任张晓明、中国出版集团总裁谭跃以及有关政府部门领导，项目设计、施工总包和工程监理等单位的负责人以及北京地区的合作伙伴与客户代表等出席仪式。"紫荆文化广场"一期占地约2.5万平方米，建筑面积7.8万平方米，由6栋大楼组成一个错落有致的书院建筑群，计划于2019年建成。

本月 香港联合出版集团董事长文宏武率领旗下多个出版机构负责人前往南京凤凰出版传媒集团进行交流考察，并与凤凰出版传媒集团签署了战略合作协议，在出版、印刷、物流、零售等方面达成14项具体合作意向。香港联合出版集团将充分发挥在香港和对外市场竞争环境下形成的人才、管理、渠道优势，与凤凰出版传媒集团紧密合作，服务国家"一带一路"战略，为传播中华文化作出更大贡献。此次考察，两家集团业务部门还就出版、印刷、发行、数字出版、版权贸易等进行了深入交流，并先后参观了凤凰云计算中心、凤凰智慧教育平台和凤凰新港物流中心等。

6月

10日 香港联合出版集团与香港教育大学大中华研究中心举办"融合与创新——香港经验"学术研讨会。研讨会由香港教育大学副校长吕大乐担任嘉宾主持，邀请香港社会服务联会总主任黄和平、香港城市大学公共政策学系教授叶建民、中国银行（香港）经济研究处主管谢国梁、香港中文大学医学院教授熊志添、香港中文大学历史系教授何佩然、社企民间高峰会筹委会主席李正仪及香港大学地理系副教授王缉宪等7位专家学者，分享香港历史进程中在社会保障、廉政、金融、医疗、社会创新、城市规划与交通的发展与变迁。研讨会上半场的三位主讲人主要谈论"融合",即香港这座华洋杂处的城市在过往百年里如何与其他地区在政治、经济与文化层面交往;下半场的主讲人则更多着眼于"创新",即介绍香港如何在城市规划、社会企业以及交通运输等方面探索并发展。主持人吕大乐认为,学术著作的出版,可帮助学者的论述与研究走出学校,与不同背景的多元读者接触,以产生更广泛的社会影响力。

20日 在香港经营了18年,专营日本书籍的Tomato Books因经营压力宣布停业。该书店由餐厅Italian Tomato的老板开设,选书亦以日文书籍和杂志为主,故经常吸引在港日本人或喜好日本杂志的读者前来。店内的职员和告示都以日文沟通,是难得一见的本格派(日语,最初、最原味)日本书店。

6月21日—7月5日 香港三联书店、中华书局、商务印书馆33家书店联同网上平台超阅网举办"香港回归祖国20年专题书展",精选80余种精品图书,让读者从不同角度了解香港的历史文化、发展道路和经验,希望鉴古知今,为香港未来鼓劲加油。书展开幕式在三联书店湾仔文化生活荟举行,特区政府民政事务局副局长许晓晖、香港教育大学副校长吕大乐和香港联合出版集团董事长文宏武莅临主礼。此次书展的精选图书均由各界专家学者撰写,涵盖香港社会、文化、政经、法制、跨界发展之路,既提出理论,也重实践;既重理性层面的认识,也重对香港本土情怀的感性表达。

23日 为庆祝香港回归20周年,并推动两岸四地的文化交流,由香港联合出版集团、中国书法家协会香港分会、集古斋有限公司共同主办的"中国梦·香江情"两岸四地当代书法名家精品展在香港开幕,展场分别为集古斋画廊和香港公开大学。

27日 由香港电台与香港出版总会合办的"第十届香港书奖"举行颁奖礼。本届以"十年不息,写下热诚印记"为主题。评审团及公众从453本书籍中选出11本好书,类型包括儿童读物、文学艺术、人物传记等。本届罕有地有三位本土作家的长篇小说得奖,而近一半获奖书籍均渗透了香港历史文化及本土情怀。"香港书奖"始于2007年,合办单位本着"推动优质阅读,表扬优秀中文出版书籍"的共同理念,希望能为大众提供一张高质素的书单,鼓励出版社继续出版多元及优质的中文书籍。评审团从提名书籍中选出约20本进入决选,再从最后入围书籍中选出获奖书籍,公众投票亦占总评分20%。

28日　由新鸿基地产"新阅会"和香港三联书店合办的两年一届的"年轻作家创作比赛"公布第6届得奖名单。本届共有8本书籍得奖，由9位35岁以下的年轻作家创作，分别有写实、小说及绘本三种体裁。其内容从日常生活中的大小二事取材、构思，再利用自己擅长的表达方法以不同角度审视现状，与比赛主题"未来"连成一体。该赛事从2006年举办首届至今已经发掘了50位新晋作家，本届的评审之一郑政恒就是第一届比赛的得奖者。虽然不是每一位得奖者都走上了作家路，但可以一圆出书梦。

7月

13日　一向致力推广愉快阅读的新鸿基地产"新阅会"迎合科技潮流，斥资赞助全新跨媒体免费阅读平台linepaper（www.linepaper.com），旨在通过新媒体和传统渠道分享阅读信息，希望鼓励大众，尤其是年轻人走入阅读的缤纷世界。该平台是"online"（在线）加上"paper"（纸质）的组合，亦代表着文字和阅读可跨媒体，可以自由游走于线上线下之间，完全互动。linepaper以生活化的专题，精美的图像和影片，或有声书等多媒体形式，深入浅出地为读者介绍香港及世界各地的好书；也会走访作家、学者及社会各界人士，分享他们的创作和阅读心得；更特别设有英语专区，介绍英文作品、专访外语作家等，让读者轻松享受英语阅读。该平台内容丰富且不时更新，其网页及流动应用程序设计清新，方便浏览，随时随地都可以展开喜"阅"之旅。

19日　香港联合出版集团旗下万里机构与新华文轩出版传媒股份有限公司旗下四川科学技术出版社举行了版权贸易战略合作协议签约仪式。香港联合出版集团董事长、总裁文宏武，副总裁李家驹与四川省新闻出版广电局副局长张晓杰，四川新华发行集团董事长朱丹枫，新华文轩出版传媒股份有限公司总经理杨抄、副总经理安庆国等香港与四川出版界的相关领导和嘉宾见证了双方的签约仪式。两家集团的交流合作关系渊源已久，四川科技出版社和万里机构也一直保持着紧密的合作。相互良好的合作基础让双方都深切地感到有进一步加深合作的必要。双方从项目合作层面上升到战略合作层面，既是一个良好的开端，也是一种新的探索。

20日　第一届"香港出版双年奖"举行盛大的颁奖典礼。香港特区行政长官林郑月娥女士光临担任主礼。这给予得奖者和业界很大鼓励，亦赋予奖项更高的位置。"香港出版双年奖"自 2016 年 9 月启动后,经过三个月的作品征集,于 2017 年以参选出版社一社一票形式,以公平、公正、公开和客观的机制先选出十个类别近百个入围作品,然后由两岸三地资深出版人和专家逐一评分并讨论,推选出每个类别的最佳出版奖,堪称香港首个最为专业的、业界和社会认受性极高的出版大奖。典礼当天,获奖出版社几乎全部出席接受奖项,两岸不少同业也借参加"第 28 届香港书展"到场同贺。其间,筹委会举办了 3 场分享会,又组织了本地书店举行双年奖作品展销,参加书店包括香港三联、中华、商务,以及天地、大众、诚品等。这应该是香港各书店品牌联展的第一次合作。

20 日 享誉全球的"国际亚洲研究学者大会图书奖"在泰国清迈国际展览会议中心举行的"第 10 届国际亚洲研究学者大会"上颁发奖项。香港教育大学副校长、著名社会学家吕大乐的《香港模式——从现在式到过去式》(香港中华书局出版,2015 年)荣获其中的中文国际图书奖,成为该图书奖唯一一本,亦是首本获奖的中文书籍。这反映此书的研究水平在国际上的亚洲研究领域备受肯定,获得此奖项亦是亚洲研究领域的殊荣。"国际亚洲研究学者大会图书奖"由国际亚洲研究学者大会于 2004 年创立,每两年一届。该奖项旨在奖励亚洲研究领域的优秀著作、吸引国际学者对有关亚洲研究的关注。该奖项以往只选出以英文撰写的人文类及社会科学类书籍各一本,获奖书籍均为亚洲研究的顶尖著作。2017 年,中文、法语、德语、韩语及日语的优秀人文科学与社会科学类的亚洲研究著作首次被纳入范畴。

20 日 南方出版传媒股份有限公司和香港万里机构在香港举行"广东科技出版社与香港万里机构战略合作签约仪式"。广东省委常委、宣传部部长慎海雄,广东省委宣传部巡视员、省文明办主任顾作义,广东省新闻出版广电局局长白洁,广东省人民政府港澳事务办公室副主任黄锻炼,广东省出版集团有限公司、南方出版传媒股份有限公司董事长王桂科,香港联合出版集团董事长、总裁文宏武,副总裁吴静怡,万里机构董事长李家驹等出席活动。李家驹与广东科技出版社社长陈兵先后致辞,既回顾了双方自 1997 年起长达 20 多年的项目交流过程,又强调了双方从项目合作升级到资本合作的重要意义。作为此次战略合作的代表项目,繁简体同步出版的《每日一膳》系列图书也在仪式上首次亮相。

25日　由香港贸易发展局主办，为期7天的"第28届香港书展"圆满结束。本届虽然经历台风袭港，但仍然吸引近100万人次入场，其中大约9%的参观人士来自香港以外地方。7天展期，场内共举行了约290场文化活动，连同由6月底开始于全港各区举行的"文化七月"，共举办了约600场文化活动，包括名作家讲座、新书推介会、名人讲故事以及文艺廊小舞台的民族表演等，累计参与人次超过30万。主办方于书展期间还委托研究机构，抽样访问超过800位参观人士。其中有42%表示因为书展选定"旅游"作为年度主题，会更多留意相关书籍；有78%受访者打算来书展购买最新书籍；书展的平均消费为812港元。本届书展再次于最后一天设立书籍捐赠处，让参展商捐出不打算回运的书籍，交由志愿机构处理，再转赠有需要的人士或机构。

8月

25日　城寨在脸书Facebook上发文，于8月25日—27日开仓给城寨会员及公众，让大家免费领取书籍。其实送出的书籍全为过去多年的出版物。此次送书活动旨在先满足会员，并以此吸纳新会员。

本月　开业13年的绿野仙踪书店宣布停业。该书店多年来以售卖简体流行小说、漫画技法、科学杂志、语言书等为主，最鼎盛时期开有4家分店，至2015年只余下旺角店。

9月

11日　被誉为全球印刷界奥斯卡的"第68届美国印制大奖"颁奖典礼在芝加哥举行。香港中华商务联合印刷公司在本届赛事中共获得36项大奖，包括4项班尼奖、16项精品奖、16项优异奖。"美国印制大奖"由美国印刷联合会主办，是全球印刷业历史最悠久、规模最庞大的书籍印刷设计评比，自1950年诞生之日起，已举办了68届。本届有超过3 000家来自全球的企业参加评选。从1997年开始，香港中华商务联合印刷公司共获得75项班尼奖（Benny Award），成为亚洲唯一连续21年获此殊荣的印刷公司。

27日　由香港流行图书出版协会及荷里活广场（好莱坞广场）合办的"香港金阅奖"举行颁奖典礼。本届为第4届。颁奖典礼一如往年阵容鼎盛，众多著名作家、名人、明星嘉宾以及多达数十家出版社的代表出席，气氛热烈。

10 月

24 日 "第 17 届北京大学王力语言学奖"（简称"王力语言学奖"）评奖工作圆满结束。评选出的六部二等奖论著中包括由香港商务印书馆出版的《粤语语法讲义》。该书运用现代语言学方法，将粤语作为一个完整的语言系统，从词汇、词法、句法等方面全面论述粤语语法上的种种表现，兼论粤语音系和各种拼音系统的异同。该书既可作为研究和学习粤语的教材，又能普及语言学基本概念，适合所有对粤语有兴趣的一般读者阅读。"王力语言学奖"由北京大学教授、著名语言学家王力生前捐款设立，每两年举行一次，授予对汉语，中国境内其他语言的现状、历史的研究有贡献的中国学者。

27 日 由特区议会与出版业界合作举办的"2017—2018 小区书展"举行。活动的第一站是湾仔的"阅读在修顿——湾仔书展"，从即日起一连三日于湾仔修顿球场举行，有十万册特价书供书迷选购，种类涵盖小说、旅游及儿童读物等。已进入第 13 届的"湾仔书展"更特别策划多场免费"文化导赏团"，包括"文学地景游""街道趣赏游"等行程，并邀请作者担任导师，让市民跟着作者的文学作品闲逛，认识湾仔小区内有价值的建筑物。整个活动有超过 15 万人参加，较上一年上升百分之五至十。

11 月

11 日 由特区政府康乐及文化事务署、香港公共图书馆主办的"第 14 届香港中文文学双年奖"在香港中央图书馆举行颁奖典礼。本届是颁发给 2015—2016 年间，由香港作家撰写及在港初次出版的优秀中文文学作品，分为新诗、散文、小说、文学评论和儿童少年文学五个组别。经严格评选和反复讨论后，评审团从 242 本提名作品中选出两本颁予双年奖，分别为散文组的《绚光细泷》（麦树坚）及儿童少年文学组的《伊巴谦的一天》（彭浩翔），另有 7 本获推荐奖。各得奖作品都是出色的文学佳作，展现了香港文坛蓬勃发展的一面。

16 日 2017 年是香港中华书局在香港创立 90 周年。通过书籍，中华书局与香港读者累积了接近一个世纪的情谊，丰富着文化和生活。中华书局从即日起举行为期三周的"中华 90 倾城之恋"大优惠活动，回馈读者的关爱和支持。

23日 "第9届阅读在屯门"小区书展从即日起一连四天于屯门文娱广场举行。书展有超过30家出版社参与,共设62个售书摊位,其中部分摊位设有十元特价书区;场内亦邀请不同文化团体进行表演,以丰富区内居民的文化生活,推动阅读风气。

30日 由香港出版学会与职业训练局合办,一年一度的专业培训课程开课。其内容为一连五讲的"出版新力量系列讲座"。学员通过与讲授者的分享与交流,一同探讨出版业在不景气下如何开创新路,如何革新等课题,包括选题策划、书籍推广、书籍设计和文创产业等。

本月 本年度是著名国学大师饶宗颐先生百岁诞辰。为向饶宗颐先生表达敬意,香港中华书局与北京中华书局联合出版了《饶宗颐笺谱》。这次的笺谱不是采用现代印刷工艺,而是特别约请中国工艺美术大师、国家级雕版印刷技艺非遗传人陈义时雕刻刷印而成。因为是雕版刷印,所以成品有限,全港限量160套发行,每套均附有两张收藏证书,并且盖有饶公"百岁选堂"印鉴。饶公精美作品、雕版大师刻印、特制手工宣纸,使本作品雅趣盎然,堪称收藏精品。

12月

1日 特区政府康乐及文化事务署于西湾河推出全港首个自助图书站,让市民24小时使用公共图书馆服务。该设施座落于西湾河鲤景道52号港岛东体育馆休憩处(香港电影资料馆侧)。市民凭图书证或身份证即可借阅、归还、领取预约图书馆数据等。图书站储存约300本各类中英文书籍。首个自助图书站是以试验形式推出,希望在小区推广阅读风气。康文署预计2018年下半年陆续选点推广自助图书站。

4日 "第29届香港印制大奖"颁奖典礼在九龙香格里拉大酒店举行。活动邀请特区政府知识产权署署长梁家丽太平绅士担任主礼嘉宾,吸引了300多位印刷、出版、设计同业好友出席,场面十分热闹。本届印制大奖除以往的27个组别奖项及最佳印制书籍奖、最佳创意印制大奖、优秀出版大奖和全场大奖等奖项外,还特别增设了"匠心大奖",以表扬得奖单位以工匠精神,利用手艺克服印制困难的印制品。同时,本届赛事亦增设了50人以下中小型公司参赛项目,希望以此鼓励中小企业,并把他们的得奖作品带到各地。本届杰出成就大奖（设计界）得主为吴秋全先生。

6日 由国际教育成绩评估协会主办的"全球学生阅读能力进展研究"结果发布。这是一项评估全球小学四年级学生的阅读能力标准、阅读行为及阅读态度的对比研究。全球共有50个国家或地区参加。香港大学中文教育研究中心的研究团队得到特区政府教育局委托，参与此项国际大型教育研究。研究的测试材料为中文阅读理解试卷两篇，一篇为信息类文章（说明、指引、数据和图表等），一篇为文艺类文章（故事、诗歌和寓言等）。测试于2016年3月—6月进行，参与此次研究的包括全港139所小学，3 533名学生。研究结果显示：本港小四学生的阅读能力位列全球第3，较5年前同一研究下跌2位；港生在阅读信息类或文艺类文章的表现退步之余，自评自己有积极投入阅读课堂的学生更是全球最尾。研究亦发现，有补习的学生阅读成绩，较没有补习的低19分；而学校采用"粤教中"教学的学生阅读成绩亦略较"普教中"理想。研究结果呈现港生不投入、没兴趣的情况。学者指阅读兴趣减少或与家长习惯有关，提醒家长别过分催逼小朋友，否则或会影响其对阅读的兴趣，"赢在起跑线，输在终点"；还建议培养阅读习惯时，不应太着重学习词汇以及用"对话阅读法"与幼童阅读。

14日 香港诚品书店公布了自己的"2017香港阅读报告"，并分享其"香港诚品年度百大书单"。2017年香港诚品共销售图书110 000种，在成人阅读结构调查中，占前三位的分别是生活类（30%）、人文科学类（23%）和文学类（20%）；儿童阅读结构中，前三位则是幼儿书类（24%）、儿童图画书类（23%）和儿童文学类（22%）。

14日 为裨益儿童与少年，长居日本的前香港艺人陈美龄宣布成立"有益图书俱乐部"，邀请社会不同界别人士，包括老师、校长、家长和喜爱阅读的人士为0—18岁儿童及青少年推荐有益身心的书目。活动通过计算得票情况，以客观数字选出向各岁数组别推荐的好书；还邀请教育家兼散文作家小思、历史学者丁新豹等名人为书单把关，为每个年龄组别挑选五本推荐书目；还呼吁各界捐款购买图书。有益图书书目将会派发到各学校、家长团体、书店及图书馆等。需要购买图书的团体或学校，可以向有益俱乐部申请。书目每年会更新一次。

16日 每年一度不同主题的"九龙城书节"在香港兆基创意书院举行，

为期两天。本届活动的主题是"在哪里看书?"。主办方希望大家面对当前的社会,能通过阅读寻求到"希望"。活动从上届开始邀请小型出版社设立摊档。本届邀请到 30 家书商参展,同时推出新书让大家认识更多有才华的本地作家。此外,本届同样由本地文化艺术组织合伙开办创意市集。其中有的旧书摊,除了以低价转售书籍外,亦采取漂书及赠书方式来分享书籍。

31 日 香港商务印书馆公布"2017 年畅销书排行榜"。该榜是根据旗下 26 家门市于 2017 年 1 月—12 月的图书销售统计而得,以中文书(小说散文/图文创作、人文/经济、生活/心灵、童书)及英文书(小说、非小说及童书)分类,极具参考价值。其数据走势反映出该年的时事民生焦点、普罗读者的阅读品味趋向,获得大众高度关注。商务又特别严选 25 本年度推荐书,皆为年度不容错过的作品,其中涉及文学、历史、哲学、科学等题材。

[谢力清 香港联合出版(集团)有限公司]

第三节 2017年中国澳门特别行政区出版业大事记

2月

12日—18日 澳门基金会、澳门特区政府文化局及澳门文化广场联合参加"第25届台北国际书展",并设立澳门馆展销澳门出版品。其中澳门基金会展示"澳门虚拟图书馆"网上阅读平台(www.macaudata.com),推广澳门人文社会科学研究成果。文化局则有"澳门e文库"(ebooks.icm.gov.mo)供读者下载电子书。

3月

3月24日—4月2日 由澳门出版协会和澳门理工学院合办,澳门特区政府体育局和澳门图书馆暨资讯管理协会协办,星光书店承办的"2017春季书香文化节"举行。星光书店执行董事杨道炘介绍,本届书香文化节也因应本地读者喜好,邀请150多个书商,连同2 000多家出版社的出版品来澳与读者见面,有多达14万种图书与影音产品。

4月

26日 香港电子教科书协会拜访澳门特区政府教育暨青年局、澳门大学图书馆、澳门培道中学等机构。

5月

5月31日—6月3日 "第27届全国图书交易博览会"在河北廊坊举办。澳门特区政府文化局及澳门基金会再度携手,在交易会上合作设立"澳门馆"

图书展区。其设计以澳门历史城区景点的照片为主轴，多角度呈现世遗建筑的美态及旺盛的生命力。部分照片更以航拍技术从高空拍摄，以新颖的角度展示澳门的城市发展风貌和街道脉络。主办单位亦携同澳门出版协会、澳门日报出版社、澳门经济学会、澳门故事协会、学者同盟、澳门大学、澳门理工学院及澳门东亚大学公开学院同学会等机构参展。

7月

18日 由粤澳两地学术、出版、文化界人士组成的澳门文教出版协会成立。中央政府驻澳门联络办公室副主任薛晓峰在澳门旅游塔出席成立典礼暨《我的家在中国》繁体版首发仪式，与澳门特区政府社会文化司司长谭俊荣和广东省委常委、宣传部部长慎海雄等共同主礼。《我的家在中国》繁体版是南方出版传媒股份有限公司属下的广东教育出版社携手澳门启元出版社，专门为港澳台青少年量身定制、精心打造的优质国情画本。全书包括六大系列，从山河、湖海、节日、民族、道路、城市6个维度展现了一个历史悠久、朝气蓬勃的美丽中国，让港澳台的青少年全面、准确地了解祖国的深厚历史与灿烂文化。

19日—25日 由澳门基金会与澳门特区政府文化局组织，并与澳门理工学院及澳门文化广场有限公司联合参加"2017香港书展"。主办单位再度设立"澳门馆"推介澳门多元的出版文化。其他参展单位还有澳门笔会、澳门故事协会、新生代青年文化会、澳门东亚大学公开学院同学会、澳门文化公所、澳门上架木艺工会、牛房仓库、澳门剧场文化学会、澳门足迹艺团、澳门石头公社艺术文化团体、晓角话剧研进社及蓝蓝天艺术会等。

21日—30日 "第20届澳门书市嘉年华"在澳门理工学院体育馆举行。活动由澳门阅读写作促进会、澳门理工学院主办，一书斋承办，澳门基金会，澳门特区政府文化局赞助，展出海峡两岸暨港澳特区出版的中文图书，英、美、新加坡出版的英文及葡文等语言约3万多种图书。活动还设有本地文化讲座和新书发行仪式，期望澳门人"读而优则写"，向智者学习，从而成为新一代的智者。

本月 广东省出版集团与澳门濠镜文化传播有限公司联合投资，创立澳门启元出版社，并于澳门观光塔举行成立仪式。此举旨在用文化搭台，以期促进粤港澳地区的文化交流。

8月

10日—14日 "2017南国书香节暨羊城书展"在广州举办。本届书展的"澳门馆"位于主会场，占地216平方米，分为图书区、文创产业区、图片区及影视展览区三个主题区，展出和销售澳门图书2 000多种，文创产品近200种。澳门还组织澳文化与出版界代表35人赴广州参观考察，寻求合作机会，加强粤澳间的文化合作。

9月

9日—10日 牛房仓库举办"牛房讲场2017"系列讲座。其主题为"编辑与出版"，邀请4位独立艺术出版者探讨对"编辑与出版"的理念。第一场："影像、出版与运动：一个行动主义的另类可能"，讲述者为李威仪（台湾《摄影之声》主编）、邓国豪（澳门艺术家）；第二场："浅谈日本及欧美摄影集的编辑与出版"，讲述者为黄勤带（香港摄影师）、黄霭雯（澳门摄影师）；第三场："艺术书展作为另类独立的发行平台"，讲述者为彭倩帼（香港Small-Tune Press出版社）、郑志伟（SomethingMoon）；第四场："迈向一种社会记忆：浅谈澳门剧场出版"，讲述者为莫兆忠（澳门剧评人）、施援程（牛杂编辑）。

11月

11月25日—12月3日 由澳门出版协会与台湾图书出版事业协会合办的"2017年秋季书香文化节"于澳门塔石体育馆举办。活动由澳门特区政府体育局、澳门图书馆暨资讯管理协会协办，澳门文化广场统筹，澳门基金会赞助部分经费，以"台版名著齐检阅，华夏好书共品评"为主题，展出新书逾3万种约10万册。

（王国强　澳门出版协会、澳门大学）

第四节 2017年中国台湾地区出版业大事记

1月

9日—11日 由香港贸易发展局主办，国际授权业协会协办的"第15届香港国际授权展"于香港湾仔博览道1号香港会议展览中心举行。为开拓台湾地区原创图像创作品牌，台湾授权馆共组织台北故宫博物院等28家单位积极参展。

10日 "文化部"公布"2017台北国际书展大奖"得奖作品。小说类为马家辉的《龙头凤尾》（新经典文学）、苏伟贞的《旋转门》（印刻文学）、黄锦树的《雨》（宝瓶文化）；非小说类则有魏明毅的《静寂工人：码头的日与夜》（游击文化）、林于凯的《公门菜鸟飞》（网路与书）及刘克襄的《虎地猫》（远流出版）；编辑奖自制类则由行人文化实验室编辑团队的《透明的记忆：感受日常玻璃的温度》及《日曜日式散步者：风车诗社及其时代》获得，非自制类则由群学出版编辑刘钤佑以《茶室交易》《穷人的经济学：如何终结贫穷》获得。

11日 台湾文学馆于台北市齐东诗舍举办"《台湾儿童文学丛书》第二波好书暨'国内'首位儿童文学作家全集出版联合发表"活动。该馆与小鲁文化合作出版《台湾儿童文学丛书》，包括林立的《两个卫兵》、刘兴钦的《动物越野大赛》、黄基博的《跟太阳玩》、林焕彰的《红色小火车》4本；另出版儿童文学作家全集《林钟隆全集》。

15日 《亚洲周刊》公布2016年十大好书（非小说）名单。其中，由台湾地区出版的有龙应台的《倾听》（天地图书）、吴长生的《西藏岁月》（大雁文化）、周轶君的《拜访革命》（八旗文化）。

18日　无印良品于台北市新光三越信义新天地A11馆全球首发"好食慢读的咖啡时光"全新Cafe MUJI概念店。店内规划崭新的餐点样式与服务型态，并引进"MUJI BOOKS"提供店内阅览，推出"喝咖啡阅读的书"选书推荐，分享"配咖啡的好书"。

24日　日本茑屋书店海外一号店TSUTAYA BOOKSTORE进驻台北统一时代百货。其以推广各项生活美学的提案作为店铺与选书的主要概念，旅游、饮食、建筑、家具类图书为展售重点。

26日—29日　"第44届法国安古兰国际漫画节"（Festival International de la BandeDessinée d'Angoulême）在法国安古兰举行。"文化部"设立"台湾馆"，以"台湾漫画公寓：梦想的基地"为主题，呈现漫画家阅读、创作、游乐的个人生活空间。参展漫画家有游圭秀、左萱、陈稳升、Adoor YEH、覃伟、刘宜其（61Chi）、陈沛珛7人，覃伟入围2017年安古兰国际漫画节大会新秀奖。

2月

2日　由台法文化奖得主、法国国立东方语言文化学院何碧玉（Isabelle Rabut）教授与波尔多蒙田大学安必诺（Angel Pino）教授选编的《台湾现代短篇小说精选》第一、二册正式在法国出版。两册选集获"文化部""国立台湾文学馆"赞助。此选集问世，为台湾地区文学的海外译介开启了新的里程。

2日—6日　中华动漫出版同业协进会于台北市南港展览馆举办"第5届台北国际动漫节"。其中计有450个摊位55家动漫相关业者参与。

7日　由"文化部"、财团法人台北书展基金会、法兰克福书展公司主办的"法兰克福出版人才培训课程编辑力论坛"于台北市台北世贸中心一馆举办。论坛以"编辑力"为主要培训课程，以现今编辑的角色、传统之外的探索、国际市场中的编辑使命为三大方向。

8日　"国立台湾文学馆"公布"2017年度优良文学杂志"补助名单。计有《INK印刻文学生活志》《文讯》《文学台湾》等26家杂志获得补助。

8日—13日　"文化部"、财团法人台北书展基金会于台北市世贸一馆、三馆举办"第25届台北国际书展"。计有59个国家和地区参展，621家出版社参与。其中台北书展基金会规划主题馆"读享时光Sharing The Joy of Reading"；艺术家李明道设计"阅读巨人"作为本届主视觉，规划"时代X阅读""情境

X 阅读""数位 X 阅读""分享 X 阅读"四大展览空间。

9 日 "文化部"、财团法人台北书展基金会于台北国际书展会场举行"第 13 届金蝶奖"颁奖典礼。金奖为黄子钦设计，印刻文学出版的《新诗十九首》；银奖为廖韡设计，行人文化实验室出版的《台湾妖怪研究室报告》；铜奖为赖佳韦设计，雷克斯音乐工作室出版的《吟唱诗人：概念音乐诗辑》。得奖书籍将至德国莱比锡书展角逐"世界最美丽的书籍"（International Competition Best Book Design from all over the World）设计大赛。

12 日 《台湾现代短篇小说精选》主编何碧玉、安必诺于法国巴黎台湾文化中心演讲厅介绍《植有木瓜树的小镇》（Le petit bourg aux papayers）与《三脚马》（Le cheval à troisjambes）新书。书中收录赖和、杨逵、张文环、龙瑛宗、巫永福、吕赫若、王昶雄、钟理和、林海音、陈千武、郑清文、白先勇、郭松棻、王文兴、王祯和等作家的作品。

3 月

8 日 财团法人资讯工业策进会数位典藏经纪授权中心与大日本印刷株式会社子公司大日本艺术传播公司（简称"DNPAC"）举办图像授权国际经纪合作签约记者会。该中心扮演平台串联角色，将整合台湾地区重量级博物馆经纪图像进军日本授权市场。

15 日 台北捷运公司公布台北捷运中山地下书街招商评选结果，由诚品书店得标。原艺殿国际图书于 3 月 31 日结束营业，举办图书清仓拍卖。

16 日 舞鹤的《余生》英译本在洛杉矶台湾书院举行发表会。该书是以雾社事件为故事背景的小说，由加州大学洛杉矶分校（UCLA）亚洲语言文化系教授白睿文（Prof. Michael Berry）翻译，美国哥伦比亚大学出版社出版。

3 月 25 日—4 月 23 日 台湾商务印书馆与旧香居书店于台北市师大商圈的旧香居艺空间举办"出版不朽——商务风华"特展，希望通过不同时代对商务和"书店街"的记忆与想像，通过不同身份的空间转移、体验等一道道的阅读轨迹，新旧交融，叠印出不同时代的阅读风景。

3 月 29 日—4 月 9 日 "第 45 届泰国图书展暨第 15 届曼谷国际图书展"于泰国曼谷诗丽吉展览中心举办。台北市出版商业公会率领 30 家出版社参加，并于 3 月 29 日举行捐书仪式。参展的图书于展览结束后全数捐给泰国中华国际学校和兰实大学等单位。

4月

3日—6日 "2017年意大利博洛尼亚儿童书展"（The Bologna Children's Book Fair）于意大利博洛尼亚举行。本届书展以"儿童内容的自然栖地"为主题。台湾馆主题为"台湾无限！TAIWAN！"，规划新鲜展示区、推荐插画家专区、（台湾地区入选插画家）新作展示区、台湾精选好书区、已授权图书展示区、数位出版专区、台湾出版社专区及版权洽谈与专人服务区等八大主题区，呈现台湾地区图文出版品特色及版权推广的效益。

16日 "文化部"启动"阅读时光2"计划，改编吴浊流的《先生妈》、王祯和的《玫瑰玫瑰我爱你》、王定国的《妖精》、李维菁的《生活是甜蜜》作品为戏剧影片，以精致的影像创作，跨界推荐台湾地区经典文学，并于16日起每周日晚间十点在台湾地区电视台播出。

21日—23日 福建省新闻出版广电局、海峡出版发行集团于福建省福州海峡国际会展中心举办"第3届海峡读者节暨全国夏季馆配会"。其中设立闽版图书专区、台湾图书专区、少儿图书专区等，展出台湾地区出版的3 000多种图书，种类涵盖文化、教育、自然科学、文艺和少儿读物等。

24日 竹苗地区经营22年的大型连锁书店"展书堂"竹东店结束营业。

5月

1日—7日 "文化部"于华山1914文化创意产业园区举办"故事跨视界——出版IP应用展"。展览呈现出新一代台湾创作人强大的IP原创与跨界应用的能力，期待通过IP授权，让故事成为驱动文化经济的关键动能。

16日 由佛光山寺主办，佛光山人间佛教研究院承办的"《星云大师全集》发表会"于高雄市佛光山法宝山藏经楼举行。《星云大师全集》共365册，分为12大类，包括《经义》（24册）、《人间佛教论丛》（17册）、《教科书》（62册）、《讲演集》（31册）、《文丛》（71册）以及书信、日记、书法等。

5月20日—6月16日 "国立台湾文学馆"与三民书局合作举办"好册TOUR台湾——'国立台湾文学馆'好书推广专案"活动。活动为协助文学好书出版，增加作家发表管道，推广作品阅读，邀请好书作家与不同年龄层的读者面对面，前往苗栗、宜兰、花莲、南投、台东、台中、台南及屏东小琉球的偏乡学校与图书馆分享故事与创作经验。

5月30日—6月4日　由"文化部"主办，联经出版事业公司承办，台湾地区参加在新加坡新达城国际会议与博览中心举办的"新加坡书展"。台湾馆以"触动好奇·释放想像"为主题，百余家出版社参展，展出书籍3 000余种，逾15 000册；展区规划新住民文学、独立书店、独立出版联盟、NGO出版品、儿童文学专区等主题。

5月31日—6月2日　"2017美国国际书展"（Book Expo America & BookCon）在纽约曼哈顿贾维茨会议中心（Javits Convention Center）举行。由"文化部"赞助，驻纽约台北文化中心协办，台北市出版商业同业公会主办，台湾馆以"文字的力量"为主题，共有30家出版社参与，精选160种书籍，展现台湾丰富的文化、图书特色与精华，并向纽约市立大学亨特学院赠送中文书籍。

6月

1日　华文世界女性主义书店"女书店"结束营运。

14日—18日　"2017韩国首尔国际书展"于韩国首尔COEX国际展览中心举办。台湾馆精选239本台湾地区原创好书，包括"台湾生活新鲜书"41本、"童漫新鲜书"32本、"台湾绘本美术馆"61本。14日，书展邀请台北书展基金会董事郝明义及韩国胡萝卜图书版权公司创办人白银英进行了对谈。

19日　由"文化部"指导，"国立彰化生活美学馆"主办，台湾无障碍科技发展协会承办，旨在增加视障朋友阅读资源的"点字书、数位有声书制作暨阅读推广活动"启动。活动挑选25本书制作成点字书、数位有声书，并分别于北、中、南举办阅读讲座。

6月23日—7月4日　由海峡出版发行集团、福建新华发行集团、台湾图书出版事业协会等单位联合主办，福建新华传媒发展有限公司、福建闽台图书有限公司和万卷楼图书股份有限公司承办的"第12届金门书展巡回展"举办。书展以"以书为媒促交流、五缘六求共发展"为交流宗旨，以"深层次、宽领域、常态化"为拓展目标，分别于高雄市环城购物中心、新左营车站店、金门县"金城国中"、台中市五楠文化广场台中总店、"澎湖县文化局"、台北市华山文创园区、马祖图书馆等地展出。

6月24日—7月2日 由"文化部"主办,联经出版事业公司承办,台湾地区参加在吉隆坡城中城会议中心举行的"马来西亚海外华文书市"。台湾馆以"触动好奇·释放想像"为主题,规划了交流活动并邀请台湾独立书店联盟陈隆昊理事长、廖英良秘书长与当地独立出版与独立书店专业人士对谈交流。

7月

13日 "高雄市立图书馆"与在地10家特色书店合作,包括三余书店、等闲书坊、小房子书铺、城市书店、参捌旅店、茉莉二手书店、诚品书店大远百店、粮光书房、政大书城及MLD台铝生活书店,以"高雄·行旅·记忆"为主题,推出特色选书主题书区与讲座。

13日 由"文化部"主办,财团法人台北书展基金会举办的"2017年墨西哥瓜达拉哈拉书展"(Guadalajara International Book Fair)征展说明会召开。台湾馆以"DESCUBRA TAIWɑN"(发现台湾)为主题。

15日 诚品书店首次挑战以"书街"的形式策划书店,于台北市中山地下书街打造"诚品R79",定位为"地下阅读丰聚落",即日试营运,8月7日正式开业,提供丰富的中外诗集与人文社科书籍。

7月15日—10月1日 "国立台湾文学馆"与诚品书店共同策划"以诗发声·为爱写诗"文学跨界展,以"诗"为主题,结合多媒体影像、音乐与书本,呈现诗的千变万化,于诚品书店及全台湾北、中、南各文学馆舍接力举办文学展览活动。

19日—25日 香港贸易发展局于香港会议展览中心举行"第28届香港书展"。台湾馆由台湾图书发行协进会、台湾图书出版事业协会、台湾独立书店文化协会和台北市出版商业公会率约300家书商参展,展出图书5万册,包括有关台湾风土人情、美食和旅游的书籍,并邀请刘克襄、朱天心、唐诺、杨泽、林小杯和夏曼·蓝波安在书展期间进行演讲。

28日 "文化部"补助民间团体以审议式民主方式自发性举办公民论坛,友善书业供给合作社于台北市华山园区青鸟书店举办"多元共创合理书市——图书定价的开放论坛"记者会。

8月

7日 "文化部"揭晓"第8届金漫奖"入围名单。计有22件作品入围,"特别贡献奖"由漫画家许贸淞获得。

23日—27日 "第24届北京国际图书博览会"（2017 BIBF）于北京中国国际展览中心新馆举办。由台湾联合展区规划的"台湾主题馆"由"文化部"指导,台湾图书出版事业协会主办,华品文创出版股份有限公司承办,台湾图书发行协进会、台北市出版商业同业公会、台湾数位出版联盟、台湾电子书协会协办。展区共计32个展位,总计288平方米,以"人文风采、文化创新"为参展主题,说明台湾地区出版业如何将文化、创新融入出版品中,同时展现台湾地区特有的人文精神,以提升台湾地区的出版地位与价值。

30日 "文化部人文及出版司"与台湾图书发行协进会共同主持"公部门图书采购改善方案"座谈会。会中讨论"改善图书采购流程及当局各机关、学校办理中文图书采购应注意事项"等议题。

9月

4日 由"台北市立图书馆""新北市立图书馆""国语日报社"主办,幼狮少年、台湾儿童文学学会协办的"第72梯次好书大家读优良少年儿童读物"评选揭晓,共选出单册图书194册、套书3套22册。

4日 "文化部"邀请林美琴、宋怡慧、蔡幸珍共同策划"知识读想1＋N"线上主题书展,以"想像力""生活力""表达力""美感力"及"未来力"为五大主题,精选60册好书,为读者引介更多元的阅读视角。

4日 博客来网路书店正式推出电子书服务,并宣告行动数位阅读时代来临。

8日 中国书刊发行业协会、台湾图书发行协进会于台北市淡江大学校友联谊会馆举办"两岸书业经营现状与未来走向暨实体书店生存与发展研讨会",议题为"讨论两岸图书发行现况问题与未来发展"及"讨论两岸实体书店通路经营现况与未来走向"。

11日—12日 "文化部"于台北文创举办"2017金漫奖暨国际交流活动"（GoldenComic Awards & Connection＋）,通过10场商务交流会、2场国际论坛及产业商务媒合会等活动,提升台湾漫画国际能见度及增加跨界合作机会,并于12日举行"第8届金漫奖颁奖典礼"。其中"特别贡献奖"得主为许贸淞,年度漫画大奖为阮光民的《用九柑仔店1:守护暖心的所在》。

20日—22日 由中国出版协会、台湾图书出版事业协会主办,中国图书进出口(集团)总公司承办,台湾华品文创出版公司协办的"第18届大陆书展暨书籍设计展"于台北市中国文化大学大成馆兴中堂举行。活动以"美书·阅读"为主题,展出约10 000种书籍;还于21日在该校晓峰纪念馆国际会议厅举行"两岸书籍设计专业论坛",22日在台东大学人文学院举办"连环画暨传统文化推广讲座",24日在高雄市中山大学展出"大陆书籍设计展"。

10月

13日—15日 由厦门市人民政府、福建省新闻出版广电局、中国出版协会、台湾图书发行协进会、台湾图书出版事业协会、台北市出版商业同业公会主办的"第13届海峡两岸图书交易会"(简称"海图会")于厦门文化艺术中心美术馆举办。交易会于海沧、集美及鼓浪屿设立分会场。台湾馆区总计90个展位,约有400多家机构(包括供应商)参展,共展出10 000多种书籍计25 000多册,并设置台湾文学名家联展区、台湾学术联展区等,首届开放台版书在展场公开销售。

17日 由法国出版社Mirobole出版,关首奇(Gwennaël GAFFRIC)翻译的高翊峰著作《泡沫战争》获"文化部""翻译出版补助计划"补助。

24日 "第14届金蝶奖——台湾出版设计大奖"初选名单揭晓,共计101本书籍入围。评审团指出,本年入围作品设计除了视觉性强烈,互动性兼具,亦有不少以台湾地区本土文化与意识的作品,显见设计界对台湾地区在地的关注日益重视,也呼应了"愈在地,愈国际"的大趋势。

28日—29日 瑞典大道剧团(Boulevardteatern)在"文化部"及瑞典斯堪的纳维亚之家的支持下,于纽约演出由台湾绘本作家陈致元同名作品改编的儿童音乐剧"Guji Guji"。

31日 为积极推广台湾地区文学,促进台湾地区文学作家和译者的交流与分享,"国立台湾文学馆"举办"《大海浮梦》日译本新书发表与座谈会",通过下村作次郎翻译的《大海浮梦》,将兰屿达悟族特有的文化传递给日本读者。

31 日　由台北市杂志商业同业公会主办，"文化部"协办的"知识沙龙讲座"于台北市国父纪念馆中山讲堂举办。讲座主题为"2018 杂志业数位阅读市场趋势大未来"，邀请湛天创新科技蔡竞贤执行长分享"Pubu 书城——中国与东南亚数位阅读市场分析"，博客来文化事业部张静如部长分享"博客来电子书平台——行动数位阅读时代来临"。

11 月

1 日　2017 年度"国立台湾文学馆""文学好书推广专案"名单揭晓。"文学好书推广专案"旨在协助文学好书出版及推广，使文学出版社能永续经营，同时提高优良文学好书的能见度。经评审委员初审、复审、决选，本期共选出 75 件出版品，包含不同类型和文体，也涵盖各年龄层。例如从传记看见时代缩影的《思慕的人：宝岛歌王洪一峰与他的时代》；融合史料的小说创作《忤：叛之三部曲首部曲》《文艺春秋》等。

3 日　由台湾地区首家出版社也是台湾第一家现代化经营的书局——兰记书局出版的《记忆里的幽香——嘉义兰记书局史料文集百年纪念版》举行发表会。书中涵盖了从兰记看大时代的转折变迁。

15 日　"台湾文学奖"金典奖得主及入围名单揭晓。本次奖项共分为图书类及创作类。两类六项（长篇小说、新诗、剧本创作、台语短篇小说、客语短篇小说及原住民汉语短篇小说）整体入围作品共达 27 件。本次金典奖总计 150 件作品参赛，六大文学奖项共同征奖，创历届之最，鼓舞着台湾文学创作能量的萌发与环境滋养。

17 日　由"文化部"设立的"漫画产业人才培育计划"举行成果发表记者会。所有学员完整作品成果展则将在高雄驳二艺术特区 C6 仓库（展期 2017 年 11 月 24 日—29 日）、台北车站 Y 区地下街 4 号广场（展期 2017 年 12 月 2 日—8 日）两地展出，期盼在产学合作的加乘效益下创造双赢，为台湾地区漫画引入活水，开启潜力新秀们对台湾地区漫画的深入认识，吸引更多读者关注新生代的台湾地区原创漫画。

19 日　"台中市政府文化局"将台中妈祖文化与具代表性的民间信仰编印成书，出版"台中宫庙信仰传奇"，介绍具代表性的 14 座宫庙历史、故事与传说，记录台中在地民间信仰，以促进文化交流。

11月25日—12月3日　由"文化部"主办,台北书展基金会承办,台湾地区参加"2017年墨西哥瓜达拉哈拉书展",并延续以"DESCUBRA TAIWáN"(发现台湾)为主题,精选52家出版社共451本台湾地区原创童漫与特色图文书向拉丁美洲读者与专业人士介绍台湾地区的文化创作魅力,争取版权洽谈机会;展区规划为"台湾推荐插画家""童书绘本区""漫画区""华语学习区""Books For Taiwan专区""得奖好书区""多媒体出版品区""台湾出版社专区"等,并提供"台湾沙龙活动区""版权洽谈区"供洽谈使用。

26日　由澳门出版协会与台湾图书出版事业协会合办的"2017年秋季书香文化节"于澳门塔石体育馆揭幕。活动为期9天,展出各类新书逾3万种约10万册。

12月

2日—3日　"国立台湾图书馆"于新北市中和区823纪念公园举办"台湾阅读节",由百家出版社提供一本本年度出版的最具代表性的图书,共同组成"台湾百阅",让民众见识本年度台湾地区出版界的自豪之作。

6日　momo富邦媒宣布旗下通路momo购物网于11月正式开设网路书店,携手三民、基峰、圆神、采实、三采等约600家出版社合作,未来也将提供电子书服务,为读书人提供一个崭新的购书选择。

8日—10日　房瑞仪、翁瑜鸿、林莉菁与何学仪四位台湾地区女性漫画家参加位于巴黎玛黑区举办的"第7届巴黎SoBD漫画节",向花都民众展现台湾地区充沛的漫画创作力。

9日　"2017台湾文学奖赠奖典礼"于台文馆演讲厅盛大举行,赠发图书类"长篇小说金典奖"以及创作类"台语短篇小说金典奖""客语短篇小说金典奖""原住民汉语短篇小说金典奖""剧本金典奖"五个奖项。

13日　由"文化部"指导,"国立台湾博物馆"策划出版的"台湾摄影家"系列丛书发行,希望将摄影家的作品进行抢救、保存、修复,并以系统性的调查、研究、教育推广,让台湾人有机会更全面地通过重要摄影家作品来认识台湾的历史记忆和时代精神。

14日　作家余光中病逝于高雄医学大学附设中和纪念医院,享寿90岁。

20日　全台首座漫画基地于台北市华阴街正式开工。此为"文化部"为了扶植台湾漫画产业,作为台湾漫画创作交流、跨界媒合及展示行销的场所。

22日 由马来西亚翻译图书院与驻马来西亚台北经济文化办事处与"文化部"联合办理的"2017文化光点——马台图文作品出版交流计划"于ITBM盛大举办。

22日 Readmoo读墨电子书公布2017年百大畅销榜,全站电子书营业额增长300%。榜单显示,话题新闻与社群讨论带动出强劲电子书销售力量;励志成长类书籍也持续攻占;在出版社销售排行榜中,前五名则由游击文化、天下文化、商周出版、时报出版及天下杂志出版拿下,也有多位自助出版挤进周畅销榜,后续成长可期。

28日 "文化部"所属"国立台湾美术馆"发行《国美艺志》季刊创刊号,期许以台湾艺术文化内涵的丰富与多样性,传递美感思想与价值,建构对话交流的平台,创造艺术分享的空间。

(黄昱凯 台湾南华大学)